国家社会科学基金项目“我国增值税构成要件的体系化构建与立法完善研究”（20BFX157）阶段性研究成果
中国政法大学青年教师学术创新团队支持计划资助（20CXTD08）

税收犯罪立法研究

——以意大利税收刑法为视角

翁武耀　著

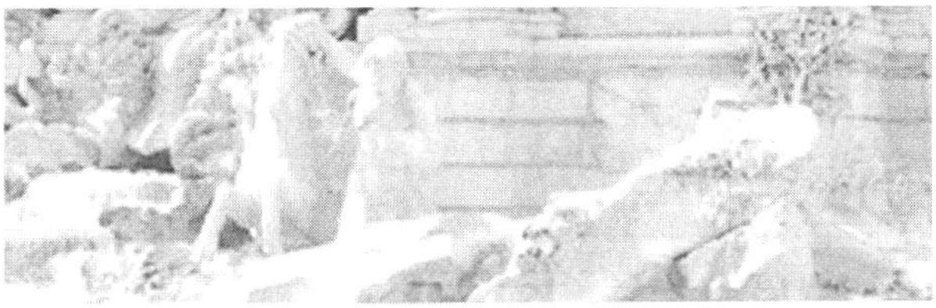

法律出版社
LAW PRESS·CHINA
——北京——

图书在版编目(CIP)数据

税收犯罪立法研究：以意大利税收刑法为视角 / 翁武耀著. -- 北京：法律出版社，2022
ISBN 978-7-5197-5828-8

Ⅰ. ①税… Ⅱ. ①翁… Ⅲ. ①税收管理-刑事犯罪-立法-对比研究-中国、意大利 Ⅳ. ①D924.334

中国版本图书馆CIP数据核字(2021)第162421号

税收犯罪立法研究
——以意大利税收刑法为视角
SHUISHOU FANZUI LIFA YANJIU
—YI YIDALI SHUISHOU XINGFA WEI SHIJIAO

翁武耀 著

策划编辑 沈小英
责任编辑 毛镜澄
装帧设计 李 瞻

出版发行 法律出版社
编辑统筹 法治与经济出版分社
责任校对 晁明慧
责任印制 吕亚莉
经　　销 新华书店

开本 710毫米×1000毫米 1/16
印张 20.5　字数 307千
版本 2022年6月第1版
印次 2022年6月第1次印刷
印刷 北京虎彩文化传播有限公司

地址：北京市丰台区莲花池西里7号(100073)
网址：www.lawpress.com.cn
投稿邮箱：info@lawpress.com.cn
举报盗版邮箱：jbwq@lawpress.com.cn

销售电话：010-83938349
客服电话：010-83938350
咨询电话：010-63939796

书号：ISBN 978-7-5197-5828-8
定价：116.00元

凡购买本社图书，如有印装错误，我社负责退换。电话：010-83938349

序　一

因课税之普遍性与经常性以及刑事制裁之严厉性,税收犯罪立法应当给予充分的关注和研究。在当前经济全球化的背景下,细致掌握其他国家税收犯罪立法,不仅从实践的角度,对我国在境外从事经贸活动的企业、自然人有着必要性,从探究国际发展趋势、完善本国刑事立法的角度,对本国立法者更有必要性。意大利作为我国全面战略伙伴关系国家,双方的紧密关系体现在政治、经济、文化等各领域,加之意大利刑法、税法研究上的特色,研究意大利税收犯罪立法对于我国来说有重要意义。事实上,从法学学术研究的角度,比较法的研究不应被轻视,不仅在刑法等传统法学学科领域,也在税法等新兴法学学科领域;同时,无论是与国际对话还是解决内部问题,比较法研究都具有不可替代的价值。正如本书所研究的,通过研究意大利税收犯罪立法变迁以及现行税收犯罪体系、构成要件以及刑事处罚等内容,不仅可以掌握意大利税收刑法的发展趋势、成功经验和存在问题;同时,基于两国间相关异同因素的归纳和分析,还可以对我国税收刑法的未来进行展望。具体而言,我国税收犯罪立法政策应当从严苛逐步走向相对宽松,进而重构税收犯罪行为体系、限制税收犯罪的构成要件、轻缓化税收刑事处罚,实现我国税收刑事治理良法善治的与时俱进。当然,伴随社会、经济等领域的不断发展变化以及税收法治建设的不断进步,内在需求是我国税收刑法改革与完善的根本原因。

本书作者从 2008 年赴意大利攻读税法博士学位以来,一直潜心于学术研究,对税法,尤其是意大利税法,已颇具研究深度,本书是作者在税法研究方面最新取得的又一代表性成果,有重要的学术价值和实践价值。

一、内容全面翔实

本书专门研究狭义的涉税犯罪,共分为5章,遵循从整体到具体、从一般到个别的研究思路,内容不仅翔实,而且利于问题以及解决方案的分析。前4章,本书先讨论了意大利税收犯罪立法政策、基本特征与税收犯罪共同制度,其中,立法政策的变迁或调整无疑是税收犯罪立法修改或完善的基础。以此为基础,本书随后分别讨论了意大利税款申报类犯罪立法、发票等会计资料类犯罪立法与税款缴纳类犯罪立法,在内容上较全面地覆盖了不同类型的典型税收犯罪,包括逃税罪、虚开发票罪、欺诈逃避缴纳税款罪等。同时,结合司法层面的法律适用,相关税收犯罪立法的问题与完善也甚为全面、深入。第5章,关于我国税收犯罪立法改革与完善,亦遵循同一研究路径。

二、侧重跨学科研究

税法与其他诸多法律部门在研究对象上存在显著交叉性,许多涉税法律问题需要进行跨学科研究。本书以税收犯罪立法为研究对象,合理地运用了税法、刑法跨学科研究方法,尤其是突出从税法的角度进行研究。具体而言,本书重点分析了所得税法、增值税法等实体税法以及税收征管法律制度对税收犯罪立法的影响,进而根据刑法谦抑、犯罪构成要件等刑法理论和相关规则,阐释了税收犯罪立法的完善路径。此外,就税法与刑法在逃税、虚开发票等税收违法行为界定上的关系,是遵循税收特殊主义还是保持刑法的独立性,本书也进行了讨论。

三、重视比较研究方法

首先,意大利作为传统的大陆法系国家,在税法体制以及犯罪立法与适用等方面,与我国存在相对较高的相似性,比较研究对象选取合理。其次,从税收犯罪整体立法到主要类型的税收犯罪立法,本书对中意相关立法都进行了研究,使比较研究更清晰与内在化。再次,在具体内容选择上,从税法相关制度到各项犯罪构成要件、处罚等,本书都有涉及,使研究更全面且细致。最后,本书对意大利经验进行了分析及取舍,确保了比较研究应有目的的实现。

四、建议全面可行

围绕当前我国税收犯罪领域的热点以及争议问题,本书对我国相关立法的完善提出了全面且可行的建议。建议覆盖未来我国税收犯罪总的刑事立法政策改变、若干主要税收犯罪立法以及相关司法解释的修改,不仅涉及整体上税收犯罪立法的完善,也涉及逃税、虚开增值税专用发票、逃避追缴欠税等具体犯罪立法的完善。同时,完善内容不仅涉及犯罪构成要件,也涉及刑事处罚,包括处罚减免以及行政、刑事处罚关系等。总之,本书对我国税收犯罪立法的完善建议,将助力税收领域良法善治的实现。

本书是作者近年潜心研究税法而产出的又一重要学术成果,十分值得称赞与肯定,我很高兴作序与推荐,也对作者新的佳作充满期待。

*

小月河畔法大科研楼

2021 年 6 月 18 日

* 中国政法大学财税法研究中心主任、教授。

序　二

就意大利与中国税法,非常高兴本书的作者又完成了一项重要的研究成果。作者选择了一个对税法学者来说具有一定挑战性的主题,即税收犯罪立法研究,对于该主题的研究需要良好的刑法知识储备。毫无疑问,本书的研究是成功的,本书对意大利和中国税收犯罪立法的比较研究是科学、翔实的,内容也是丰富的,对进一步联结中意两国税法有显著作用。

一、刑事处罚与纳税义务

无论是在中国还是在意大利,纳税义务的履行自古以来就是一项不可回避的责任。伴随公共费用融资需求的增多,这一义务的履行越发重要;同时,对于更广泛地认可公民的权利来说,这一责任也是必要的。因此,这一责任将最重大的逃避应税收益行为视为严重的税收违法行为,以致正当化了包括刑事处罚在内的保护(这一责任的)手段。而中意两国都引入了刑事处罚,并对这一手段进行了改革。

二、作为制度选择的刑事处罚

意大利和中国的法律制度继续对刑事处罚最严重的税收违法行为的有效性充满信心。事实上,两国都相信刑事制裁强烈的威慑力可以保障国家和社会职能的充分履行。当然,中国的选择是根深蒂固的:它在一个宽泛的规则框架下使用税收刑事处罚。换言之,针对所有税收,中国相信刑事制裁可以确保更有效地执行规范,诸如公共费用融资等体现特殊国家利益领域的规则。

但是,意大利税收刑事法律体制并没有呈现稳定性的特征。事实上,在不同时期,对严重的税收违法行为,意大利采取了不同的刑事处罚选择。这些严重的税收违法行为,最初特征是因为逃避税款而对国家造成了损害。然而,这会导致刑事处罚介入的不及时。换言之,曾经只有在确定纳税人实际上已经逃避纳税的情况下,刑事处罚才能介入。因此,意大利之后将纳税人实施的一些对国家税收利益具有危险性的行为,无论是否实际逃避纳税,也纳入了刑事处罚的范围中。如此,刑事法官只需要查实那些被假定会产生逃税危险的行为即可,说明意大利对税收刑事制裁的信心得到了巩固。但是,不同于中国,意大利的税收刑事制裁仅仅针对所得税和增值税。

三、刑事处罚制度与行政处罚制度的共存

无论是在中国还是在意大利,税收刑事处罚的适用需要与行政处罚的适用相协调。针对不同严重性的税收违法行为,不同的法律体制会规定行政处罚,而这些违法行为在客观和主观特征上也可能同时满足犯罪行为的特征。在意大利,禁止对同一个责任主体、同一项课税客体的双重处罚是一项在法律中已确定的原则,尽管分别是刑事处罚和行政处罚。然而,根据意大利的司法判例,这一禁止并非绝对的。事实上,意大利最高法院认为,在一项整合了行政违法行为和刑事违法行为的税收违法行为的情况下,行政违法行为和刑事违法行为应当被视为一项犯罪在发展中的不同阶段。因此,在这样的情形下,意大利最高法院拒绝适用禁止双重处罚原则,并认为这一原则仅在非刑事性质的处罚情形下适用。

然而,意大利司法判例中采取的做法与欧洲法院和欧洲人权法院近期作出的裁判相背离。事实上,两者都把双重处罚的禁止原则扩大适用到实质上是刑事性质的处罚领域,即那些根据可适用的处罚严重性和重负担的标准被欧洲法院和欧洲人权法院所认可的处罚,而这些标准也在很多税收处罚中得以适用,尽管在意大利法律体制中这些处罚被认为是行政处罚。当然,意大利在界定对行政和刑事违法行为双重处罚禁止的效力范围方面的不确定性，并不令人怀疑这一原则作为意大利法律体制中刑法基本原则的性质。在欧洲法律体制中，《里斯本条约》和《保护人权与基本自由公约》也承认这一点。因此，禁止双重处罚在意大利和欧洲的效力要比中国法律体制所认可的这一法律原则的效力大，同时，针对行政处罚和刑事处罚，中国法官在适用还是不适用该原则方面有着一定的空间。

四、纳税人和税务机关协议查定的成功与刑事处罚的适用

在意大利，全面实施刑事制裁的命运现在被交予以不同的方式追求同一目的的程序的成功（与否），即能够克服纳税人和税务机关在课税解释和适用上差异的程序。这一程序的正当性在于税务机关为进行税收查定所实施的活动在查定结果前后发生了重要变化，例如，在调查阶段和查定最后完成的时候，结果出现重要的差异。在这一程序中，税务机关和纳税人可以一起确定课税依据，无须税务机关采用一般的税收查定，这就是协议查定，以此减少税务诉讼。因此，在没有达成协议的情况下，税务机关就实施一般的税收查定，纳税人可以启动税务诉讼程序，当然，纳税人也可以决定放弃启动。在税务诉讼程序中，纳税人和税务机关也可以达成协议。在这一情形下，所达成的协议在意大利法中就被界定为司法调解协议。这一协议可以由税务法官提出，并由纳税人、税务机关接受，或者由后两者达成，并交由税务法官批准。

协议查定的效果是重新确定课税依据，同时也对犯罪行为的严重性判断和刑事处罚减轻的适用造成了影响。因此，意大利协议查定的一项特点是，确定课税依据的任务并不是仅仅交由税务机关和税务法官。其中，需要确定的课税依据是在税务机关看来纳税人已经逃避的收益；同时，协议查定程序强调纳税人和税务机关之间辩论的作用。事实上，通过辩论，双方都要承担量化课税依据的责任，其中，课税的内容也构成税收犯罪行为的客观内容。如此，可以理解为什么意大利法律体制规定所有的协议也具有对刑事处罚的影响，即减刑，通常是指减半适用处罚,无论协议的客体是什么,以及无论是在行政程序中还是在诉讼程序中达成的协议。此外,一项更有利的影响是处罚的不适用,主要针对的是一些税款缴纳类犯罪。

相反,在缺乏对税务诉讼"紧缩"(减少)的制度情况下,计税依据和税额的数量被规定为税收犯罪的构成要件,两者继续是税务机关单方面实施的监控、查定活动的结果,税务机关就承担了对纳税人纳税情况以及相关结果监控的全部责任。但是,这项责任很难客观地完成。事实上,无论是间接税还是直接税,征税监控要求税务机关需要具备一定的对经济活动调查、查实的能力,但这并不容易,原因在于经济关系的复杂性以及经济活动和产出的多样性。当然,此时纳税人可以就税收规则的正确适用提出自己的解释,并与税务机关采用的适用方法和方案标准进行对比,但后者解释性的标准主要基于合法化监控和查定逃避税款的国家税收利益的保护。就如此确定的税款之上,法官适用刑事处罚,会因税款确定的不确定性而导致不确定性,因为刑事处罚取决于查定的税款数额。这个不确定性会增加纳税人预见自身活动税收后果(包括处罚下自由的限制)的困难。换言之,源于税的适用,纳税人承担受刑事处罚的风险,最终会使社会、经济发展业务陷入不确定的危险。

因此,与其仅仅依靠刑事处罚的威慑,不如追求税收规则适用的更大确定性。这个任务不容易完成,行政解释和法官裁决的多样化和巨大的数量就是一个不利因素。对此,需要称赞中国政府,鉴于其将人工智能应用于税法中并取得了积极效果。人工智能可以检索、审查巨大数量的行政解释和法官裁决,税务机关据此可以知晓一些不合理的或矛盾的解释和税法适用,纳税人可以信赖具有协调性、连续性的规则解释。税务机关和纳税人更紧密地"联结"在一起也有助于提升确定性。事实上,双方可以参加到一个辩论的程序中,以审查是否有共同的税的解释和适用内容,然后根据这些共同内容就需要查定的计税依据达成协议。由于中国税务机关查定和征税能力的提高,这种解决方案在今天似乎更容易。税务机关和纳税人之间的辩论有助于促进税的适用的确定性，因此，可以强化纳税人对税的适用的信任。这样，刑事处罚就可以一致地、合理地适用于已经实际完成以下违法行为的纳税人：直接造成税款损失的行为以及逃税预备行为。最终，就产生了税收规则解释和适用确定性的好处，刑事处罚适用的一致性也将更有保障。

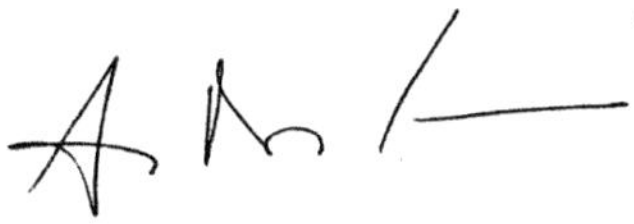*

（阿德里亚诺·迪·皮耶特罗）

意大利博洛尼亚

2021 年 6 月 10 日

---

* 意大利博洛尼亚大学欧洲税收高等研究院主任、教授。

前 言

法律需要随着社会的发展适时更新、修改,甚至重构,税收刑法亦不例外。从1979年制定《刑法》起,我国税收刑法在刑法典中存在已经过去43年,在税收违法行为的入罪及刑事处罚方面,至今总体上维持严苛的立法政策。为此,关于我国是否应当转变税收犯罪立法政策,学界早已展开讨论。例如,是应当抑制税收犯罪圈的扩大,①还是坚持以犯罪化作为税收犯罪政策重点,扩大税收犯罪轻罪范围,②抑或是采取行为本位的政策导向,加强税收非实害行为的犯罪化,③以扩大税收犯罪圈。④ 同时,在处罚上,虽然不像入罪方面存在较大的不同意见,学界普遍认为应当轻缓化,但对于应当如何轻缓化尚缺乏全面而体系化的论证。事实上,围绕上述争议和相关问题,特别是考虑到当前我国税收法治建设不断推进,尤其是税收征管的不断现代化,我国税收刑法在税收犯罪体系、逃税罪、虚开增值税专用发票罪等犯罪构成要件以及刑罚设置等诸多具体方面,亟待新一轮的检视与完善。显然,无论是对税法学界还是对刑法学界,我国税收犯罪立法的完善都是当前的一项重要研究问题。同时,鉴于税收刑法具有较大的跨学科属性,对这

---

① 参见刘荣:《论我国税收犯罪的刑罚配置》,载《税务研究》2009年第5期。

② 参见何恒攀:《税收犯罪立法研究》,中国法制出版社2015年版,第41页。

③ 参见张书琴:《税收犯罪刑事立法的反思》,载《学海》2016年第2期。

④ 例如,增加不提交税收报告罪、故意制作或提交失实税收文件罪、拒绝检查罪等非税款罪名,即对可能危及税款征收的行为入罪,不以行为对税款造成侵害为要件。参见张书琴、赵羚男:《税收犯罪刑事立法的宏观透视——对我国刑法修正案的释读》,载《江西社会科学》2013年第3期。

一问题,必须采取税法、刑法的交叉研究方法,以加强税法学界与刑法学界的对话,这体现了这一问题研究的复杂性,也进一步体现了研究这一问题的重要价值。

毫无疑问,我国税收犯罪立法的完善研究必须立足我国国情,这是研究的前提和基础,但并不否定人类法治文明建设的参考价值。换言之,通过研究,对有益成果采取有所取舍的立场,按照我国的需要,吸取经验和教训,对于我国税收刑法的研究依然有重要价值。事实上,虽然我国学界对于完善税收犯罪立法的研究成果丰硕,但是对于域外税收刑法还少有全面、深入的研究。意大利素有"刑法之乡"之称,[①]其刑法研究在世界范围内享有盛誉。作为意大利刑法的重要组成部分,意大利税收犯罪立法以单行刑法的形式已存在近百年,其间经历了多次重大改革,其中的改革缘由、刑事政策与立法变化、现有立法内容及适用值得探究。考虑到我国与意大利在社会发展、法律体系、课税制度等诸多方面有或将有不同程度的一致性,研究意大利税收犯罪立法,无论是有益的经验还是存在的问题,对于我国税收刑法制度的问题检视及其完善都具有价值。此外,在全球化的今天,我国对意大利的投资和贸易水平不断增长,从防范经贸活动相关涉税风险,尤其是涉税刑事责任风险,掌握意大利税法、税收刑法相关制度内容以及适用,对于我国公民和企业在意大利经贸活动的顺利开展具有重要意义,这也增加了研究意大利税收刑法的现实意义和实践价值。

---

① 参见黄风译注:《最新意大利刑法典》,法律出版社 2007 年版,第 1 页。

目录

第一章　意大利税收犯罪立法变迁与基本内容

第一节　税收犯罪立法变迁

一、税收刑法的起源与1929年刑事立法

从意大利统一以来，对逃税行为予以刑事处罚，可一直追溯至意大利王国成立之时，即1861年10月21日颁布的《海关条例》对关税逃税行为引入了刑事制裁条款，①之所以首先在关税领域引入犯罪立法，是因为在当时，意大利最重要的财政收入形式就是关税。② 而在直接税领域，虽然在1873年6月23日意大利颁布了第844号法律，③首次对直接税逃税行为规定了刑事处罚，但在实践中该法并没有得到适用。④ 这种状况直到很多年后，意大利在1928年12

---

① Cfr. Regolamento Doganale del 21 ottobre 1861.

② Cfr. Enzo Musco e Francesco Ardito, *Diritto penale tributario*, Zanichelli, 2016, p. 1.

③ Cfr. L. 23 giugno 1873, n. 844.

④ Cfr. G. Spagnolo, *Diritto penale tributario*, in AA. VV., *Manuale di diritto penale dell'impresa*, Bologna, 1999, p. 719, per cui si vede Irene Tomada, *La dichiarazione fraudolenta mediante altri artifici*, Tesi di dottorato (Anno Accademico 2013/2014) in Dipartimento di Giurisprudenza di Libera Università Internazionale degli Studi Sociali, p. 4, disponibile nel sito seguente: https://tesi.luiss.it/13913/1/tomada-irene-tesi-2014.pdf.

月9日颁布第2834号法律,即《直接税领域的刑事处罚法》,[①]才得以改变。但是,第2834号法律刑事处罚的是税收征收环节的违法行为,不是税收查定环节的违法行为。[②] 事实上,税收刑法在意大利的诞生被公认为并不是源于上述第2834号法律,而是随后在1929年1月7日颁布的第4号法律,即《旨在打击违反涉及国家税收的财政法律的行为一般规则》(以下简称1929年法),[③]这是因为1929年法具有普遍的适用性,正如该法名称所体现的那样,尽管该法也包括税收行政处罚规则。此外,基于重构税收刑事处罚规则的目的,该法在税收刑事处罚制度中引入了一些背离一般刑法制度的原则,这些原则长期、稳定地规范税收刑事处罚规则,从而建立起打击税收违法行为的特别刑事法律体制。[④]根据规定的内容,1929年法的特点和主要问题分别如下。

(一)1929年法的特点

首先,对意大利《刑法典》一般规则的背离。针对税收犯罪行为,源于特殊性的考虑(相比其他领域的犯罪行为),1929年法在意大利1889年《刑法典》及1930年新《刑法典》(生效至今,以下简称《刑法典》[⑤])之外专门规定了刑事处罚制度,并引入了诸多不同于《刑法典》一般规则的特别规则。例如,1929年法第20条规定了"超活跃性"(ultrattività)原则,即刑事法律应当适用于在这些法律生效后实施的犯罪,如果这些法律之后被撤销或修改,这些刑事法律也依然适用于上述犯罪,即使替换或修改后的刑事法律对于犯罪实施者更有利。事实

---

① Cfr. L. 9 dicembre 1928, n. 2834 – Legge sulla penalità in materia di imposte dirette.

② Cfr. Enzo Musco, *Brevi note sulla riforma del diritto penale tributario*, in *Rassegna Tributaria*, n. 5, 2010.

③ Cfr. L. 7 giugno 1929, n. 4 – Le disposizioni generali per la repressione delle violazioni delle leggi finanziarie relative ai tributi dello Stato.

④ Cfr. Enzo Musco e Francesco Ardito, *Diritto penale tributario*, Zanichelli, 2016, p. 2.

⑤ Cfr. Codice Penale(Testo coordinato ed aggiornato del Regio Decreto 19 ottobre 1930, n. 1398).

上,这一原则通常被应用于程序法中,而 1929 年法将其应用扩展至实体法中。[①] 如此,这一原则背离了《刑法典》第 2 条的规定,即“对于一项事实,如果根据之后的法律,这一事实并不构成犯罪,那么没有人可以被处罚”。换言之,该条规定更有利于刑法的溯及既往适用性。再如,关于连续犯(reato continuato),《刑法典》第 81 条规定,适用法律归集(cumulo giuridico)的原则,即多次犯罪行为从法律上被归集为一项罪行,因此又称罪行合并,但在量刑上,先确定根据最严重的一次犯罪行为所应受到的处罚,再提高这一处罚,即在该处罚至三倍该处罚之间进行量刑。与此不同的是,根据 1929 年法第 8 条的规定,对于税收领域的连续犯,一方面,法律归集并不是强制性的,而是取决于法官的自由裁量;另一方面,在归集下,处罚的提高不能超过所有单次犯罪行为所应受到的处罚加总后的一半。

其次,刑事诉讼程序的非独立性。这是源于 1929 年法在第 21 条第 3 款中规定了税务先决(pregiudiziale tributaria)原则,条款内容为“对于有关直接税的法律所规定的犯罪而言,刑事责任追究行动在税和相关的附加税的查定行为成为最终性以后发生”。根据该原则,相对刑事诉讼程序而言,税务行政程序应当先决,具体而言,前者应当仅源于并跟随于后者的完结,同时前者应当遵循后者决定的内容。[②] 引入这一原则的主要目的在于直接税复杂的技术性,逃税的查定需要交由税务机关以及税务委员会(可理解为税务法院)[③]这两类专业机

---

① Cfr. Enzo Musco e Francesco Ardito, *Diritto penale tributario*, Zanichelli, 2016, p. 5.

② Cfr. Maurizio Villani, *Cenni di diritto penale tributario*, in *Legali. com*, il 26 luglio 2011, disponibile nel seguente sito: https://www. legali. com/spip. php? article 1526.

③ 意大利在 1864 年建立税务委员会,负责处理纳税人与税务机关之间的税务行政争议案件,并从最初的行政机构演变为现在的司法机构。参见翁武耀:《意大利税务委员会制度及借鉴》,载《税务研究》2017 年第 3 期。

构实施,而不是由刑事法官实施,[①]体现得是税收特殊主义。税务先决原则在意大利1972年第633号共和国总统令(《增值税开征与规范》,以下简称1972年《增值税法》)第58条[②]以及1973年第600号共和国总统令(《所得税查定的共同条款》,以下简称1973年《所得税查定法》)第56条[③]被重申。

再次,税收犯罪行为集中于逃税。这与刑事诉讼程序非独立性相关。换言之,税务先决原则源于税收复杂的技术性,涉及纳税义务产生以及税额确定,而与这种复杂技术性相对应的税收犯罪行为则集中体现为逃税行为。当然,这里所指的逃税行为取广义逃税的含义,不仅是指税收查定环节中的逃税行为,即狭义的逃税,还包括税收征收环节中的逃税行为,即逃避缴纳已确定应纳税额的行为,这是因为对后一种犯罪行为的查实也以纳税义务产生以及税额确定为前提。因此,1929年法确立的税收刑事处罚制度就建立在关于税的逃脱之犯罪行为的基础上,[④]纳入刑事处罚的税收违法行为范围有限,并集中于税收实害行为,即对国家税收利益造成实际损害的行为。

最后,刑事处罚以罚金为主。根据上文提到的1928年第2834号法律,对于包括不申报和欺诈申报所得在内的逃税行为仅受罚金的刑事处罚。相反,在征收环节的税收犯罪行为,如欺诈逃避缴纳税款行为,仅受监禁(以拘押的形式)的刑事处罚,这反映出当时的立法者认为在征收环节的逃税现象更严重。[⑤]1929年法认可以罚金为主的刑事处罚基本格局,直到1956年税收刑事处罚方

① Cfr. Enzo Musco, *Brevi note sulla riforma del diritto penale tributario*, in *Rassegna Tributaria*, n. 5, 2010.

② Cfr. l'art. 58 del D. P. R. 26 ottobre 1972, n. 633 – Istituzione e disciplina dell'imposta sul valore aggiunto.

③ Cfr. l'art. 56 del D. P. R. 29 settembre 1973, n. 600 – Disposizioni comuni in materia di accertamento delle imposte sui redditi.

④ Cfr. Enzo Musco, *Brevi note sulla riforma del diritto penale tributario*, in *Rassegna Tributaria*, n. 5, 2010.

⑤ Cfr. Enzo Musco e Francesco Ardito, *Diritto penale tributario*, Zanichelli, 2016, p. 2.

式的规则才得以改变。在1929年法确定的税收犯罪制度下，意大利在1956年颁布的第1号法律即《关于税收均摊法的补充规则》中，[①]对于不申报所得行为规定了拘押的刑事处罚，期限最长为6个月，而对于欺诈申报所得的行为则规定可以处最长期限为6个月的有期徒刑。[②] 据此，此时虽然限制人身自由的刑罚适用有所扩大，但立法脚步依然迟缓。事实上，以罚金为主的刑事处罚基本格局直到1973年才发生实质性变化，即在这一年实施的改革中，受监禁刑事处罚的税收违法行为范围扩大了，拘押和有期徒刑的最长期限也分别提高到了3年和5年。[③]

(二)1929年法的主要问题

首先，对《刑法典》一般规则的部分背离存在正当性疑问。例如，1929年法引入的"超活跃性"原则，旨在正当化的理由包括：相比《刑法典》保护的其他法益，国家税收利益需要更严格的保护；税收刑法应当保持确定性；相比其他类型的犯罪，要避免逃税者基于(更)狡猾或者幸运而取得一项利益；税收刑法本身具有特殊和临时的属性。显然，这些理由并不具有太大的说服力，考虑到以下几个方面的质疑：国家税收利益未必比其他法益需要更多的保护；法律确定性作为一般法律原则，一般刑法同样需要保持；在溯及既往适用更有利的刑法规则时，之前因为狡猾或者幸运未被处罚的主体受益，并不局限于逃税犯罪；税收刑法的特殊性未必那么大，应当否定临时性。[④]

其次，税务先决原则下税收刑事处罚制度缺乏实际功效。一方面，由于刑事诉讼程序需要等到行政程序的完结才能启动，这样犯罪追诉期限往往在行政

① Cfr. L. 5 gennaio 1956, n. 1 – Norme integrative della legge 11 gennaio 1951, n. 25, sulla perequazione tributaria.

② Cfr. Gaspare Falsitta, *Manuale di diritto tributario-parte generale*, CEDAM, 2010, p. 544.

③ Cfr. Enzo Musco e Francesco Ardito, *Diritto penale tributario*, Zanichelli, 2016, p. 7.

④ Cfr. Enzo Musco e Francesco Ardito, *Diritto penale tributario*, Zanichelli, 2016, p. 5.

程序完结前已经超期，从而导致税收刑事诉讼的案件数量极少。[①] 另一方面，对于极少的税收刑事诉讼案件，由于行政程序先决以及当时税务诉讼四级审判制度，[②]导致税收刑事诉讼完结非常缓慢，所需时间异常长久，并广受批评。因此，在1929年法税务先决原则下，税收犯罪在意大利一直处于刑事司法实践中的边缘位置，税收刑事处罚制度本应具有的震慑功能严重不足。

二、税收刑法的第一次重大改革与1982年刑事立法

意大利从20世纪60年代开始，伴随向社会国的转变，国家职能极大增加，尤其是为满足政府社会、经济政策目标的实现，需要数量更巨大且更稳固的财政收入。与此相左的是，逃税问题越来越严重，并演变成为一种普遍现象，严重损害了国家税收利益。此外，逃税的危害还体现在改变经济的正常发展以及企业间的竞争、阻碍政府财税措施的成功、深刻影响收入的分配、加剧不同社会阶层间的不公平、产生可恨和负面的反稳定性效果等方面。[③] 据此，为确保财政收入，同时基于效率和公平的考虑，意大利求助于刑法这一最锋锐的工具来打击逃税现象。显然，1929年法并不能满足上述需求，何况1929年法本身也存在的一些问题亟待解决。最终，意大利在1982年8月7日颁布了第516号法律，即《打击所得税和增值税逃税以及便利税收方面悬案解决法》（以下简称1982年法），[④]作为税收单行刑法，该法第一次在意大利引入了一个错综复杂的税收犯罪刑事处罚制度。

---

① Cfr. Andrea Perini, *La repressione penale dell'evasione fiscale nella legislazione italiana: evoluzione della normativa*, in *Il Fisco*, n. 19, 2002.

② 包括一审税务委员会、二审税务委员会、中央税务委员会以及最高法院四级审判。

③ Cfr. Enzo Musco e Francesco Ardito, *Diritto penale tributario*, Zanichelli, 2016, p. 9.

④ Cfr. Legge 7 agosto 1982, n. 516, recante norme per la repressione dell'evasione in materia di imposte sui redditi e sul valore aggiunto e per agevolare la definizione delle pendenze in materia tributaria.

(一)1982 年法的特点

首先,引入逃税预备行为犯罪。所谓逃税预备行为,是指那些在形式上具有损害税收利益的违法行为。例如,未开具发票、违反规则保管会计账簿、扣缴义务人未扣缴税款等,其特点是仅仅具有程序上的违法性以及对税收利益损害的预备性,对税收利益的损害还只是一种危险。[①] 为简化和便利刑事调查和有效打击逃税行为,1982 年法将这些行为也纳入刑事处罚的范围,创造出所谓逃税的预备行为犯罪。这构成了被称为"给逃税者戴上手铐"(manette agli evasori)法的 1982 年法的一项特征性制度。[②] 而引入逃税预备行为犯罪,乃出于对"税收透明"的维护,因为这些预备行为可以抽象地阻碍税收遗漏或违规行为的调查以及真实收入的查定,从而威胁"税收透明"的维护。[③]

逃税预备行为犯罪的引入反映出 1982 年法的一项指导思想,即避免税收犯罪立法集中于逃税行为,使税收犯罪行为的构成脱钩于逃税的查实,这极大地扩张了税收犯罪行为的范围。[④] 此外,预备行为犯罪的引入使税收犯罪行为的完成得以提前,此时形成的犯罪仅仅是一种推定危险的犯罪。这是因为相比逃税,相关预备行为体现的仅仅是一项有害(税收)意图,逃税并没有被查实,税收利益被推定处于受损的危险之中。据此,也反映出 1982 年法不再基于法益侵害的严重性来规定犯罪行为。[⑤] 这些预备行为犯罪具体包括:(1)根据 1982 年法第 1 条以及第 2 条第 1 款和第 3 款的规定,未开具或部分开具发票,

---

① Cfr. Bruno Sechi, *Riforma dei reati tributari:più pregi che difetti*, in *Penale. it*, il 3 febbraio 2001, disponibile nel sito seguente: http://www. penale. it/document/sechi_01. htm.

② Cfr. Giovanni Negri, *Manette agli evasori: la lunga marcia dal* 1982 *fino a Monti e Renzi*, il 25 ottobre 2019, disponibile nel sito seguente: https://www. ilsole24ore. com/art/la-lunga-marcia-manette-evasori-ACKSuOu? refresh_ce = 1.

③ Cfr. Bruno Sechi, *Riforma dei reati tributari: più pregi che difetti*, in *Penale. it*, il 3 febbraio 2001.

④ Cfr. Gaspare Falsitta, *Manuale di diritto tributario-parte generale*, CEDAM, 2010, p. 544.

⑤ Cfr. Gaspare Falsitta, *Manuale di diritto tributario-parte generale*, CEDAM, 2010, p. 544.

未登记计入或部分登记计入交易对价，未保存或不规范保存会计账目，不规范打印、购买、持有和记录单据；（2）根据1982年法第4条的规定，虚假交易开具发票等虚假行为；（3）根据1982年法第2条第2款的规定，在征收程序阶段的扣缴义务人未缴扣税款。①

其次，废除税务先决原则，体现税收刑事程序的独立性。在1929年法规定的税务先决制度下，税收刑事处罚制度从实质角度来看是无效的。换言之，税收特殊主义强烈地限制了对税收犯罪的刑事打击。因此，为有效实现1982年法的税收刑事处罚指导思想，税务先决原则的废除势在必行。事实上，意大利宪法法院在1982年5月12日作出的第88号判决，认定1929年法第21条第3款规定的税务先决原则违宪，这是因为根据意大利《宪法》②第101条的规定，法官仅仅受制于法律，而在税务先决原则下，刑事法官要受制于税收查定，有违自由定罪（libero convincimento）之原则。③ 同时，宪法法院在同一天作出的第89号判决认定，1972年《增值税法》第58条规定的税务先决原则违宪，这是因为1972年《增值税法》规定的虚开发票行为，无论是否造成逃税，都需要受到处罚，如此一来，如果在税收查定变为最终性前检察机关不能对虚开发票行为实施刑事起诉，就背离了刑事起诉的强制性要求，即违反意大利《宪法》第112条关于检察机关有义务实施刑事起诉的规定。④ 事实上，由于1982年法引入了逃税预备行为犯罪，如果对于逃税行为来说，基于税收复杂的技术性适用税务先决原则姑且认可，那么对于这些预备行为来说，上述理由就缺乏足够的说服力。这样，为使刑事法官能够及时介入税收刑事违法行为的打击工作中，刑事法官不应受税务机关税收查定结果的约束，同时也是考虑到在通常情况下试

① Cfr. Enzo Musco e Francesco Ardito, *Diritto penale tributario*, Zanichelli, 2016, p. 10.

② Cfr. Costituzione della Repubblica Italiana (Gazzetta Ufficiale 27 dicembre 1947, n. 298).

③ Cfr. la Sentenza della Corte Costituzionale, 12 maggio 1982, n. 88.

④ Cfr. la Sentenza della Corte Costituzionale, 12 maggio 1982, n. 89.

图逃税的主体会实施相关预备行为。① 为此，在 1982 年法颁布之前，意大利在 1982 年 7 月 10 日颁布的第 429 号法律令第 13 条中废除了上文提到的 1972 年《增值税法》第 58 条以及 1973 年《所得税查定法》第 56 条关于税务先决的规定。② 伴随税务先决原则的废除，意大利确立了税收行政程序与刑事程序的双轨制，即各自的独立性，税收刑事诉讼程序也就可以及时展开。这也是意大利税收刑事处罚制度演变的一项重要标志，因为税收特殊主义不再盛行，在该主义下刑法在界定税收违法行为中没有独立作用。③

（二）1982 年法的主要问题

首先，刑事介入的过度。由于 1982 年法改革的指导思想是，取消根据法益侵犯的严重性选择税收犯罪行为，并将逃税预备行为纳入犯罪行为的范围，使面临刑事责任的主体范围极大扩张，从而限制刑罚正义。④ 一方面，在未发生税款流失或税收利益受损的情况下，税收犯罪行为也构成。换言之，受当时意大利盛行的泛刑事主义的重要影响，将仅仅是形式违法行为纳入刑事处罚的范围，但这样的犯罪行为规则违反了刑法的极端缘由（extrema ratio）理念——只有在特殊必要性的时候刑法才应介入。⑤ 另一方面，许多预备行为犯罪对尚远离逃税或税款损失的行为进行刑事处罚，表现为对国库利益刑法保护的过度提前。⑥ 1982 年法规定的新税收刑事处罚制度缺乏理性以及对相关刑事政策缺

---

① Cfr. Antonio D'Avirro, Marco Giglioli e Michele D'Avirro, *Reati tributari e sistema normativo europeo*, Wolters Kluwer, 2017, p. 214

② Cfr. l'art. 13, D. L. 10 luglio 1982, n. 429.

③ Cfr. Enzo Musco, *Brevi note sulla riforma del diritto penale tributario*, in *Rassegna Tributaria*, n. 5, 2010.

④ Cfr. Gaspare Falsitta, *Manuale di diritto tributario-parte generale*, CEDAM, 2010, p. 544.

⑤ Cfr. Enzo Musco, *Brevi note sulla riforma del diritto penale tributario*, in *Rassegna Tributaria*, n. 5, 2010.

⑥ Cfr. Bruno Sechi, *Riforma dei reati tributari: più pregi che difetti*, in *Penale. it*, il 3 febbraio 2001.

乏令人信服的正当理由,使很多小企业受到了致命打击。①

其次,刑事诉讼案件数量大增、诉讼完结缓慢。对税收违法行为,1982 年法实施全方位的刑事制裁,刑事处罚带有十足的预防性功能,因此,税收刑事诉讼案件在 1982 年以后数量急剧增加。② 这严重限制了意大利检察机关刑事案件处理的能力和效率,因为没有足够的人力和资源来应对这些数量庞大的司法追诉任务。以下数据充分说明了这一点:从 1989 年 10 月到 1993 年 12 月,检察机关应当追诉的刑事案件大概有 170 万件,其中大概 60 万件(超过 1/3)是关于 1982 年法规定的税收犯罪。③ 此外,令 1982 年法制定者意想不到的是,在税务先决原则取消以后,普通的刑事法官在面对逃税查定的问题时,由于缺少像税务法官那样的税务专业能力,刑事法官不得不求助专家的著作,以替代税务法官进行逃税的查定。这导致刑事诉讼时间变长、诉讼完结缓慢、刑事处罚的震慑度受损。④ 这样,1982 年法追求的简化和便利刑事调查和有效打击逃税行为的目的也未能实现。

最后,在 1982 年法之下,税收犯罪行为不仅繁杂而且数量众多,其中不乏一些社会危害性不大的行为,刑事处罚的极端过度严重限制了公民的自由空间。这样,1982 年法创制的新税收犯罪刑事处罚制度不仅被认为缺乏正当性,同时,从新制度意图让公民对履行纳税义务产生一种新的道德意识的角度,也被认为是失败的。⑤ 换言之,1982 年法有效打击逃税的目标落空了。事实上,对于 1982 年法来说,存在不可克服的理论和实践的制约:逃税不能仅仅依靠刑法来打击,还需要其他手段的介入,并与刑法手段相协调,如行政介入或政策介

① Cfr. Enzo Musco e Francesco Ardito, *Diritto penale tributario*, Zanichelli, 2016, p. 13.

② Cfr. Andrea Perini, *La repressione penale dell'evasione fiscale nella legislazione italiana: evoluzione della normativa*, in *Il Fisco*, n. 19, 2002.

③ Cfr. Enzo Musco e Francesco Ardito, *Diritto penale tributario*, Zanichelli, 2016, p. 12.

④ Cfr. Enzo Musco e Francesco Ardito, *Diritto penale tributario*, Zanichelli, 2016, p. 12.

⑤ Cfr. Enzo Musco e Francesco Ardito, *Diritto penale tributario*, Zanichelli, 2016, p. 12.

入;在打击社会大规模的现象中,刑事处罚制度的作用存在结构性限制,即对于重大的"社会病症",在刑法中是找不到"有效药剂"(补救措施)的。①

三、税收刑法的第二次重大改革与2000年刑事立法

1982年法的问题以及刑事政策的失败,使意大利在20世纪末不得不开始实施税收刑法的第二次重大改革。而促使这次改革顺利实现的,与当时意大利具有宪法依据的刑法极端缘由理念的重新稳固以及泛刑事主义进入危机有紧密关联。与这一时代背景相关,意大利税收刑法第二次改革的主要内容为:将税收刑法纳入刑法的共同体之中,在税收领域也贯彻刑法的极端缘由理念,使税收犯罪刑事介入最小化,合理且有效。② 这样的刑事政策改革无疑翻转了1982年法的刑事政策,又回归刑法的侵害严重性原则,即我国通常所称的刑法谦抑性原则,逃税预备行为的刑事处罚势必取消,对这些行为仅保留行政处罚,而仅对直接有损国库利益的行为予以刑事处罚。这次改革从1997年开始,意大利最终在1999年6月25日颁布第205号法律(《关于授权政府实施低微犯罪的去刑事化以及税收与刑事制度的修改》,以下简称1999年授权法),③授权政府实施税收刑事法律制度改革。而1999年授权法第6条明确废除了税收刑法的"超活跃性"原则。2000年3月10日,意大利政府基于授权立法颁布了第74号立法令,④即《新所得税和增值税犯罪处罚法》(以下简称2000

---

① Cfr. Enzo Musco, *Brevi note sulla riforma del diritto penale tributario*, in *Rassegna Tributaria*, n. 5, 2010.

② Cfr. Enzo Musco e Francesco Ardito, *Diritto penale tributario*, Zanichelli, 2016, p. 15.

③ Cfr. Legge 25 giugno 1999, n. 205 – Delega al Governo per la depenalizzazione dei reati minori e modifiche al sistema penale e tributario.

④ 在意大利,立法令为中央政府实施授权立法,颁布具有法律效力的政令。参见翁武耀:《再论税收法定原则及其在我国的落实——基于意大利强制性财产给付法定原则的研究》,载《交大法学》2017年第1期。

年法)。[①] 延续单行刑法的立法模式,意大利现行关于税收犯罪与刑事处罚的制度就规定在2000年法中。此外,正如该法名称所揭示的那样,专门的税收犯罪仅涉及所得税和增值税领域,这一点延续了1982年法的规定。这是因为意大利绝大部分的税款来自这两大税种。例如,个人所得税与企业所得税占意大利2018年税收收入总额的47.5%,增值税占28.8%。[②] 其他小税种因为数额有限,独立入罪处罚的可能性(如超过入罪门槛)和必要性都较小,因此2000年法并没有涉及。同时,还需要考虑到的是,税的征收建立在纳税人自我评估基础上的税种主要就是所得税和增值税,这些税的纳税人需要在法律要求下申报自身的相关涉税信息,而不动产税等其他一些税种,税的征收不需要纳税人的自我评估,而2000年法规定的税收犯罪主要关注税收债务自我确定阶段的违法行为。但是,这并不意味着所得税、增值税以外的税种,如逃税等违法行为不存在入罪处罚。事实上,考虑到违法行为的手段,可以根据意大利《刑法典》以及相关法律以其他非税收犯罪罪名的形式入罪处罚。例如,关税可以根据《刑法典》以及1973年《海关法律单一文本》[③]以走私罪的名义入罪处罚,其他税种可以根据《刑法典》以虚假文件罪等罪名入罪处罚。[④]

---

① Cfr. Decreto Legislativo 10 marzo 2000, n. 74 – Nuova disciplina dei reati in materia di imposte sui redditi e sul valore aggiunto.

② Cfr. Ministero dell'Economia e delle Finanze, *Bollettino delle entrate tributarie* 2018, disponibile nel sito seguente: https://www.finanze.it/export/sites/finanze/it/.content/Documenti/entrate_tributarie_2018/Bollettino-entrate-Dicembre2018.pdf.

③ Cfr. l'art. 295 del D. P. R. 23 gennaio 1973, n. 43 – Approvazione del testo unico delle disposizioni legislative in materia doganale.

④ 意大利《刑法典》第七章规定了侵害公信力犯罪,其中就包括了虚假文件罪。虚假文件可以分为两类:一是"物质上"的虚假文件,即文件本身是虚假的,如伪造的文件;二是"观念上"的虚假文件,即文件本身是真实的,但是文件记载的内容是虚假的(Cfr. Paolo Emilio De Simone, *I reati di falso*, Maggioli, 2018, pp. 23–24)。显然,关于所得税、增值税以外的税种,逃税等违法行为的实施通常也会利用虚假文件,虚假发票就是其中一类。

(一)2000 年法的特点

首先,保护法益的双层性。作为税收刑法,2000 年法所保护的法益为国家的税收利益并无疑问。关于税收利益,可以理解为税款的及时、足额入库,或者说,根据意大利《宪法》第 53 条的规定,[①]确保纳税人根据负税能力为国家公共开支提供财源。因此,根据刑法谦抑性原则,2000 年法仅仅对严重侵害税收利益的行为定罪处罚,这也是意大利所称刑法侵害严重性原则之意。对此,从一定意义上,2000 年法可以说是回到了 1929 年法的轨道。但是,由于经历了 1982 年法大范围引入逃税预备行为犯罪之后,即使推翻了 1982 年法的刑事政策或扭转了 1982 年法税收犯罪刑事处罚过度的问题,2000 年法并没有完全、绝对地与 1982 年法相隔断,后者的影响在小范围内依旧存在,如在关于税收刑法所保护的法益的理解上。事实上,如果将税款的及时、足额入库理解为最终的法益,税收刑法所保护的法益还包括手段的法益,即税务机关税收查定职能的正确履行,[②]当然也可以扩展到税款征收职能的正确履行。因此,关于上述两种法益的理解,可以分别归为第一层面和第二层面的法益,而第二层面的法益无疑源于 1982 年法,尽管 2000 年法基于第二层面的法益所构建的税收犯罪行为要远远少于 1982 年法,即局限于下文将提到的两项会计资料类罪行。事实上,税收查定职能的保护源于征税透明的利益;虽然这一层面的法益并非立法者所认为的税收刑法应当保护的理想法益,但是,就妨碍税收查定职能正确履行的行为而言,如虚开发票行为,取消对其刑事化处理很难。因为对其刑事化处理能够发挥一般性预防(针对税收利益受损)的功能,能有效震慑逃税行

① 意大利《宪法》第 53 条规定了量能课税原则。参见翁武耀:《量能课税原则与我国新一轮税收法制改革》,载《中国政法大学学报》2017 年第 5 期。

② Cfr. Di Amato A, *La rilevanza penalistica dell'elusione fiscale*, in AA. VV. , *I reati tributari*, a cura di Di Amato A. -Pisano R. , Padova, 2002, p. 135, per cui si vede Antonio D'Avirro, Marco Giglioli e Michele D'Avirro, *Reati tributari e sistema normativo europeo*, Wolters Kluwer, 2017, p. 221.

为,从而有必要使刑事处罚介入提前。[①] 此外,这两层法益指向税收利益,两者的关系并非原则与例外或背离的关系,是能够共存的。

其次,减少税收犯罪行为,集中于逃税犯罪行为。1999 年授权法第 9 条授权政府重新设计税收犯罪行为的范围时,确定了一项指导性标准,即为大幅减少犯罪行为,犯罪行为应具有对税收利益明显侵害性的特征。据此,在重新回归刑法谦抑性原则之下,2000 年法对于税收犯罪行为的规定建立在刑事干预作为辅助性手段的基础上,并且集中于逃税行为。[②] 具体而言,2000 年法对税收违法行为进行刑事处罚尽可能延迟到纳税人实施年度申报的时点,即原则上只有到最终性的、逃税客观上发生的时点才构成税收犯罪行为,而在年度申报之前的税收违法行为仅仅受行政处罚。为此,2000 年法仅规定了以下 3 类罪行:(1)申报类罪行,包括欺诈申报、[③]不诚信申报[④]以及不申报。显然,申报类罪行是 2000 年法规定的基础、核心类罪行。(2)会计资料类罪行,包括虚开发票或其他文件以及隐匿或销毁会计资料。虚开行为是实施欺诈申报行为的前期行为之一,而隐藏或销毁行为会使所得或交易额的重构无法完成,虽然这两类行为并不直接引起国库利益的损害,但会引起国库利益受损的巨大危险。需要指出的是,虽然 2000 年法颠覆了 1982 年法刑事立法理念,取消逃税预备行为犯罪,但是保留了两项预备行为犯罪,可能是无法避免的,作为 2000 年法刑事立法理念的例外,即上述两项会计资料类罪行。[⑤] (3)税款缴纳类罪行,包括

---

① Cfr. Enzo Musco e Francesco Ardito, *Diritto penale tributario*, Zanichelli, 2016, pp. 42 – 43.

② Cfr. Andrea Perini, *La repressione penale dell'evasione fiscale nella legislazione italiana: evoluzione della normativa*, in *Il Fisco*, n. 19, 2002.

③ 例如,纳税人建立在利用虚开发票或虚假文件基础上的申报。虽然都属于不真实的申报,但不同于不诚信申报。在欺诈申报下,未申报或少申报的所得或交易额存在虚开发票或虚假文件的支持(作为证据),因而对税务机关的欺骗性更大。

④ 例如,仅仅是在成本扣除项中记入了不存在的成本。

⑤ Cfr. Antonio D'Avirro, Marco Giglioli e Michele D'Avirro, *Reati tributari e sistema normativo europeo*, Wolters Kluwer, 2017, p. 214.

纳税人不缴纳已经确定的应纳税款以及逃脱税款的强制征收。

需要特别补充的是，由于意大利《刑法典》第 56 条规定了犯罪未遂，即构成一项罪行所需要实施的行为尚未完成的时候，亦应当以（未遂）犯罪的名义受刑事处罚，为避免逃税预备行为（除上述虚开行为、隐藏或销毁行为外）以逃税犯罪未遂的名义被刑事处罚，从而再现逃税预备行为犯罪以及逃税预备行为或手段行为受刑事处罚，2000 年法第 6 条明确规定了申报类罪行不能基于（犯罪）未遂的名义被处罚，即不构成逃税的（未遂）犯罪。这对于确保 2000 年法取消逃税预备行为犯罪的意图具有重要意义。至此，在税收犯罪行为范围大小上，在经历 1982 年法的极大扩张后，2000 年法回归到 1929 年法有限范围（集中于税收实害行为）的轨道。尽管其在数量上多于后者，源于社会经济发展的需要，并在可接受的程度内，2000 年法在确定税收犯罪行为范围时可以说是恰如其分的。

再次，处罚的谦抑。2000 年法不仅在犯罪行为的规定上遵循严重侵害性原则，在处罚问题上同样遵循了这一原则，主要体现在：（1）对于大部分罪行（涉及申报类罪行和税款缴纳类罪行）规定入罪门槛，体现为逃税或逃避缴纳税额数额超过一个绝对值，一些罪行还要求逃避征税的所得或交易额超过申报中量的一定比例，除非逃避征税的所得或交易额超过一个很大的绝对值。换言之，只有在侵害的税收利益数量不小的情况下才对相关违法行为进行刑事处罚，以此限制刑事处罚的介入。（2）规定刑事处罚减免制度，即在一审开庭审理前，税款已经补缴，同时相关罚款和利息也已经缴纳，针对不同税收犯罪，罪犯可以减轻或免除刑事处罚。刑事处罚减免制度可以鼓励税收犯罪行为人积极弥补税收利益损失，也间接体现了 2000 年法打击税收实害行为的理念。（3）为避免刑事和行政处罚的重复，即对于一项税收违法行为如果需要同时受刑事处罚和行政处罚，规定仅适用体现特殊性的刑事或行政处罚条款。

最后，回归普通刑法的属性。这是因为，意大利税收刑法是伴随对《刑法典》的背离而诞生的,即一些税收犯罪共同性制度、规则不同于《刑法典》(尤其是总则)的相关原则。从整体上而言,税收刑法这一特点从 1929 年法一直延续到 1982 年法,这也使 1982 年法在应用层面陷入了实效性危机。① 2000 年法的制定,改变了这一特点,回归普通刑法的属性,即遵循普通刑法(《刑法典》)的基本原则,或者与普通刑法的基本原则相协调、融合。例如,在犯罪行为范围的界定上,正如前文所指出的那样,回归刑法谦抑性原则。再如,在刑事处罚方式上,2000 年法对税收犯罪行为仅规定了自由刑,没有规定金钱罚,这是因为刑事法官如果认为需要,可以根据《刑法典》第 24 条关于罚金的规定补充判处罚金。② 同时,2000 年法遵循《刑法典》关于资格刑(辅助刑罚)类型的规定,首次对税收犯罪引入了资格刑,包括禁止在法人、企业担任领导职务,禁止担任涉税的代理、协助职务以及禁止担任公职等。事实上,在 2000 年法与《刑法典》的关系上,除非 2000 年法有特别规定,即少数例外的条款,税收刑法适用《刑法典》的一般规则。③ 例如,在追诉时效方面,原来基于税收利益的考量长期应用特别规则,对于纳税人来说不是很有利。2000 年法将追诉时效制度统一于普通刑法规定的时效之一般规则中。因此,税收犯罪行为的处罚可以直接适用《刑法典》第 157 条规定的一般条款:最长时效为所涉罪行刑法规定的最高刑期,但是最低不得少于 6 年。据此,2000 年法规定了不同罪行,最高刑期也不一样,其中最严重罪行的最高刑期是 8 年,这样,如果没有下文将提到的 2000 年法在 2011 年关于追诉时效的修改,追诉时效期限分 6 年、7 年和 8 年 3 类。需要补充的是,上述 2000 年法减少税收犯罪行为、处罚谦抑的特点,与税收刑法从特殊刑法回归普通刑法密不可分,这是因为特殊刑法是源于国库利益特别

---

① Cfr. Enzo Musco e Francesco Ardito, *Diritto penale tributario*, Zanichelli, 2016, p. 39.

② 该条规定:"对于为营利而实施的犯罪,如果法律仅规定了有期徒刑,法官可以补充处以 50 欧元至 25,000 欧元的罚金。"

③ Cfr. Francesco Terauro, *Istituzioni di diritto tributario-parte generale*, Torino, 2006, p. 346.

保护的需要而产生的,因此在入罪处罚上比《刑法典》一般规则更严苛。

税收刑法回归普通刑法的属性,有助于实际发挥2000年法打击税收犯罪的效力。也正是从这个角度,是否保留税收单行刑法的模式,还是将税收刑法编排在《刑法典》中,其实已经变得不重要了。事实上,一项刑事规范的适当性或重要性并不取决于其所处位置,而在于其内容。税收刑法在回归普通刑法的属性之后,即使存在于《刑法典》之外,其合法性也并不丧失,普遍的震慑功能也不会减损。当然,在《刑法典》中规范税收犯罪与处罚,可能的优势包括使税收方面的刑事制裁更能够被公众所知晓以及得到更广泛的社会认同。但是,这些可能的优势价值也是非常有限的,况且税收犯罪立法修改在单行刑法下更加便利,事实上,2000年法出台以后又经历了多次修改。因此,在意大利税收刑法纳入《刑法典》的问题至今未被提出。①

(二)2000年法的问题

2000年法施行后,意大利在打击逃税以及提高公民对履行纳税义务的道德意识方面取得了很大进展,也有效地预防了税收犯罪的发生。但是,之后意大利对该法又进行了多次修改,而2000年法的问题正是源于这些立法修改,体现为之后的立法修改对2000年法确立的目标和原则有所背离,尽管这些问题并不能掩盖2000年法整体上的成功。

首先,扩大税收犯罪行为的范围。2004年12月30日颁布的第311号法律在2000年法第10条引入了第10条附加第1条,②规定了扣缴税款不缴纳罪。随后,2006年7月4日颁布的第223号法律令又在2000年法第10条引入了第10条附加第2条和第3条,③分别规定了增值税税款不缴纳罪和不正当的税款抵销罪。这3项罪行的引入扩大了2000年法税收犯罪行为的范围,且本身存

---

① Cfr. Enzo Musco e Francesco Ardito, *Diritto penale tributario*, Zanichelli, 2016, p. 19.

② Cfr. l'art. 1, comma 414, della Legge 30 dicembre 2004, n. 311.

③ Cfr. l'art. 35, comma 7, del D. L. 4 luglio 2006, n. 223.

在以下两项具体问题:(1)体现决疑术的规则技术,即针对多个不同的具体情形(基于个案)分别规定为犯罪行为。换言之,犯罪行为规则一般性、抽象性不足。(2)这3类罪行基本上不伴随欺诈,仅仅是应纳税款的不缴纳,同时,这3项罪行的构成并不特别要求行为人具有逃避缴纳税款目的的主观状态,因此与2000年法追求的刑法谦抑性原则相背离。

其次,加大了处罚力度。在处罚方面,2011年9月14日颁布的第148号法律对2000年法亦有所修改(以下简称2011年修改),①而内容上与最初的2000年法并不协调:(1)对2000年法第3条、第4条和第5条规定的申报类罪行,降低了入罪门槛。例如,对于2000年法第3条规定的罪行,入罪门槛(逃避的税款数额)从原来的1.5亿里拉(大概是7.7万欧元)降至3万欧元。(2)删除了2000年法第2条利用虚开发票欺诈申报和第8条虚开发票两项罪行中关于处罚减轻情节的规定(这两项罪行没有入罪门槛),即原来对于虚假的收入或交易额未超过3亿里拉(大概15.5万欧元)的情形,规定最高刑减少至2年。(3)在2000年法第17条增加(附加)一款,对第2条至第10条规定的罪行,但不包括第10条附加第1条、第2条和第3条规定的罪行,规定追诉时效期限延长1/3。(4)在2000年法第12条增加附加第2款,对第2条至第10条规定的罪行,在逃避的税款超过营业额的30%并超过300万欧元的情形,规定不适用《刑法典》第163条规定的处罚执行暂停制度。②

最后,意大利在2015年9月24日颁布了第158号立法令,③以及在2019年10月26日颁布了第124号法律令,④对2000年法又分别进行了两次修改。关于2015年第158号立法令对2000年法的修改(以下简称2015年修改),主

① Cfr. L. 14 settembre 2011, n. 148.

② 即缓刑制度。根据意大利《刑法典》第163条的规定,在判决有罪并处以不超过2年的刑期或监禁的情形,法官如果认为罪犯不会再实施犯罪,可以裁定暂停执行处罚。

③ Cfr. D. Lgs. 24 settembre 2015, n. 158.

④ Cfr. l'art. 39 del D. L. 26 ottobre 2019, n. 124.

要内容包括:(1)申报类犯罪不再局限于年度申报,纳税人实施的任何纳税申报都可以构成相关犯罪行为,税收犯罪行为范围有所扩大。(2)对于一些罪行提高入罪门槛。例如,关于逃税数额,不诚信申报罪从5万欧元提高至15万欧元,不申报罪从3万欧元提高至5万欧元。(3)对于一些罪行提高量刑。例如,不申报罪和第10条规定的隐匿或销毁会计资料罪,分别从原来的1年到3年和半年到5年提高至1.5年到4年和1.5年到6年的有期徒刑。(4)对于能够悔改(包括主动悔改)的罪犯,及时缴纳所逃税款以及相关罚款和利息的,加大激励制度:从减轻处罚到免除处罚(针对的是一些税款申报类犯罪以及第10条附加的3条规定的相关犯罪),或者减半处罚,即上文提到的刑事处罚减免制度。(5)正如下文将说明的,删除了一些似乎是多余、意义不大的条款。从2015年修改的主要内容来看,此次修改并没有多大创新,虽然相较之前的修改,有所进步,但进步有限。换言之,之前的修改使2000年法偏离了刑法极端缘由的理念,将一些侵害性不严重的行为入罪量刑,2015年修改虽然加大了处罚减免的力度,但并没有从根源上扭转上述偏离。关于2019年第124号法律令对2000年法的修改(以下简称2019年修改),主要内容是全面加大了税收犯罪的处罚力度并降低了个别罪行的入罪门槛,以更严厉地打击税收犯罪、维护国库利益:(1)在刑罚提高方面,包括4类申报类逃税犯罪以及两类逃税预备行为犯罪等,刑期普遍增加了1~2年。例如,上述不申报罪和隐匿或销毁会计资料罪,刑罚又分别提高至2年到5年和3年到7年的有期徒刑。(2)在入罪门槛降低方面,如不诚信申报罪,逃税数额和逃避征税的所得或交易额分别从15万欧元、300万欧元降低到10万欧元、200万欧元。总体上,经过几次修改后的2000年法面临重新步入特殊刑法的危险,即背离普通刑法一般原则或规则的制度数量有所增加,这有待下一次的税收刑法修改以审慎应对。

第二节　现行税收犯罪立法基本内容

一、立法结构与条款安排

意大利2000年法共分为5章,分别是“定义”“罪行”“共同条款”“与行政处罚制度的关系以及刑事、行政程序关系”“协调和最后条款”。

2000年法第一章仅1条,采用了国际法源(规则)制定的惯用技术,对该法条款所涉及的主要法律概念进行了界定,一开始即揭示复杂概念的内涵、外延,以确保随后规定的具体条款能够得到正确解释,复杂则是因为这些概念与实体税法相关。第一章界定的概念包括“虚开发票或其他文件”“积极或消极要素”①“申报”“逃税的目的”“使他人逃税的目的”“逃避(税款)缴纳的目的”“所逃税款”“客体或主体虚假的交易”“欺诈手段”。2000年法专门在第一章对上述概念进行了界定,意味着这些概念的定义是独立的,既相对一般刑事法律制度,也相对税收法律制度。换言之,对同一概念,不同的法律体制根据不同情形可能都会提供定义,可能一致,也可能不一致,在后一种情形下,相关定义在本法律制度内生效。所以,上述概念的定义在2000年法的有限范围内生效。

第二章第一节(第2条至第6条),是关于申报类的罪行。其分别规定了“利用虚开发票或其他文件欺诈申报罪”“利用其他虚假手段欺诈申报罪”②“不诚信申报罪”“不申报罪”“未遂(的不处罚性)”。原本存在的第7条,规定一些不构成第3条和第4条规定罪行的行为,如违反权责发生制进行账本和财务报表记入,但是会计记账的方法是一贯的、持续的,被2015年第158号立法

① 即确定、影响税基和税额多少的要素,如收入、成本、(销项、进项)交易额等。

② 其他虚假手段,是指利用虚开发票以外的方式,如通过虚假交易。

令所删除。第二章第二节(第8条至第11条),是关于会计资料类和税款缴纳类的罪行。第8条规定了“虚开发票或其他文件罪”,第9条规定了“虚开或利用虚开发票或其他文件情形下的共犯”,第10条规定了“隐匿或销毁会计资料罪”,第10条附加第1条、第2条和第3条分别规定了“扣缴税款不缴纳罪”“增值税税款不缴纳罪”“不正当的税款抵销罪”,以及第11条规定了“欺诈逃避缴纳税款罪”。其中,第10条附加第3条又进一步规定了两类不正当税款抵销罪行,分别是该条第1款规定的利用不所属的债权进行抵销和该条第2款规定的利用不存在的债权进行抵销。事实上,第二章除规定罪行以及关于这些罪行条款适用,但背离普通刑法的规则(第6条和第9条)外,在界定每一项罪行的同时规定了处罚内容。

根据上述内容,意大利现行税收刑法规定了三大类税收犯罪,分别是申报类犯罪、会计资料类犯罪和税款缴纳类犯罪,共10项罪名。首先,表现为逃税的申报类犯罪包括4项罪名,分别是第2条规定的利用虚开发票或其他文件欺诈申报罪(以下简称利用虚开发票欺诈申报罪),第3条规定的利用其他虚假手段欺诈申报罪,第4条规定的不诚信申报罪和第5条规定的不申报罪;其次,目前仅有的两项逃税预备行为犯罪,即会计资料类犯罪,包括第8条规定的虚开发票或其他文件罪(以下简称虚开发票罪)和第10条规定的隐匿或销毁会计资料罪;最后,税款缴纳类犯罪,是指真实纳税义务确定后税款不缴纳的犯罪行为,包括4项罪名,分别是第10条附加第1条规定的扣缴税款不缴纳罪,第10条附加第2条规定的增值税税款不缴纳罪,第10条附加第3条规定的不正当的税款抵销罪和第11条规定的欺诈逃避缴纳税款罪。①

第三章(第12条至第18条),是关于应用上述罪行条款的共同规则。第12条规定了“辅助刑罚”,第12条附加第1条规定了“(财产)没收”,第13条

① 例如,通过欺诈方式使自己的财产减少,以阻止税务机关的强制执行。

规定了"不处罚性的缘由——税收债务的缴纳",第13条附加第1条规定了"处罚的(减轻、加重)情节",第14条规定了"(处罚)减轻情节——税收债务因时效而消灭情形下的损害弥补",第15条规定了"源于税收规则解释的违法行为",第17条规定了"时效中断",第18条规定了"管辖地",以及第18条附加第1条规定了"被扣押财产的司法保管"。其中,原本规定的第16条,关于纳税人在遵循反避税规则应用委员会意见的情况下行为不受该法处罚,被2015年第158号立法令所删除。

第四章(第19条至第21条),是关于如何处理刑事处罚与行政处罚的关系以及刑事与行政程序的关系,分别规定了"特殊性原则""刑事程序与税务行政程序、诉讼的关系""针对刑事违法行为的行政处罚"。

第五章(第22条至第25条),分别规定了"税收债务消灭发生的证明方式""税务警察资料使用方面的修改""1983年第18号法律第2条的修改""废除(其他法律中与本法规定不一致的条款)"。

二、税收犯罪行为的主要特征

(一)客观行为

根据已经阐释的2000年法的立法理念以及特征,第2条、第3条规定的两项关于欺诈申报的罪行以及第11条规定的欺诈逃避缴纳税款罪行无疑处于整个税收犯罪刑事处罚制度的核心地位,而这3项罪行也覆盖了最主要的逃税(广义)行为。因此,总体上,2000年法关于税收犯罪行为客观要件的特征,可以通过检视这3项罪行的规定进行概括,具体包括两个方面:逃税先前行为的欺诈性与逃税行为的实害性。

首先,欺诈性的先前行为。逃税的先前行为,是指纳税人实施不实申报行为之前的行为,又称预备行为,例如,在会计账目中根据虚开的发票或者虚假的交易来记入收入、支出或交易额,或者为逃避税款的缴纳,使税务机关强制执行不成,纳税人先行虚假转让相关财产等行为。关于上述先前行为的欺诈性特征及其效力,从两项申报类罪行来看,欺诈性先前行为的实质在于提供申报资料上的虚假数据的佐证,妨碍税务机关实施针对虚假的查定。事实上,在申报中虚列收入、支出或交易额并不构成逃税犯罪行为的欺诈性,因为税务机关还可以正常实施税收查定。换言之,当申报不仅是不真实的、与事实不符的,同时还有能够使税务机关上当的虚假资料的支持时,才构成欺诈,逃税犯罪行为才构成,欺诈性的先前行为是构成相关逃税犯罪的必要条件。这一点被 2003 年 4 月 7 日颁布的第 80 号法律(《关于授权政府实施国家税收制度改革》)所确认。根据该法第 2 条第 1 款的规定,税收刑事处罚只适用于那些欺诈、同时对税收收入有现实、严重损害的情形。[①] 这样,不难发现 2000 年法第 4 条规定的纳税人不诚信申报,并不具有能导致税务机关在收入或交易额查定的职能履行中犯错误的欺诈意图和手段,按照上述第 80 号法律所明确确定的原则,这种相对"简单的"不诚信申报犯罪不应该再产生。[②] 总之,在税收刑事法律中,欺诈和逃税是不可分割的。[③] 因此,2000 年法原来的第 7 条还特别规定了,当纳税人基于一种持续、延续的会计确定方法或者根据在资产(负债)表中所标明的标准(如各种折旧标准)实施的会计评估和账目编辑不构成虚假会计核算评估,即不构成申报犯罪中的欺诈行为。因为纳税人使用这种方式,基于上述所实际遵循的标准,税务机关是能够正确实施其税收查定职能的。[④] 而从第 11 条规定的欺诈逃避缴纳税款罪行来看,虚假转让相关财产等行为妨碍税务机关对纳税人真实财产的查定,纳税人虚假的财产不足构成对税务机关的欺诈,是构成

---

① Cfr. l'art. 2, comma 1, della Legge 7 aprile 2003, n. 80.

② Cfr. Enrico Mastrogiacomo, *Problemi e dibattiti. I reati tributari a sei anni dalla riforma. Carenze giurisprudenziali e proposte della dottrina*, in *Il Fisco*, n. 18, 2006.

③ Cfr. Andrea Perini, *Sulla nozione di "mezzi fraudolenti idonei ad ostacolare l'accertamento" nell'ambito del delitto di dichiarazione fraudolenta mediante altri artifici*, in *Rassegna Tributaria*, n. 1, 2002.

④ Cfr. Bruno Sechi, *Riforma dei reati tributari: più pregi che difetti*, in *Penale. it*, il 3 febbraio 2001.

本罪的必要条件。相反,2000年法第10条附加第1条、第2条和第3条规定的关于逃避税款缴纳的3项罪行,因为缺乏对欺诈性构成要件的要求,所以才深受批评和质疑。但是,正如下文将指出的那样,针对这3项罪行的刑事处罚,2000年法规定了适用条件相对宽松的豁免制度,与这3项罪行不要求欺诈性构成要件、危害性较轻相关,在一定程度上也减少了批评和质疑,3项罪行也尚未被取消。

其次,实害性的逃税行为。逃税犯罪行为的构成必须以行为实际造成税收利益受损为条件。因此,虽然2000年法规定了逃税的先前行为,这些先前行为的实施在性质上乃是为欺诈申报等罪行制造条件,而按照刑法理论,这些先前行为的实施就可以构成犯罪预备,应受刑事处罚。但2000年法第6条却排除了仅仅实施这些先前行为的纳税人的刑事处罚性,明确规定实施第2条、第3条和第4条规定的犯罪行为未遂不具有刑事处罚性。这里,(未遂)实施相关条款中的犯罪行为特指纳税人先前行为的实施,比如,在会计账目中登记虚开的发票,但并没有根据这些虚假数据来填写申报资料。换言之,对于第2条、第3条和第4条规定的罪行来说,申报(伴随虚假信息的记载)提交的时刻才是犯罪完成的时刻,在纳税人提交申报之前,税务机关还无法识别一项对税收利益有害的行为。这样的规定正是基于2000年法刑事立法改革的指导思想,即仅仅治罪于那些直接与逃避缴纳税款相关联的行为,即有效、现实损害税收收入利益的行为,而将那些仅仅具有程序上违法性的、尚未对税收利益造成现实损害的行为置于税务机关的专属权限管辖范围之内,仅仅处以行政处罚。此外,需要补充的是,2000年法并没有将第5条规定的不申报罪行纳入未遂不构成犯罪的规定中来,这是因为未遂(伴随先前行为的实施)与一项纯粹的不作为犯罪并不协调。①

---

① Cfr. Maurizio Villani, *Cenni di diritto penale tributario*, in *Legali. com*, il 26 luglio 2011.

（二）主观要件

关于税收犯罪的主观要件，除第 10 条附加条款所规定的 3 项罪行以外，2000 年法在规定每一项罪行时，都明确犯罪主体实施犯罪应当源于特定的目的，即基于逃税（包括逃避缴纳税款）或使他人逃税的目的，也就是基于直接逃税或间接逃税的目的。第 10 条附加条款所规定的 3 项罪行因为没有这样的规定而广受质疑。因此，总体上，税收犯罪属于基于特定目的的犯罪，或者说，属于逃税目的犯，如果纳税人不具有逃税的目的，就不构成相关税收犯罪，体现了限制税收违法行为入罪处罚的立法理念。其中，关于会计资料类犯罪，第 8 条规定的罪行要求具备使他人逃税的目的，第 10 条规定的罪行除为自己逃税的目的外，也包括让他人逃税的目的。而对于两项欺诈申报类犯罪，由于欺诈行为的特征就是求助于旨在实现逃税的诡计，因此对于犯罪主体来说，逃税的目的是唯一性的。[①] 至于逃税的内容，可以根据 2000 年法第 1 条第（f）项对所逃税款的界定进行理解，该项规定："所逃税款是指实际应当缴纳的税款与在申报中记载的税款之间的差，或者在不申报情况下实际应当缴纳的全部税款，再减去由纳税人或者他人以预缴、扣缴的名义或者在申报（或相关期限截止）前已经缴纳的税款，剩下的余值。"此外，根据 2000 年法第 1 条第（d）项的规定，逃税的形式还包括纳税人取得一项不应有的退税或被认可一项不存在的税收债权，以及使他人取得这些税收利益。

三、入罪门槛

为限制税收违法行为入罪处罚，即入罪处罚局限于对所保护的法益具有严重损害能力的行为，除 2000 年法第 2 条、第 8 条和第 10 条规定的罪行外，这 3 项犯罪手段本身具有严重危害性，在规定其他罪行时都引入了入罪门槛。但

---

① Cfr. Maurizio Villani, *Cenni di diritto penale tributario*, in *Legali. com*, il 26 luglio 2011.

是,根据不同的罪行,源于犯罪手段以及危害性差异,入罪门槛的构成、计算以及数量有所不同:(1)利用其他虚假手段欺诈申报罪和不诚信申报罪都存在两个门槛,需要同时满足。一是逃税的数额(涉及某一税种)超过一个绝对值,分别是3万欧元和10万欧元;二是逃避征税的所得或交易额超过申报中的量的一定比例,分别是5%和10%,或者逃避征税的所得或交易额超过一个绝对值,分别是150万欧元和200万欧元。(2)其余罪行都仅有一个门槛,所涉金额超过一个绝对值,但是计算方法、数量有所不同。不申报罪,涉及某一税种,所逃税额超过5万欧元;扣缴税款不缴纳罪、增值税税款不缴纳罪和不正当的税款抵销罪,则是在一个纳税年度内,逃避缴纳的税额(或不正当抵销的税款)总量分别超过15万欧元、25万欧元和5万欧元;欺诈逃避缴纳税款罪,逃避缴纳的税额以及相关罚款和利息总额超过5万欧元。税收犯罪入罪门槛的规定,限缩了税收刑事案件的数量,同时限制了法官关于是否存在刑事违法行为的解释裁量权,使公民的个人自由得到了更高水平的保护。①

关于入罪门槛的规定,这里还需要强调的是,门槛应当作为相关税收犯罪的构成要件,而不是《刑法典》第44条规定的处罚客观条件,因此不宜称为处罚门槛。根据该条规定,处罚的客观条件不属于一项罪行的内容,存在罪行之外,其并不在罪行实施者的意图(作为实施者积极行为或不作为的结果)范围内。因此,根据刑法的一般原则,当一项特定条件,如逃税数额超过入罪门槛,属于犯罪行为主体意图及表现的客体,该条件就应当被视为一项罪行的构成要件。② 显然,在逃税数额超过入罪门槛的情况下,逃税行为人意图实施超过入罪门槛的逃税行为并表现出逃税数额超过该门槛这个结果自可成立。事实上,逃税数额超过入罪门槛,形成对税收利益的严重侵害,不涉及与逃税犯罪行为不相关的利益,应当属于逃税犯罪行为的构成要件。这一点,旨在说明2000年

---

① Cfr. Enzo Musco e Francesco Ardito, *Diritto penale tributario*, Zanichelli, 2016, p. 47.

② Cfr. Maurizio Villani, *Cenni di diritto penale tributario*, in *Legali. com*, il 26 luglio 2011.

法制定情况的政府报告予以了认可，[①]意大利宪法法院在2004年的一项判决中也给予了认可。[②]

四、辅助刑罚

除作为主刑的自由刑外，2000年法对税收犯罪创新地在第12条引入了辅助刑罚，即资格刑。资格刑共分为两类：一类是适用于2000年法所规定的所有犯罪行为，另一类是适用于特定的犯罪行为。关于第一类，2000年法第12条第1款规定了5种资格刑：(1)禁止在法人、企业担任领导职务6个月到3年；(2)在1年至3年内，不得与行政部门签订合同(交易)；(3)禁止担任涉税的代理、协助职务1年到5年；(4)永久不得成为税务委员会(税务法院)组成人员；(5)根据《刑法典》第36条的规定，公开判决。关于第二类，2000年法第12条第2款规定，对于两项欺诈申报罪和虚开发票罪，罪犯还要被禁止担任公职1年到3年。不难发现，2000年法规定的资格刑内容非常丰富，可以覆盖各种不同类型的犯罪主体。同时，对于不同的税收犯罪，源于对税收利益侵害性的不同，适用的资格刑数量上也不一样。事实上，鉴于资格刑所具有的剥夺或限制再犯能力的独特功能，在涉税犯罪中引入资格刑，特别是禁止担任与税务相关职位的资格刑，有助于惩处、警诫相关涉税犯罪人员，进而更有效地打击、抑制税收犯罪。[③]

五、刑事处罚的减免

正如前文所述，在贯彻打击税收实害行为的刑事立法理念上，2000年法规

---

① Cfr. la Relazione ministeriale al D. Lgs. 74/2000.

② Cfr. la sentenza di Corte costituzionale del 1 giugno 2004, n. 161.

③ 参见施正文、翁武耀：《意大利逃税刑事法律责任的立法及其对我国的借鉴》，载《税务研究》2010年第6期。

定的刑事处罚减免制度亦是重要体现。换言之,虽然实施了税收犯罪行为,但是纳税人能够积极采取补救措施,如补缴税款等,最终没有造成国家税收利益损害的结果,刑事处罚应当减免。至于哪种情形应当给予免除处罚,哪种情形应当给予减轻处罚,2000 年法根据不同税收犯罪行为体现的危害性差异分别予以规定,减免适用的条件也有所不同。

首先,第 13 条第 1 款规定,对于第 10 条附加第 1 条、第 2 条和第 3 条第 1 款规定的税款缴纳类犯罪,如果在一审开庭审理之前,税收债务以及相关的行政处罚和利息已经通过完整缴纳应支付款项而消灭,包括在纳税人悔改下缴纳应支付款项以及在税收法规所规定的调解、协议查定等特殊程序下缴纳应支付款项,所涉犯罪就不具有处罚性。事实上,根据第 13 条第 1 款的规定,不难发现,由于上述第 10 条附加条款所规定的犯罪危害性最轻,且不要求欺诈性以及主观逃税故意,不仅给予免除处罚的待遇,同时适用条件也最宽松,如在一审开庭审理之前完成补救措施即可。其次,第 13 条第 2 款规定,对于第 2 条、第 3 条、第 4 条和第 5 条规定的申报类犯罪,如果税收债务以及相关的行政处罚和利息已经通过完整缴纳应支付款项而消灭,包括在纳税人悔改下缴纳应支付款项,或者通过在下一个纳税周期的相关申报提交期限内提交未提交的申报(针对不申报犯罪)而缴纳应支付款项,所涉犯罪就不具有处罚性。但是,第 2 款同时规定,为发生不处罚的效果,悔改或者提交未提交的申报,必须在罪犯正式知晓税务机关实施税务访问、调查、检查之前实施,或者在任何行政查定活动或刑事程序活动开始前实施。显然,对于申报类犯罪来说,由于危害性增加,虽然也可以享受免除处罚的对待,但是适用条件明显变得更苛刻,纳税人补救措施需要在一个更提前、及时的时间点实施。最后,第 13 条附加第 1 条规定,在上述适用免除处罚待遇的情形之外,如果在一审开庭审理之前,税收债务以及相关的行政处罚和利息已经通过完整缴纳应支付款项而消灭,包括在税收法规所规定的调解、协议查定等特殊程序下缴纳应支付款项,则 2000 年法中的罪行所规定的刑罚减半适用,同时辅助刑罚不再适用。事实上,刑罚的减半适用针对的罪行包括利用不存在债权的不正当税款抵销罪和欺诈逃避缴纳税款罪。换言之,针对这些罪行,纳税人即使积极采取补救措施,挽回国家税收利益损失,也要受到减半的刑事处罚,以保留震慑力。当然,除上述两项罪行外,第 13 条第 2 款规定的 4 项罪行,如果满足不了享受免除处罚待遇的条件,也存在减半适用处罚的可能性。①

显然,2000 年法第 13 条及其附加第 1 条规定的目的在于通过处罚减免这一激励机制来弥补国库损失。需要特别强调的是,也正是源于这一目的,该条所规定的减免情节是客观的。这是因为,这种与税收债务及时履行相挂钩的处罚减免效果,在税款的缴纳是由第三人(不同于纳税人的主体)执行的情况下也可以产生。同时,罪犯的主观心态并不重要,只要税款实际缴纳了就可以。②

六、税收行政执法与刑事司法的关系

为避免对纳税人一事二罚,2000 年法在税收行政执法与刑事司法的关系问题上进行了专门规定。当然,这与 1982 年法之后确立税收行政程序与刑事程序各自独立有关。对于两类程序的相互独立性,2000 年法第 20 条再次明确并规定:"税收查定程序和税务诉讼程序不因以同一事实或以特定的事实(相关的裁判要取决于该事实的查定)为客体的刑事程序的悬而未决而中止。"这里需要特别强调的是,该规则在税收刑事程序与税务诉讼程序的关系上与 1982 年法的规定有所不同。根据 1982 年法第 12 条的规定,对于在税务诉讼中裁判的事项,涉及裁判客体的事实,不可撤销的有罪或无罪的判决具有威权性。在 2000 年法第 20 条的规定下,1982 年法第 12 条的规定已经删除,这也与

---

① Cfr. Gian Luca Soana, *I reati tributari*, Giuffrè, 2018, pp. 532 – 533.

② Cfr. Maurizio Villani, *Cenni di diritto penale tributario*, in *Legali. com*, il 26 luglio 2011.

意大利《刑事诉讼法典》第654条的规定相一致,[①]即刑事裁判的约束效力并不发生于税务诉讼中,因为在税收行政程序中,存在一些举证上的限制,如禁止证人证言,同时,还可以适用推定。[②] 这样,现在对于税务诉讼来说,刑事裁判没有任何的威权性,即使在刑事阶段查定的事实是同一些事实,即基于这些事实税务机关实施了税收查定。因此,就税务机关某项税收查定活动的效力而言,税务(行政)法官不再需要援引一项涉及税收犯罪的刑事判决。与之相对应,根据最高法院2018年的一项判决,基于查实是否超过入罪门槛的目的,确定逃税的金额是刑事法官的专属任务,不存在税务(行政程序)的先决。[③]

基于税收行政程序与刑事程序的相互独立性,2000年法第21条第1款规定:"就作为犯罪客体的税收违法行为,主管税务机关无论如何要做出行政处罚。"换言之,根据独立原则,即使需要受行政处罚的税收违法行为同时涉及刑事违法性,税务机关也应当处以行政处罚。但是,针对上述税收违法行为,考虑到刑事程序下予以刑事处罚判决作出的可能性,此时无疑会有一事二罚的危险。对此,在行政处罚和刑事处罚之间,2000年法首先在第19条引入了特殊性原则,其第1款规定:"当同一事实既需要根据(本法令)第二章规定的条款之一受处罚,也需要根据某一规范行政处罚的条款受处罚,在这两项条款之间仅适用那项特殊的条款。"相比于1982年法规定的对行政违法行为和刑事犯罪的处罚需要同时适用,2000年法这一条款属于重要创新。当然,从文义上来看,这一条款并没有确认刑事处罚优先或者行政处罚优先,而是根据处罚规则

---

① Cfr. Codice di procedura penale(D. P. R. 22 settembre 1988, n. 477)。意大利《刑事诉讼法典》第654条规定:"当在民事或行政审判中围绕某一权利或合法利益发生争议,而对该权利或利益的承认依赖于对刑事审判所涉及的事实的查明时,对于被告人、民事当事人和参与了刑事诉讼的民事负责人,经法庭审理后宣告的不可撤销的刑事处罚判决或无罪判决具有已决案的效力,只有上述已查明的事实对于刑事裁决具有重要的意义并且民事法律未限制证明有争议的主体地位。"

② Cfr. Maurizio Villani, *Cenni di diritto penale tributario*, in *Legali. com*, il 26 luglio 2011.

③ Cfr. la sentenza di Corte di Cassazione del 28 maggio 2008, n. 21213.

体现出特殊性的因素来决定应当适用哪类处罚。对此，结合具体处罚规则，不难发现，刑事处罚规则的适用条件要更苛刻，规定了行政处罚所不要求的特殊条件，刑事处罚条款也就往往被视为更特殊的条款。换言之，特殊性原则有利于刑事处罚条款的适用。例如，在行政处罚条款中没有门槛的规定，而在刑事处罚条款中规定门槛的情况下，后者就是体现出了特殊性条款。再如，刑事处罚条款明确规定，行为人主观上应具有专门的逃税目的，亦体现出了特殊性。[①] 但是，为落实特殊性原则，还需要程序上的保障。为此，2000 年法第 21 条第 2 款规定："除非刑事程序以不予受理裁决或者以不可撤销的免诉或无罪判决而终结，即除非事实的刑事意义被排除，上述处罚（第 1 款规定的行政处罚）不具有执行性。"根据该款规定，当刑事程序悬而未决时，行政处罚应当中止执行，只有当不可撤销地判决或决定了无罪、驳回起诉或不予受理，即不需要刑事处罚时，行政处罚才可以执行。[②] 相反，当最终判决需要刑事处罚时，根据特殊性原则，就排除了行政处罚的适用。

关于上述特殊性原则，事实上，在 2000 年法下存在背离的情况，即在刑事处罚适用未排除的情况下适用行政处罚，而背离特殊性原则的是 2000 年法第 13 条及其附加第 1 条规定的刑事处罚减免规则。[③] 因为根据该条规定，刑事处罚减免的前提条件是纳税人已经缴纳税收债务以及相关的行政处罚和利息，这意味着第 21 条第 2 款所规定的，行政处罚中止执行并不妨碍纳税人主动承担相关行政处罚的责任，以享受刑事处罚减免的待遇。换言之，从落实刑事处罚减免制度的角度，需要先行适用行政处罚。

---

① Cfr. Maurizio Villani, *Cenni di diritto penale tributario*, in *Legali. com*, il 26 luglio 2011.

② Cfr. Bruno Sechi, *Riforma dei reati tributari: più pregi che difetti*, in *Penale. it*, il 3 Febbraio 2001.

③ Cfr. Bruno Sechi, *Riforma dei reati tributari: più pregi che difetti*, in *Penale. it*, il 3 Febbraio 2001.

第二章 意大利税款申报类犯罪立法

第一节 利用虚开发票欺诈申报罪

一、立法内容与保护法益

(一)发票与逃税现象

当前,发票作为重要的会计记账凭证及涉税凭证,对于确定企业收益、支出等经营状况以及涉税情况具有特殊意义。为此,虚开发票现象不仅常见于我国,在意大利等其他国家也并不鲜见。事实上,对于企业来说,发票上记载低于实际收益的金额(以下简称少开发票)可以为其形成"地下"收益,即隐瞒收益,用于支付"地下"劳工或其他不正当支出项目等。同时,为不存在的交易开具发票可以为其虚增经营业务,形成虚假繁荣,获取补贴、贷款等不正当利益,不仅损害商业交易以及经济产值的正确性,还造成了不正当竞争。当然,无论在上述何种情况下,企业少开发票、虚开发票最基本的目的还是逃税,包括开票方逃税和受票方逃税。关于具体逃税方式,以下予以举例说明:

首先,就开票方逃税而言。例如,销售方企业 A 为购买方企业 B 提供一项服务,对价是 1 万欧元(不含税),但是企业 A 开具的发票上记载的金额是 7000 欧元,企业 B 通过转账支付 7000 欧元,然后通过现金支付余下的 3000 欧元,此时,企业 A 仅仅针对 7000 欧元进行纳税。

其次，就受票方逃税而言，为虚增成本并让不存在的交易变得更加真实，购买方会先通过银行转账就发票上的价款支付给虚假的供应商，虚假的供应商在其账上计入这笔对价，但会通过现金归还给顾客（购买方）一部分金额，留下的部分通常是价款的10%～20%，作为虚开发票的报酬。例如，销售方企业A未向购买方企业B提供服务，但向企业B开具1万欧元的发票，这样，企业B可以在账目中计入虚增的成本，抵扣相关的增值税和税前扣除。当然，虚开发票也包括多开发票的情形。例如，企业A向企业B提供一项服务，对价是1万欧元，但开具发票时记载金额为1.4万欧元，企业B支付1.4万欧元，4000欧元企业A以现金的方式归还，但会留下其中的10%～20%。从纳税角度，企业B会获益，因为成本是超出实际承担的。在虚开发票下，企业A会因为虚开发票被征税，但是，虚开发票的企业会享受税收优惠待遇或适用包干税收制度，或者属于亏损企业，总之缴纳的税比正常企业少。① 此外，企业A还有可能是空壳公司，即公司资本微不足道，不实施经营活动，仅仅为了逃避税的目的设立，且在破产前一直处于亏损。

（二）条文规定与保护法益

基于上文，利用虚开发票实施的逃税行为，对于国库利益的侵害是巨大的，这不仅源于这类逃税行为的普遍性，还源于其特别的欺诈性。欺诈性是因为这类逃税行为不仅体现为不实或不诚信的申报，还有虚开的发票等文件资料的支持，即虚假地强化申报中相关涉税信息的不真实描述。为此，也构成了最严重的税收犯罪之一。在意大利现行税收单行刑法2000年法中，利用虚开发票实施的逃税行为也会被单独定罪处罚，并规定在该法第2条中，是该法规定的第一项税收犯罪，即利用虚开发票欺诈申报罪。目前，2000年法第2条共有3

---

① Cfr. Omar Cecchelani, *Fatture false per operazioni inesistenti e fatture gonfiate*, in *Pagaremeno-tasse*, il 3 aprile 2020, disponibile nel sito seguente: https://www.pagaremenotasse.com/evasione-fiscale-emissione-di-fatture-false-per-operazioni-inesistenti.

款,第1款规定:“任何人为逃避所得税或增值税的目的,通过利用为不存在的交易开具的发票或其他文件,在有关上述税种的申报中记载虚假消极因素,处4年至8年有期徒刑。”第2款规定:“当为不存在的交易开具的发票或其他文件在强制性会计账簿中被登记,或者面对税务机关基于证据的目的被保存起来,利用这些发票或文件的事实就视为实施了。”最后,2019年修改引入的附加第2款规定:“如果申报中记载的虚假消极因素低于10万欧元,处1.5年至6年有期徒刑。”

从上述第2条关于罪状的描述,即为不存在的交易开具发票或其他文件(以下简称虚开发票),在申报中记载虚假消极因素(成本等支出项目),不难看出,本罪旨在打击在申报中记载源于虚开发票的虚假成本的行为,确保申报的应税金额与真实情况相符。换言之,本罪旨在打击虚开发票受票方的逃税行为,开票方少开发票的逃税行为因为并不体现出在申报中记载虚假消极因素,因此不在本罪的适用范围内。事实上,尽管持有对应的不规范的会计账目,少开发票也在2000年法第4条规定的不诚信申报罪适用范围内,这是因为开具这样发票的纳税人毕竟实施了相关交易、开具了发票并在会计上记录了部分的货物、服务销售。[①] 换言之,少开发票以及在会计上记录部分销售收益不构成2000年法所要求的欺诈手段。反观受票方通过虚开发票证明在会计上记录不存在的成本,对税务机关税收查定的正常实施造成了严重妨碍,因为发票上的内容被推定是真实的。同时,这一内容不仅在受票方会计账目、纳税申报中具有对应的内容,且在开票方的会计账目中也具有对应内容,这就显示出了交易表面上的合规性。[②]

---

① Cfr. Enzo Musco e Francesco Ardito, *Diritto penale tributario*, Zanichelli, 2016, p. 178.

② Cfr. Enrico Corucci, *Il delitto di dichiarazione fraudolenta mediante uso di fatture o altri documenti per operazioni inesistenti*, in AA. VV., *La nuova giustizia penale tributaria*, Collana diretta da C. Conti etc., CEDAM, 2016, p. 190.

事实上,本罪事实的无价值或者定罪处罚的依据在于逃税方式本身,即利用虚开发票,根据第2条第2款的界定,体现为受票方在其会计账簿中登记虚开发票,或者面对税务机关基于证据的目的保存虚开发票,以及实施对应的不实申报。换言之,本罪事实的无价值在于欺诈手段的无价值与不实申报的无价值之和,而这一逃税方式可以具体地使逃税目的得以实现,本罪也因此被认为是具体危险犯。[①] 这样,本罪的构成不要求实际逃税的查实,产生国库利益受损的具体危险即可,而本罪没有规定作为入罪门槛的逃税数额也体现了这一点,这反映了意大利对这类具有特殊欺诈性的逃税方式采取的严厉刑事制裁政策。为此,本罪保护的客体在于税务机关税收查定的正确实施,税收债务的正确履行则可以理解为本罪间接保护的客体。当然,本罪的保护法益是国库利益,体现为国家税款的及时、足额取得,同时也包括税收透明这一国库利益保护的手段性利益,即纳税人正确描述对于确定应纳税款有意义的信息,不对税务机关进行欺诈。[②]

二、犯罪构成要件与处罚

(一)犯罪主体

虽然2000年法第2条在规定欺诈申报的实施主体时使用了"任何人"一词,但是并不能据此认定本罪是大众犯(reato comune),又称普通犯。结合"任何人为逃避所得税或增值税的目的"主观要件规定,只能是具有所得税、增值税申报义务的主体才能构成本罪,因此属于专有犯(reato proprio),[③]又称身份犯。这样,就所得税、增值税以外的税收而言,实施欺诈申报逃税行为在现有意

---

① Cfr. Enzo Musco e Francesco Ardito, *Diritto penale tributario*, Zanichelli, 2016, p. 113.

② Cfr. Enrico Corucci, *Il delitto di dichiarazione fraudolenta mediante uso di fatture o altri documenti per operazioni inesistenti*, in AA. VV., *La nuova giustizia penale tributaria*, Collana diretta da C. Conti etc., CEDAM, 2016, p. 195.

③ Cfr. Luigi Quercia, *I reati tributari*, Edizioni Giuridiche Simone, 2018, p. 26.

大利刑法中并不构成犯罪和不受刑事处罚，仅仅受行政处罚。尽管如此，本罪的犯罪主体范围依然很宽泛，这与所得税、增值税纳税申报主体的宽泛性相关。首先，关于所得税的申报义务，根据意大利1973年《所得税查定法》第1条的规定，某一主体如果取得所得就产生申报义务，即使没有产生纳税义务。其次，关于增值税的申报义务，根据意大利1972年《增值税法》第1条的规定，某一主体如果实施增值税的应税交易，即在企业经营活动的过程中在境内销售商品、提供服务，也产生了申报义务。此外，身份犯并不排除其他外部人员可以构成本罪的共犯，即如果其他外部人员知晓相关人员的本罪主体资格以及对犯罪事实作出了贡献。

关于本罪犯罪主体，还需要明确以下几个方面的问题：(1)第2条第2款规定，利用虚开发票的情形包括面对税务机关基于证据的目的保存虚开发票，这意味着没有义务保存、记载会计账目的主体也可以构成本罪。(2)因为合伙企业不具有法人资格，企业的经营所得并不归属于企业，而是归属于合伙人，合伙企业不是所得税的纳税人和申报义务主体，其也不具备逃避所得税的目的。这样，根据意大利的主流观点，从所得税的角度，这类企业不构成本罪的主体，这类企业的管理人也不构成本罪的主体。当然，合伙人作为所得的取得者，可以构成本罪的主体，此时企业的管理人仅以共犯的名义基于本罪受到刑事处罚。① 但是，从增值税的角度，合伙企业可以是增值税的纳税人和申报义务主体，可以构成本罪的主体。(3)2000年法第1条第(c)项在界定申报的概念时，明确规定，“申报应当理解为也包括以企业、机构或自然人的管理人、清算人或代表人的身份提交的申报”。这样，不仅是纳税人，企业纳税人的管理人、清算人或代表人也要基于本罪受到刑事处罚，尽管他们并非所得的所有人或交易的销售方。此外，意大利最高法院的一项判决指出，②根据意大利《民法典》第

① Cfr. Luigi Quercia, *I reati tributari*, Edizioni Giuridiche Simone, 2018, p. 79.

② Cfr. la sentenza di Corte di Cassazione del 5 luglio 2012, n. 33385.

2639 条的规定,[①]事实上的管理者与法律上的管理者承担同等责任。这样,不仅是企业法律上的管理人,事实上的管理人也是具有正确履行申报义务的主体,后者也可以构成本罪的主体。根据意大利最高法院另一项判决,[②]在企业破产的情形下,就宣布破产或资不抵债状态的司法审查实施的时刻开始(包括所在纳税年度),纳税申报义务就转移至管理人或清算人,后者也自然成为本罪的犯罪主体。

(二)客观要件:申报的类型

关于本罪欺诈申报行为的构成,首先需要明确本罪打击范围内的涉税申报类型。2000 年法一开始规定,仅限于纳税人的年度纳税申报,无论是个人所得税、企业所得税还是增值税。但是,纳税人就非年度纳税申报实施欺诈申报不入刑,形成的不公平对待并没有正当理由予以支持。为此,2015 年修改对除不诚信申报罪外的其他申报类犯罪取消了年度纳税申报的限制,打击范围也因此扩大。事实上,根据 1998 年《所得税、增值税申报提交程序条例》[③]第 5 条和附加第 5 条的规定,为此增加的纳税申报类型主要包括在纳税人清算情况下的纳税申报以及在纳税人企业形式变更、合并和分立情况下的纳税申报。换言之,这两类纳税申报是企业在非正常经营情况下的纳税申报,与企业在正常经营情况下的年度纳税申报,同样是有关企业自身最终性的纳税义务的履行。换言之,只要某类纳税申报直接确定应当缴纳的税款,这类申报就在本罪的适用范围内。[④] 但是,还需要说明以下两类有争议的申报是否在本罪的适用范围内。

首先,扣缴义务人提交的税款扣缴申报。在 2000 年法以前,即在 1986 年法下,鉴于该类申报从所得税确定的角度也是有意义的,这一类型的申报也在

---

① Cfr. Codice Civile(Regio Decreto 16 marzo 1942, n. 262).

② Cfr. la sentenza di Corte di Cassazione del 1 dicembre 2010, n. 1549.

③ Cfr. D. P. R 22 luglio 1998 n. 322 – Regolamento recante modalità per la presentazione delle dichiarazioni relative alle imposte sui redditi e all'imposta sul valore aggiunto.

④ Cfr. Luigi Quercia, *I reati tributari*, Edizioni Giuridiche Simone, 2018, p. 26.

刑法保护的范围内。但是,2000 年法改革的理念是将税款扣缴排除在刑事处罚制度之外,即使 2000 年法在 2004 年引入了第 10 条附加第 1 条规定的扣缴税款不缴纳罪,申报类犯罪还是不涉及税款扣缴申报,毕竟扣缴义务人不是为了逃脱自身的税款而行动的,其行为仅仅是为了让被扣缴人逃税。事实上,关于税款扣缴申报是否应当纳入申报类犯罪刑法的保护范围之争议,直到 2015 年修改才最终得以结束。2015 年修改对 2000 年法第 1 条第(c)项关于(本法申报类犯罪中的)申报的界定进行了修正,增加了"以扣缴义务人的身份提交的申报",同时增加了"在本法规定的情形中"。这样,"在本法规定的情形中"的扣缴税款申报就具有刑事意义。但是,2000 年法仅仅在第 5 条申报类犯罪中规定了扣缴税款申报。换言之,扣缴税款申报仅仅纳入不申报罪的适用范围,不在本罪的适用范围。[①] 为此,扣缴义务人也不属于本罪的犯罪主体,除非构成纳税人欺诈申报逃税的共犯。

其次,关于合并纳税申报,又称为集团征税,即合并纳税企业(控制企业)将被合并纳税企业(被控制企业)申报的所得加总计算总所得并进行统一申报。但是,每一家被合并纳税企业还是各自所得的纳税主体。意大利 1986 年《所得税法律单一文本》[②]第二章第二节第二部分(第 117 条至第 129 条)规定了合并纳税。对此,在本罪适用范围内的应当是合并纳税企业提交的合并申报,还是被合并纳税企业提交(给合并纳税企业)的申报,存在不同观点。一种观点认为,在任何情况下税的清算都应当仅仅涉及合并后的综合所得,应当缴纳的税应该是相对被合并纳税的企业整体而言的,尽管这个整体缺乏纳税上的主体资格。为此,被合并纳税企业的申报不会构成申报类犯罪,因为应当缴纳的税是指实施合并纳税企业的税,即该企业是全部所得的申报者和缴纳者。[③]

① Cfr. Enzo Musco e Francesco Ardito, *Diritto penale tributario*, Zanichelli, 2016, p. 118.

② Cfr. D. P. R. 22 dicembre 1986, n. 917 – Testo unico delle imposte sui redditi.

③ Cfr. Enzo Musco e Francesco Ardito, *Diritto penale tributario*, Zanichelli, 2016, p. 122.

但是,被合并纳税企业虽然不能以独立犯罪或共犯(就实施合并纳税企业的申报类犯罪而言)的名义被处罚,但可以根据意大利《刑法典》第48条的规定,[①]构成间接的犯罪行为人,作为致使受欺骗者犯罪的人要对受欺骗者的犯罪行为负责。这里的受欺骗者是指合并纳税企业,被合并纳税企业提供的申报的虚假性导致合并纳税企业受骗并实施欺诈申报或不诚信申报行为。[②] 这样,在本罪适用范围内的应当是合并申报。另一种观点则认为,实际应该缴纳的税应当是那个被合并纳税企业根据其自身负税能力在法律上有义务缴纳的税。这样,2000年法第1条第(f)项关于所逃税款界定规定的确定因素——"申报中记载的税款",就是指合并纳税企业在合并申报中指明的,属于某个被合并纳税企业的税所对应的份额。这样,根据2000年法第1条第(c)项的规定,合并纳税企业提交的申报可以被理解为以被合并纳税企业的名义和为其利益所提交的申报,单个被合并纳税企业的申报才在本罪的适用范围内。[③] 针对上述不同观点,应当说第二种观点更合理。事实上,被合并纳税企业是实施欺诈或不诚信申报的主体,即编辑、制作被合并纳税企业的申报,而合并企业仅仅在技术上被认为是合并纳税申报的主体。合并申报仅仅是接收来自被合并纳税企业申报的收益和成本,合并纳税企业既不在自己的会计账目中登记也不保存涉及上述收益、成本的发票等文件,被合并纳税企业实施的欺诈不会自动地延伸至合并纳税企业提交的申报。因此,合并申报没有刑事意义,本罪涉及的欺诈申报,是

---

① 该条规定:"即使对构成犯罪的行为的认识错误是因他人的欺骗而造成的,前条的规定仍然适用;但是,在此种情况下,致使受欺骗者犯罪的人对受欺骗者实施的行为负责。"其中,意大利《刑法典》第47条第1款规定:"行为人对构成犯罪的行为发生认识错误,排除可罚性。但是,如果属于因过失而导致的错误,当法律将此行为规定为过失犯罪时,可罚性不被排除。"

② Cfr. Enzo Musco e Francesco Ardito, *Diritto penale tributario*, Zanichelli, 2016, p. 122 – 123.

③ Cfr. Enzo Musco e Francesco Ardito, *Diritto penale tributario*, Zanichelli, 2016, p. 124.

指被合并纳税企业提交的申报。[①]

（三）客观要件：利用虚开发票欺诈申报行为的构成

根据2000年法第2条的规定，本罪犯罪客观行为的构成包括利用虚开发票以及在申报中记载虚假消极因素两个阶段行为。同时，前一阶段行为必须先于或同时与后一阶段行为而存在，否则仅仅构成第4条规定的不诚信申报行为。因此，税务机关在对纳税人当期纳税年度检查时，如果发现有利用虚开发票的行为，但纳税人尚未在申报中记载相关消极因素，还不能证实本罪的构成。与此不同，1982年法对利用虚开发票这一逃税预备行为就予以定罪处罚。[②] 但由于没有入罪门槛的要求，本罪的构成不要求逃税损害这一结果。[③] 因此，本罪不仅属于具体危险犯，还属于行为犯，并产生以下结果：（1）如果利用虚开发票影响了跨多个年度的收入确定，如购买资本性财产，然后在多个年度中计算折旧，在第一个年度申报中记载对应的虚假折旧额就构成了本罪。同时，在之后年度的申报中，记载余下相对应的虚假折旧额也独立地构成本罪。（2）纳税人如果在欺诈申报提交之后，又提交了正确的申报，此时本罪已经构成，即使后者是在当期申报提交截止期限前，也不适合构成已经完成的犯罪的不处罚事由。（3）对于本罪的构成，所利用的虚开发票的数量没有关系，开具的主体是同一主体或多个主体没有关系，所记载的虚假消极因素的数额也没有关系，数额仅仅是确定犯罪的严重性程度，这是因为本罪的犯罪行为之实质在于申报的

---

① Cfr. Enrico Corucci, *Il delitto di dichiarazione infedele*, in AA. VV. , *La nuova giustizia penale tributaria*, Collana diretta da C. Conti etc. , CEDAM, 2016, p. 268.

② Cfr. Luigi Quercia, *I reati tributari*, Edizioni Giuridiche Simone, 2018, p. 27.

③ Cfr. Enrico Corucci, *Il delitto di dichiarazione fraudolenta mediante uso di fatture o altri documenti per operazioni inesistenti*, in AA. VV. , La nuova giustizia penale tributaria, Collana diretta da C. Conti etc. , CEDAM, 2016, p. 195.

虚假性。[①] (4)本罪属于瞬间犯(reato istantaneo),追诉时效期限从申报提交之日起算,与发票是否还登记在会计账目中或基于税务机关未来检查而保存着无关。[②] 以下就利用虚开发票和申报中记载虚假消极因素两个阶段行为分别详细阐释。

1. 利用虚开发票

关于第一阶段的行为,需要从何为虚开的发票、发票的虚开和虚开发票的利用三个方面进行阐释。

(1)作为虚开对象的发票和其他文件

2000年法第1条对涉及该法规定的罪行的若干概念进行了统一界定,其中第1条第(a)项界定了"关于不存在交易的发票或其他文件"的概念,即解释了虚开的发票。对此,需要对以下三个方面进一步阐释:

首先,本罪所指的发票必须是适格的发票,即符合意大利1972年《增值税法》第21条第2款规定的发票。具体而言,根据该款规定,发票应当具有日期、编号、开票人的商号(公司名)、受票人的名称(公司名)或姓名、地址或住所、开票人的增值税号、交易客体(包括属性和数量)、税基、税率和税额等内容,这样该文件才得以具备"优先的"税务证明效力。[③] 相反,如果没有按照上述第21条的规定开具发票,发票上记载的内容就缺乏(推定的)真实性,不能构成纳税人实施相关成本扣除、税款抵扣的证据。此外,根据意大利2004年第52号立

---

① Cfr. Enrico Corucci, *Il delitto di dichiarazione fraudolenta mediante uso di fatture o altri documenti per operazioni inesistenti*, in AA. VV. , La nuova giustizia penale tributaria, Collana diretta da C. Conti etc. , CEDAM, 2016, pp. 196 – 199.

② Cfr. Enzo Musco e Francesco Ardito, *Diritto penale tributario*, Zanichelli, 2016, p. 147.

③ Cfr. Antonio Iorio e Sara Mecca, *Fatture per operazioni inesistenti: reato solo se c'è una "fattura qualificata"*, in *Ipsoa. it*, il 5 dicembre 2014, disponibile nel sito seguente: http://www.ipsoa.it/documents/fisco/sanzioni/quotidiano/2014/12/05/fatture-per-operazioni-inesistenti-reato-solo-c-e-una-fattura-qualificata.

法令(关于简化增值税领域的发票开具方式),[①]因为电子发票与纸质发票具有同等的效力,虚开发票罪中的发票也包括电子发票。[②]

其次,根据2000年法第1条第(a)项的规定,本罪所指的"其他文件"即指"其他根据税法具有与发票类似证明作用的文件"。例如,意大利《增值税法》第22条第2款规定的小规模服务提供者开具的收条,第26条规定的就税基或税额发生变更的单据(note di variazione),第74条附加第3条第2款规定的(针对经营表演活动的企业)通过税收计量装置或自动售票处开具的观看凭证。显然,这些区别于发票的"其他文件",是针对特殊交易或主体,在不能正常开具发票或开具发票成本、负担过大的情况下作为发票的替代文件而存在的,被赋予与发票类似的证明作用。这里需要特别指出的是,本罪要保护的国库利益不仅是增值税税款,还包括所得税税款。因此,从所得税的角度,税前扣除凭证就不局限于发票和上述其他文件了。对此,意大利最高法院指出,还包括涉税收据以及显示可税前扣除成本的文件,如医药费收据、关于借款的利息收据、加油卡等。[③] 而债务记入凭证/债权凭证、运输单据、海关收据以及以股份或股票为买卖客体的合同等也属于"其他文件",因为这些文件也可以作为所得确定的消极因素。[④] 鉴于2000年法在本罪其他构成要件上并未特别区分发票和"其他文件",为行文简便,下文论述不再提及"其他文件"。

最后,根据意大利最高法院的判决,虚开的发票应当是观念上虚假的发票,不是物质上虚假的发票。[⑤] 换言之,开票方并没有对发票进行伪造、篡改,签章

---

① Cfr. Decreto Legislativo 20 febbraio 2004, n. 52 – Attuazione della direttiva 2001/115/CE che semplifica ed armonizza le modalità di fatturazione in materia di IVA.

② Cfr. Luigi Quercia, *I reati tributari*, Edizioni Giuridiche Simone, 2018, p. 95.

③ Cfr. la sentenza di Corte di Cassazione 2012, n. 5642

④ Cfr. Antonio D'Avirro, Marco Giglioli e Michele D'Avirro, *Reati tributari e sistema normativo europeo*, Wolters Kluwer, 2017, p. 11.

⑤ Cfr. la sentenza di Corte di Cassazione del 25 giugno 2001, n. 30896.

也是真实的，只是记载的内容并不真实。这是因为，如果用伪造的发票进行虚开，对税务机关的欺诈性就要小很多。同时，受票方如果提供伪造的发票，可能在开票方那里找不到这个发票的相关记录，税务机关通过交叉核对，便可轻松地找出虚假的证据。因此，伪造的发票在第 3 条规定利用其他虚假手段欺诈申报罪的应用范围内。[①] 例如，企业 A 伪造或篡改（提高金额等）企业 B 的发票，而事实上后者并未开具发票，或者后者开具的发票记载的金额相对较小。企业 A 随后利用这些发票，通过实施欺诈申报，即申报上的虚假成本建立在这些物质上的虚假之上，企业 A 便构成了第 3 条规定的犯罪行为。

（2）发票的虚开

发票虚开在意大利税收刑法中是指为不存在的交易开具发票，为此，理解何为不存在的交易是确定虚开发票的关键。对此，2000 年法第 1 条第（a）项界定虚开的发票如下："指针对完全或部分未实际实施的交易所开具的，或者标明的对价或增值税税额超过真实数额的，或者将交易归属于并非实际主体的主体的发票或其他根据税法具有类似证明作用的文件。"这一条款规定的 3 类不存在的交易分别属于绝对的客体不存在交易、[②]相对的客体不存在交易和主体不存在交易。根据意大利最高法院的判决，本罪旨在刑事打击商业实际与其文件资料表述之间的任何差异。[③] 同时，本罪的构成要求，申报中要包含一个不存在的成本、费用等价值，对应上述 3 种类型之一的不存在交易。其中，第一种类型中的部分未实际实施的交易，是指商品或服务的销售多于实际的销售数量，涉及交易量或交易次数等，与第二种不存在交易类型事实上是一致的。而就第二种类型中记载的增值税税额超过实际的情形，需要注意的是，如果是因

---

① Cfr. Enzo Musco e Francesco Ardito, *Diritto penale tributario*, Zanichelli, 2016, p. 137.

② 意大利最高法院在 2016 年的一项判决中指出，当事人为掩盖基于腐败（如贿赂）而执行的款项支付，以提供咨询服务交易的名义开具发票，这一交易就属于"完全或部分未实际实施的交易"，构成虚开发票罪。Cfr. la sentenza di Corte di Cassazione del 13 ottobre 2016, n. 52321.

③ Cfr. la sentenza di Corte di Cassazione del 23 dicembre 2010, n. 45056.

为适用了比按照规定应当适用的税率更大的税率,并且税额也实际缴纳了,不属于这里所称的不存在交易。[①] 第三种不存在的交易,赋予其刑事意义旨在打击发票的虚假抬头(记名)这一现象,这种现象在高度商业化的市场中很常见。以下还需要就不存在交易认定中的3个疑难问题进行阐释:

其一,在3类不存在交易中,从本罪构成的角度,事实上前两类客体不存在的交易并无特别问题,需要进一步阐释的是第三类主体不存在交易。这是因为这类不存在交易从客体上看是有实际实施的真实交易。换言之,发票上记载的主体(开票方或受票方)不是实际销售货物、服务或购买货物、服务的主体。主体不存在交易涉及交易主体的虚假性,包括销售方或购买方,但是考虑到本罪的构成要求申报中记载虚假成本,至少从所得税角度,只有购买方虚假的情形才可以构成本罪,即购买方构成本罪犯罪主体。如果主体的虚假性仅仅涉及销售方,销售方不构成本罪,但是可以构成2000年法第8条规定的虚开发票罪,因为此时使被隐藏的主体(实际实施销售业务的主体)得以逃税。[②] 但意大利最高法院认为,以下情形不属于购买方的虚假性:某公司就不动产购买修缮服务,发票中该公司就是服务享受者,但是修缮的不动产也包括该公司法定代表人及其家人自己使用的不动产。[③] 此时,用于修缮非公司不动产的成本并不是与主体不存在交易对应的成本,而是属于与公司生产经营不相关的成本,因而不得扣除。

事实上,研究主体不存在交易需要同时关注第3条规定的主体上虚假交易。主体上虚假交易,是指涉及虚假介入的主体的交易,其特点是主体的介入,同时这一介入的主体掩饰了真正的某一交易主体。换言之,实际和经济现实是交易发生在销售者与实施介入的主体之间的,但是外观显示为发生在销售者与

---

① Cfr. Enzo Musco e Francesco Ardito, *Diritto penale tributario*, Zanichelli, 2016, p. 132.

② Cfr. Antonio D'Avirro, Marco Giglioli e Michele D'Avirro, *Reati tributari e sistema normativo europeo*, Wolters Kluwer, 2017, p. 21.

③ Cfr. Enzo Musco e Francesco Ardito, *Diritto penale tributario*, Zanichelli, 2016, p. 133.

被介入的主体之间。[1] 显然，主体不存在交易与主体上虚假交易存在重叠情况。例如，某一不同于实际合同方的主体成为交易的一方当事人，并在开具的发票中反映了这一点。在这种情况下，根据第 3 条关于该罪的适用“在第 2 条规定的情形以外”的规定，由于存在发票的开具，应当优先根据本罪(第 2 条)进行刑事处罚。但是，如果主体的虚假介入伴随交易的介入，而受票方是真实的购买者，如在欧盟著名的“旋转木马”增值税欺诈情形中，涉及欧盟内跨境商品交易，此时在存在主体上虚假/不存在的交易的情况下，是否构成本罪?[2] 具体而言，如果在非同一国家的真实出售者和购买者之间介入一个或多个虚假主体，通常是受人控制的空壳公司，其向真实出售者购买商品而未向目的国缴纳增值税，但向购买者销售却收取增值税，而被收取的增值税却可以被购买者所抵扣，但是虚假的主体随后注销并消失，并未向其所在国税务机关支付任何增值税。如果上述购买者(企业)又将商品卖给真实出售者或所在国的其他企业，就形成了“旋转木马”。[3] 此时，主体的不存在是因为真实的交易发生在真实出售者和购买者之间，商品并非来自发票上那个介入的虚假主体，被介入的

---

① Cfr. Andrea Pertini, *Il delitto di dichiarazione fraudolenta mediante altri artifici*, in AA. VV., *La nuova giustizia penale tributaria*, Collana diretta da C. Conti etc., CEDAM, 2016, p. 235.

② 也有学者认为构成 2000 年法第 3 条的犯罪。Cfr. Enzo Musco e Francesco Ardito, *Diritto penale tributario*, Zanichelli, 2016, p. 134.

③ 例如，假定交易的客体为汽车，法国的某一销售商 A 想以 1.8 万欧元卖给意大利企业的 B。在正常的交易安排下，根据逆向征收机制，B 应当计算并缴纳 0.36 万欧元增值税税额(假定意大利税率为 20%)。但在“旋转木马”欺诈下，A 和 B 之间就会介入意大利的第三方中间人企业 C。C 的介入或者是 A 和 B 都同意，或者仅仅是 A 或 B 一方同意。这样，A 把汽车就以 1.8 万欧元卖给 C，由于出口不征税，该交易在法国没有增值税纳税义务。然后 C 再以 2.16 万欧元卖给 B(1.8 万欧元加 0.36 万欧元增值税)，鉴于 B 和 C 都是意大利的经营者。之后，C 消失得无影无踪，C 通常是一些在几个月内实施大量的欺诈活动、随后就消失的“播弄是非”的企业。结果，对 A 来说，没有发生变化，而 B 将承担预料中的成本，并可以抵扣相关的 0.36 万欧元增值税，但这笔增值税永远留在了 C 的口袋中。关于欧盟“旋转木马”增值税欺诈产生原因和监控机制，参见周优：《欧洲单一市场中跨境交易的增值税欺诈——专访意大利博洛尼亚大学法学院阿德里亚诺·迪·皮耶特罗教授》，翁武耀译，载《国际税收》2014 年第 2 期。

虚假主体与接下来的购买者之间的交易就是主体上虚假/不存在的交易。那么,鉴于购买者是真实发生交易的一方,其是否存在利用虚开发票并记载虚假的消极因素?对此,需要从所得税和增值税两个方面进行考察。一方面,从所得税的角度,购买者实际支付了成本并没有异议,根据意大利 1986 年《所得税法律单一文本》第 109 条第 4 款第(b)项关于成本扣除的规定,从真实和确切的因素中产生的成本(符合相关性要求)可以扣除,因此购买者可以扣除相关成本。① 这样,购买者就不存在记载虚假消极因素的情况,不构成本罪。另一方面,从增值税的角度,情况就不同了。具体而言,为主体上不存在的交易开具发票,违反意大利 1972 年《增值税法》第 21 条关于发票开具的规定,同时根据第 21 条第 7 款的规定,即"如果行为人为不存在的交易开具发票,或者记载的交易对价超过实际的数额,发票上记载的全部金额所对应的税都是应当缴纳的",发票上记载的增值税是应当缴纳的。购买方或多或少知道,基于协议介入的虚假主体不会缴纳这笔税款。因此,这笔税款是不可以抵扣的,购买方如果对这笔税款进行抵扣,就是取得了一项不正当的退税,即构成逃税。② 此时,购买方如果在申报中记载这笔进项增值税,就属于记载虚假的消极因素,即可以构成本罪。但是,鉴于存在虚开发票,需要查实其是否知晓交易是来自介入的虚假主体或者不是真正实施的主体,同时,介入的虚假主体可以构成第 8 条的虚开发票罪。③

其二,需要明确法律上不存在交易是否属于本罪构成要求的不存在交易。

---

① Cfr. M. Pisani, *Delitti di frode fiscale. La nozione di elementi passivi fittizi nelle fatture soggettivamente inesistenti*, in *Il Fisco*, n. 39, 2004.

② Cfr. Antonio D'Avirro, Marco Giglioli e Michele D'Avirro, *Reati tributari e sistema normativo europeo*, Wolters Kluwer, 2017, p. 29.

③ Cfr. Enrico Corucci, *Il delitto di dichiarazione fraudolenta mediante uso di fatture o altri documenti per operazioni inesistenti*, in AA. VV., *La nuova giustizia penale tributaria*, Collana diretta da C. Conti etc., CEDAM, 2016, p. 207 – 208.

法律上不存在交易,是指纳税人实际实施了交易,但是对于该交易在法律上的定性作了不正确的界定和记载,把某种性质的交易定性为另一种交易。例如,融资关系定性为货物销售预付款支付关系,后者则属于法律上不存在的交易。事实上,纳税人赋予实际的交易另外一项性质,往往基于获取更有利的税收待遇的目的。如果基于本罪旨在打击商业实际与其文件资料描述之间的任何差异,法律上不存在交易也属于这种情况,因而在本罪的打击范围内,这实际是1986年法下所采取的立场。[①] 但在2000年法下,正如下文所言,在申报中记载的虚假消极因素应当采取自然主义的立场,对具有刑事意义的法律上不存在交易的认定也应当与之对应,即法律上不存在交易的成本在经济现实上也是不存在的。换言之,根据2000年法第1条第(a)项规定的"未实际实施的交易"之概念,本罪打击的是物质上不存在的交易。而在法律上不存在交易的情形,纳税人实际实施了交易,[②]购买方也可能实际承担了相关成本,并不会因为虚假记载成本而使国库利益受损。[③] 这也是贯彻了实质重于形式之考虑,否则就是形式重于实质,并将违反2000年法的理念,即刑事打击对国库利益产生具体和现实损害的行为。当然,从一定角度看,法律上不存在交易其实就是虚假交易,根据2000年法第1条第(g)项附加1款的界定,即行为人安排表面上的交易,但并不意图实现该交易。换言之,声明的交易与意图想要的交易之间存在差异。这样,在对国库利益造成损害的前提下,鉴于2000年法第3条欺诈申报罪就虚假手段明确规定了包括利用虚假交易,法律上不存在交易通常就应该在第3条的打击范围内,而不在本罪的打击范围内。[④] 但是,有些特定的法律上不存在交易,如掩饰集团企业间融资关系的货物销售交易,如果实际不存在货物的

---

① Cfr. Enzo Musco e Francesco Ardito, *Diritto penale tributario*, Zanichelli, 2016, p. 135.

② 同样,如果因为合同的无效或撤销导致交易无效,也不具有刑事意义,因为交易并非没有实施。

③ Cfr. Antonio D'Avirro, Marco Giglioli e Michele D'Avirro, *Reati tributari e sistema normativo europeo*, Wolters Kluwer, 2017, p. 17.

④ Cfr. Enzo Musco e Francesco Ardito, *Diritto penale tributario*, Zanichelli, 2016, p. 136.

提供,此时就应当认为是绝对的客体不存在交易,并在本罪的打击范围内。再如,掩饰(抵押)借款合同关系的租赁合同交易,如果没有提供融资的货物,此时也应当认为交易绝对的客体不存在。①

其三,在刑事层面,关于发票虚开的证明,即证明发票上记载的交易是不存在的,证据来自主体的供认、相关知晓主体的作证以及附随单据(运单等)、电子邮件、短信等文件证据。显然,上述不同的证据代表不同的比对信息来源,这些信息来源越多,就越有利于发票虚开的发现与证明。

(3)虚开发票的利用

根据2000年法第2条第2款的规定,利用虚开发票包括在强制性会计账簿中登记发票以及面对税务机关基于证据的目的保存发票两种方式。第一种利用方式针对的是从事独立劳务和生产经营的纳税人,即具有保存会计资料义务的主体;第二种利用方式针对的是其他一般纳税人,即不具有保存会计资料义务的主体。这里需要特别说明的是,关于第二种利用方式,纳税人对发票的持有,体现为对发票的支配性,包括直接支配和间接支配,后者是指纳税人通过信任并委托第三方持有体现的支配性。除具有支配性外,发票的持有还应当基于对税务机关欺诈的目的,因此,如果仅仅是消极持有,即未来不会向税务机关展示发票,则不构成虚开发票的利用。② 此外,根据意大利最高法院的判决,无论是何种方式的利用,都必须在申报行为之前实施,这是因为本罪属于瞬间犯,在申报提交的时刻本罪就构成了。③ 如果是申报行为之后实施利用虚开发票行为,如在申报提交后,纳税人回过头来将虚开发票登记在会计账簿中或取得对虚开发票的支配性,此时仅仅构成第4条规定的不诚信申报罪,不构成欺诈

① Cfr. Antonio D'Avirro, Marco Giglioli e Michele D'Avirro, *Reati tributari e sistema normativo europeo*, Wolters Kluwer, 2017, p. 18.

② Cfr. Enzo Musco e Francesco Ardito, *Diritto penale tributario*, Zanichelli, 2016, p. 143.

③ Cfr. la sentenza di Corte di Cassazione del 7 novembre 2002, n. 2090.

申报罪,因为申报提交并不伴有欺诈性,即利用虚开发票这个行为。当然,申报之后实施的上述欺诈行为,可以构成文书和信息作假类犯罪,不过处罚更轻。[①]

2. 申报中虚假消极因素的记载

关于第二阶段的行为,关键是要明确何为申报中记载的虚假消极因素。首先,根据2000年法第1条第(b)项的规定,消极因素,是指基于应用所得税或增值税的目的以消极方式用于确定所得或税基的成分以及影响应纳税款确定的成分,如成本、费用、折旧、进项税等(以下简称成本)。其次,对于何为虚假,问题相对复杂,这主要是因为从虚假的角度,除不存在的或没有被实际承担的成本外,消极因素似乎也可以包括纳税人实际承担的但是属于非相关(不可扣除/抵扣)的成本或者不所属当期的成本。对此,意大利学界存在两种不同的解释:第一种解释采取自然主义的立场,即虚假的成本仅是指物质上不存在的成本;第二种解释则采取泛税收主义(pantributaristica)的立场,即虚假的成本还包括实际承担的但是属于非相关的成本或者不所属当期的成本。[②] 但是,目前第一种解释已经成为主流观点,这是因为泛税收主义的立场不符合2000年法的理念,即根据刑法谦抑性原则或极端缘由理念,税收犯罪的适用应当被限制。换言之,仅仅是违反关于成本记载的税收规则,如相关性税收规则、权责发生制规则等,相关行为并不具备欺骗税务机关的能力。[③] 因此,应遵从自然主义的立场,虚假的消极因素不包括非相关性、不所属当期的成本,仅是指物质上不存在的成本,这样也与前一阶段行为利用虚开发票中强调的不存在交易相对

---

① Cfr. Antonio D'Avirro, Marco Giglioli e Michele D'Avirro, *Reati tributari e sistema normativo europeo*, Wolters Kluwer, 2017, p. 39.

② Cfr. Antonio D'Avirro, Marco Giglioli e Michele D'Avirro, *Reati tributari e sistema normativo europeo*, Wolters Kluwer, 2017, pp. 144 – 146.

③ Cfr. Enrico Corucci, *Il delitto di dichiarazione infedele*, in AA. VV., *La nuova giustizia penale tributaria*, Collana diretta da C. Conti etc., CEDAM, 2016, p. 287.

应。[①] 事实上,2000 年法第 4 条在规定不诚信申报行为时原来使用的表述"记载虚假的消极因素",2015 年修改之后变为"记载不存在的消极因素"。

(四)主观要件

首先,本罪属于故意犯,这一点可以从本罪主体需要实施欺诈手段得以肯定。具体而言,行为人明知相关消极因素是虚假的,却在申报中记载这些虚假的消极因素,并为支持这一谎言申报而有意实施了利用虚开发票的行为。其次,根据第 2 条关于"为逃避所得税或增值税的目的"的规定,本罪属于逃税目的犯,从构成本罪的角度,行为人实施欺诈申报是为了逃税(包括取得一项不正当的税收债权),逃税目的不包括为他人逃税的目的。这样,如果行为人为了逃税以外的目的而实施欺诈申报就不构成本罪。例如,让自己的债权人造成损失、诱导小股东廉价出售本企业的股份、隐匿非法融资或者形成"地下资金"等。因此,逃税目的不仅是本罪的构成要件,还可以发挥保护行为人免受本罪刑事处罚的功能,而逃税目的的判断显然需要予以个案查实。[②] 当然,如果同时存在逃税目的和逃税以外的目的,并不影响本罪的构成。此外,行为人虽然一开始以逃税以外的目的实施欺诈申报,但是预见到并接受逃税的结果,也应认定具有逃税目的,尤其是考虑到行为人实施了利用虚开发票的欺诈行为。当然,如果行为人利用虚开发票旨在抵销实际承担但无法提供资料证明的成本,不属于本罪要求的逃税目的。[③] 最后,从主观要件的角度,实际逃税的结果并不需要被查实。

(五)刑事处罚

本罪并没有规定入罪门槛,因此,哪怕利用的是一张虚开发票且金额很小,

---

① Cfr. Enzo Musco e Francesco Ardito, *Diritto penale tributario*, Zanichelli, 2016, p. 141.

② Cfr. Luigi Quercia, *I reati tributari*, Edizioni Giuridiche Simone, 2018, p. 26.

③ Cfr. Antonio D'Avirro, Marco Giglioli e Michele D'Avirro, *Reati tributari e sistema normativo europeo*, Wolters Kluwer, 2017, p. 44.

并在申报中记载对应的虚假消极因素，也构成本罪并将面临刑事处罚。[①] 这就可能不符合2000年法打击严重危害国库利益行为的立法理念，因为不太严重的行为也会基于本罪受到处罚。换言之，与逃多少税款没有关系。为此，2000年法规定之初，第2条曾有第3款关于减轻处罚情节的规定，即对在申报中利用虚开发票记载的虚假消极因素总额低于3亿里拉（大概154,937.07欧元）的，处6个月到2年的有期徒刑。[②] 但是，2000年法通过2011年修改删除了这一规定。2019年意大利颁布的第124号法律令，即2019年修改，对税收犯罪刑事处罚进行了调整，主要内容是加大处罚力度。本罪的处罚从原来的1.5年至6年有期徒刑变为现在的4年至8年有期徒刑，同时又引入了附加第2款关于减轻处罚情节的规定，即申报中记载的虚假消极因素低于10万欧元的，处以1.5年至6年有期徒刑。但是，鉴于这一减轻的处罚力度与原来本罪的处罚力度是一样的，且远高于2011年前减轻处罚的力度，本罪因为没有规定入罪门槛，对2000年法立法理念的背离问题依然存在。

相比其他3项申报类犯罪的处罚，利用其他虚假手段欺诈申报罪3年至8年有期徒刑，不诚信申报罪2年至4.5年有期徒刑，不申报罪2年至5年有期徒刑，如果不考虑入罪门槛，本罪与利用其他虚假手段欺诈申报罪的处罚基本持平，且重于其他两项申报类犯罪，这无疑符合罪刑相适应的要求。这是因为欺诈申报不仅是不诚信申报，未申报、少申报的所得、交易额或多申报的成本还存在虚开发票、虚假文件或其他欺诈手段的支持（作为证据）。这样，相比不诚信申报仅仅是不实申报，如仅仅是在成本扣除项中记入了不存在的成本，没有欺诈手段予以支持，欺诈申报对税务机关的欺骗性更大，对国库利益的危害性也更大。同理，不申报行为虽然未履行申报义务，但是也不存在妨碍税务机关

---

① Cfr. Omar Cecchelani, *Fatture false per operazioni inesistenti e fatture gonfiate*, in *Pagaremenotasse*, il 3 aprile 2020.

② 第8条虚开发票罪的情况一样，没有入罪门槛，同时在2000年法规定之初，曾也有第3款，规定在一个纳税年度中开具的虚假消极因素总额低于154,937.07欧元的，降低处罚（6个月到2年有期徒刑）。但是，2011年这一规定也被删除了。

查定的欺诈手段,相比欺诈申报而言,其使国库利益受损的可能性更小。[①] 此外,相比利用其他虚假手段欺诈申报罪,由于本罪没有入罪门槛的规定,从某种意义上反映了对本罪更重的处罚力度。显然,意大利立法者认为,虚开发票比其他欺诈手段对税务机关的欺诈性更大。

(六)与其他犯罪的关系

由于本罪要求利用虚开发票这一特殊的欺诈手段,第 3 条的欺诈申报罪要求除此以外的欺诈手段,第 4 条的不诚信申报罪不要求欺诈手段,第 5 条的不申报罪没有申报行为,因此,不同的客观要件决定了本罪并不会与 2000 年法规定的其他 3 项申报类犯罪相竞合。同时,虽然都涉及虚开发票,本罪也不会与 2000 年法第 8 条规定的虚开发票罪相竞合,正如后文将详细阐释的,这是因为该法第 9 条明确排除虚开发票开具者、利用者以共犯的名义分别构成逃税罪和虚开发票罪。但是,本罪与一些非税收犯罪还存在竞合关系。首先,意大利《刑法典》第 479 条、第 483 条关于公文件观念上虚假的犯罪,[②]这是因为虚开的文件也包括公文件,如海关收据。此时,行为人实施欺诈申报犯罪行为,欺诈手段可能同时符合公文件观念上的虚假罪,应当从一重罪处断,以本罪定罪处罚。其次,意大利《刑法典》第 640 条关于诈骗罪的规定,其中第 2 款规定,如果诈骗行为是针对国家或公共机构实施的,处 1 年至 5 年有期徒刑。这样,通过利用虚开发票,在申报中记载虚假消极因素,使税务机关犯错,取得不正当的增值税退还利益,在本罪和诈骗罪之间可以构成表面上(apparente)的竞合(我国称为想象竞合),即实质上的一罪,相比作为一般犯罪的损害国家或公共机构利益的欺诈罪,

---

① Cfr. Enzo Musco e Francesco Ardito, *Diritto penale tributario*, Zanichelli editore S. p. A. ,2016, p. 228.

② 意大利《刑法典》第 479 条规定:"在行使其职务时接受或者制作文件的公务员,虚假地证明某一行为已经由他完成或当其面发生的,证明他听取了未向其发表的陈述的,遗漏或篡改他听取的陈述的,或者以任何方式虚假地证明需通过文件确认其真实性的事实的,处以第 476 条规定的刑罚(1 年至 6 年有期徒刑)。"第 483 条规定:"任何人在用于证实有关事实的真实性的公文件中向公务员提供虚假证明的,处以 2 年以下有期徒刑……"

此时本罪属于特殊犯罪。同时,根据“耗尽”(consunzione)原则以及一事不二罚原则,依照本罪(更严重的犯罪)处罚。[①] 如果欺诈申报行为人还进一步取得了逃税以外的结果,即取得公共补贴或捐赠。换言之,欺诈行为不仅是基于逃税的目的,而且基于其他进一步的目的,本罪与《刑法典》第 640 条附加第 1 条为获取公共捐赠而实行的(严重)诈骗罪就不是表面上的竞合了。[②] 此时,一项行为出于两项不同目的,受侵害的客体和违反的规则也不同,进一步的事实并不在税收关系之下,两罪之间也并不存在特殊与一般的关系,面临基于不同目的的处罚。[③] 最后,意大利《民法典》第 2621 条规定的财务表虚假罪[④]与本罪可以构成表面上的竞合,因为虚开发票的利用包括在会计账目(包括财务表)上登记,财务表反映了虚开发票上的虚假内容。这样,财务表记载虚假内容如果同时还基于逃税的目的,就能够构成欺诈申报罪行为的一部分,否则不能构成竞合。在构成竞合的情况下,根据从一重罪处罚的原则,按照本罪处罚。[⑤]

第二节 利用其他虚假手段欺诈申报罪

一、立法内容与保护法益

2000 年法第 3 条规定的税收犯罪被称为利用其他虚假手段欺诈申报罪,

---

① Cfr. Enzo Musco e Francesco Ardito, *Diritto penale tributario*, Zanichelli, 2016, p. 154.

② 意大利《刑法典》第 640 条附加第 2 条规定:“如果第 640 条规定的行为涉及由国家、其他公共机构或欧洲共同体提供或给予的赞助、资助、优惠贷款或其他同类捐赠,处 1 年至 6 年有期徒刑。”

③ Cfr. Luigi Quercia, *I reati tributari*, Edizioni Giuridiche Simone, 2018, p. 33.

④ 该条第 1 款规定:“除第 2622 条规定的情形外,为了为自己或他人谋取不正当的利润,董事、总经理、负责会计文件编写的行政管理人员、监事和清算人,在针对股东或公众的财务报表或其他法律规定的其他报告中,有意地展现不符合实情的重要事实,或者隐瞒法律要求公示的有关公司或其所属集团的经济、资产和财务状况,导致其他人作出错误判断的,处 1 年至 5 年有期徒刑。”

⑤ Cfr. Enzo Musco e Francesco Ardito, *Diritto penale tributario*, Zanichelli, 2016, p. 151.

这是因为第 2 条专门规定了利用虚开发票这一虚假手段的欺诈申报罪,利用其他虚假手段即是针对利用虚开发票这一手段而言的。2000 年法关于利用其他虚假手段欺诈申报罪的规定,现共有 3 款,第 1 款规定:"在第 2 条规定的情形以外,任何人为逃避所得税或增值税的目的,通过实施客体上或主体上虚假的交易,或者通过利用虚假文件或其他能妨碍查定并促使税务机关犯错的欺诈手段,在有关上述税种的申报中记载数量上少于实际的积极因素,或者虚假的消极因素,或者虚假的税收债权、扣缴税款,处 3 年至 8 年有期徒刑,如果同时满足以下条件:(a)就单一的税种,逃税数额超过 3 万欧元;(b)逃避征税的积极因素,也包括通过记载不存在的消极因素逃避征税的积极因素,数量总额超过在申报中记载的积极因素数量总额的 5% 或者超过 150 万欧元,或者减少税款的虚假的税收债权和扣缴税款总额超过同一税款数额的 5% 或者超过 3 万欧元。"第 2 款规定:"当虚假文件在强制性会计账簿中被登记,或者面对税务机关基于证据的目的被保存起来,利用虚假文件的事实就视为实施了。"第 3 款规定:"基于适用第 1 款规定的目的,仅仅是发票开具以及在会计账目中记载积极因素义务的违反,或者仅仅是在发票中或记录中记载少于实际数额的积极因素,不构成欺诈手段。"

本罪是损害结果犯,需要造成逃税的结果,尤其是关于两项入罪门槛的规定,鉴于门槛由实际的逃税结果所构成,本罪犯罪行为嵌入了关于具体、实际逃税的损害结果。为此,本罪的保护法益可以概括为及时、足额取得税款的国库利益,或确保税收债务的正确履行。进言之,根据意大利《宪法》第 53 条关于量能课税原则的规定,本罪的保护法益体现为量能课税的税收利益。① 不同于第 2 条规定的欺诈申报罪(没有规定入罪门槛),第 3 条欺诈申报罪的规定代表作为 1982 年法特征的"妨碍(ostacolo)的犯罪行为"哲学(关于上文提到的

---

① Cfr. Enrico Corucci, *Il delitto di dichiarazione infedele*, in AA. VV. , *La nuova giustizia penale tributaria*, Collana diretta da C. Conti etc. , CEDAM, 2016, p. 283.

逃税预备行为犯罪)的终止,并凸显在税收刑事处罚领域使用的一种新的立法理念,即专门针对对国库有严重侵害性的行为,不仅体现为税款没有及时、足额征收上来,还体现为行为的欺诈性以及入罪门槛的超过(这样会引起更大程度的社会痛斥)。[①] 事实上,2000 年法的 2015 年修改对申报类犯罪进行了重新调整,将利用其他虚假手段欺诈申报罪提高到税收犯罪刑事处罚制度基石的高度。[②] 此外,相比 2000 年法规定之初,2015 年修改扩大了本罪的适用范围,无论是在犯罪主体还是客观行为方面。当然,欺诈申报犯罪行为的基本结构未变,即谎言申报加之支持谎言申报的欺诈行为。总体而言,自 1982 年法第 4 条规定欺诈申报罪以来,意大利税收犯罪立法的改革或修改,主要由本罪的问题和矛盾所促成。[③]

二、犯罪构成要件与处罚

(一)犯罪主体

虽然 2000 年法第 3 条在规定欺诈申报犯罪的主体时使用了"任何人"一词,但是并不能据此认定本罪是普通犯。事实上,本罪属于申报类犯罪,同时第 3 条规定的"任何人",是指在申报中记载数量上少于实际的积极因素或者虚假的消极因素或税收债权、扣缴税款的主体,因此,本罪的犯罪主体必须是具有申报义务的主体,属于身份犯。[④] 具体而言,只要行为人实施所得税或增值税的应税行为,产生纳税义务以及申报义务,无论是年度纳税申报义务还是在纳税人清算或者企业形式变更、合并、分立情况下的特殊纳税申报义务,都可以成为本罪的犯罪主体,即使该主体没有保存会计资料的义务。事实上,在 2015 年修

---

① Cfr. Enzo Musco e Francesco Ardito, *Diritto penale tributario*, Zanichelli, 2016, p. 161.

② Cfr. Enzo Musco e Francesco Ardito, *Diritto penale tributario*, Zanichelli, 2016, p. 33.

③ Cfr. Antonio D'Avirro, Marco Giglioli e Michele D'Avirro, *Reati tributari e sistema normativo europeo*, Wolters Kluwer, 2017, p. 50.

④ Cfr. Luigi Quercia, *I reati tributari*, Edizioni Giuridiche Simone, 2018, p. 59.

改之前,本罪的主体仅局限于有会计资料保存义务的主体,没有义务保存会计资料的主体仅能构成第4条规定的不诚信申报罪。2015年修改后,有义务保存会计资料的主体和没有义务保存会计资料的主体得到了平等对待。当然,也是因为没有义务保存会计资料的主体也可以实施本罪规定的欺诈手段,即实施客体上或主体上虚假的交易,或者通过利用虚假文件或其他能妨碍查定并促使税务机关犯错的欺诈手段。[①] 此外,本罪的犯罪主体还包括企业(纳税人等)的管理人、清算人或代表人。这样,尽管本罪的犯罪主体范围非常宽,但依然属于身份犯。[②] 但是,如同第2条规定的欺诈申报罪和第4条规定的不诚信申报罪,本罪的犯罪主体也不包括扣缴义务人,这与扣缴义务人逃避扣缴税款目的是否构成逃税目的存在争议有关。[③] 事实上,2015年修改仅仅在第5条不申报罪中增加附加第1款,将扣缴义务人也纳入犯罪主体的范围之中,且未规定将逃税的目的作为犯罪构成的主观要件。

(二)客观行为

根据2015年修改后的2000年法第3条的规定,本罪客观行为呈现两阶段的特征,即行为人需要先后实施欺诈行为和谎言(虚假)申报行为,才能构成本罪。在具体条文规定上,这两阶段的行为分别是"实施客体上或主体上虚假的交易,或者通过利用虚假文件或其他能妨碍查定并促使税务机关犯错的欺诈手段"和"在有关上述税种的申报中记载数量上少于实际的积极因素,或者虚假的消极因素,或者虚假的税收债权、扣缴税款"。与上文阐述的犯罪主体范围扩大相对应,即不具有会计资料保存义务的主体也可以构成本罪,客观行为的两阶段性是从之前的三阶段性演变过来的,即之前还要求行为人实施会计上的

---

① Cfr. Antonio D'Avirro, Marco Giglioli e Michele D'Avirro, *Reati tributari e sistema normativo europeo*, Wolters Kluwer, 2017, p. 57.

② Cfr. Enzo Musco e Francesco Ardito, *Diritto penale tributario*, Zanichelli, 2016, p. 196.

③ Cfr. Enzo Musco e Francesco Ardito, *Diritto penale tributario*, Zanichelli, 2016, p. 162.

虚假描述。[①] 这样,由于会计上的虚假描述不再是本罪客观行为构成的必要条件,本罪在客观行为上也扩大了打击的范围。

上述第一阶段的行为意味着仅仅是隐匿收益或主张不存在的成本并不构成本罪,因为不存在欺诈手段。作为结果,第二阶段的行为意味着单纯的欺诈行为并不具有处罚性,必须随之产生在申报中记载不符合实际的积极、消极因素的行为。事实上,在客观行为两阶段的特征下,一方面,在欺诈行为和谎言申报之间应当存在逻辑上的因果关系;另一方面,第一阶段的行为又构成了第二阶段行为的手段或工具,即欺诈行为要有助于掩盖谎言申报的虚假性。[②] 也正是从这个角度,谎言申报应当发生于支持谎言申报的欺诈行为之后,如果发生在之前,就只能构成第 4 条规定的不诚信申报罪。例如,如果行为人假装贫穷或无工作能力,试图来正当化一项不符合现实的申报,并不构成本罪,这是因为前面的欺骗行为并不是后面谎言申报行为的手段或工具,即不具有掩饰后者虚假性的功能,这类先前的行为仅仅会让税务机关对纳税人负税能力的调查发生一定的偏离。[③] 当然,关于两阶段的行为,还存在许多问题需要阐释,尤其是前者,以下分别就欺诈行为和谎言(不诚信)申报行为进行详细论述。

1. 欺诈行为

根据 2000 年法第 3 条第 1 款的规定,旨在支持随后谎言申报的虚假手段,又可以称为欺诈手段,主要分为 3 类:客体上或主体上虚假的交易、虚假文件以及其他能妨碍查定并促使税务机关犯错的欺诈手段。显然,本罪对国库利益更大的侵害性正是源于作为第一阶段行为的这些欺诈手段。当然,从构成本罪的角度,这 3 类欺诈手段属于替换关系,即只要存在其中一类欺诈手段就能够满

---

① Cfr. Enrico Corucci, *Il delitto di dichiarazione infedele*, in AA. VV. , *La nuova giustizia penale tributaria*, Collana diretta da C. Conti etc. , CEDAM, 2016, p. 293.

② Cfr. Enzo Musco e Francesco Ardito, *Diritto penale tributario*, Zanichelli, 2016, p. 177.

③ Cfr. Andrea Pertini, *Il delitto di dichiarazione fraudolenta mediante altri artifici*, in AA. VV. , La nuova giustizia penale tributaria, Collana diretta da C. Conti etc. , CEDAM, 2016, p. 243.

足本罪的客体要件。同时，从构成本罪的角度，欺诈手段应当在不诚信申报前实施，否则只能构成第4条规定的不诚信申报罪。这是因为，作为瞬间犯，行为人向税务机关提交谎言申报，本罪和不诚信申报罪就构成了。这样，如果欺诈手段在申报提交以后实施，相关的欺诈手段可以构成意大利《刑法典》第七章第三节规定的文书作假犯罪。[①] 以下分别就每一类欺诈手段的构成和特征进行详细阐释。

(1)客体上或主体上虚假的交易

根据2000年法第1条第(g)项附加1款的界定，客体上或主体上虚假的交易，是指表面上的交易(operazioni apparenti)，行为人安排表面上的交易但并不意图实现交易，无论是完全或部分地；或者是指涉及虚假介入主体的交易。这不同于2000年7月27日法律(《纳税人权利宪章》[②])附加第10条规范的避税交易，行为人是意图实现相关交易的。显然，意大利税收刑法关于虚假交易的界定，遵循了意大利《民法典》关于虚假合同的规定。根据《民法典》第1414条第1款的规定，虚假产生于以下情形：合同当事人通过自身的声明仅仅创造出一项合同的外观(外表)，但是他们并不想要合同的效力。同时，根据《民法典》第1414条第2款的规定，虚假还产生于以下情形：合同当事方创造了一个不同于他们想要的合同外表。为此，可以将虚假交易分为绝对的虚假交易和相对的虚假交易两种类型。在前者的情形下，通过内部协议，表面上签署的合同在当事人内部关系中被排除；在后者的情形下，表面上签署的合同被排除，但在当事人内部关系中还存在一项不同的合同，即被掩饰的交易。[③] 据此，客体上和主体上虚假的交易是相对虚假交易进一步区分下的两种类型。客体上虚假交易

---

① 例如，第476条规定的公文虚假罪，第485条规定的伪造私人文书罪。

② Cfr. Legge 27 luglio 2000, n. 212, recante lo "Statuto dei diritti del contribuente".

③ Cfr. Antonio D'Avirro, Marco Giglioli e Michele D'Avirro, *Reati tributari e sistema normativo europeo*, Wolters Kluwer, 2017, p. 61.

的特点是,交易对交易当事人以外的主体所显示出的客体不同于交易实际的客体。换言之,交易的实际和经济现实与交易当事人以外的主体对这个交易现实的认识之间存在差异。而主体上虚假交易是相对虚假交易的一种特殊类型,其特点是主体的介入,同时这一介入的主体掩饰了真正的某一交易主体。换言之,实际和经济现实是交易发生在销售者与实施介入的主体之间的,但是外观显示为发生在销售者与被介入的主体之间。①

在厘清客体上和主体上虚假交易的特点后,由于本罪涉及的虚假交易与2000年法第2条规定的欺诈申报罪所涉及的不存在交易存在一定的重叠,这里还需要就重叠情况下应当是适用本罪还是第2条规定的犯罪作进一步的阐释。第2条规定了利用虚开发票欺诈申报罪,根据该条规定,所谓虚开发票,是指为不存在的交易开具发票。根据2000年法第1条第(a)项对什么是为不存在的交易开具发票的界定,不存在的交易也存在客体上不存在的交易和主体上不存在的交易之分。而上述重叠的情况,即行为人在开具发票上显示虚假意图,既发生于客体上虚假交易的情形,也发生于主体上虚假交易的情形,在现实中也频繁存在。例如,关于前者,纳税人实际购买了一项私人商品,但对外以购买一项与生产经营相关的货物来掩饰这一私人商品的购买行为,并用开具的发票来证明货物的购买行为。关于后者,在主体上虚假交易的情形,某一不同于实际合同方的主体成为交易的一方当事人,并在开具的发票中反映了这一点。在上述例子中,因为存在发票的虚开,使本应受本罪刑事处罚的行为需要根据第2条的规定进行刑事处罚。这是因为第3条的适用以不构成第2条规定的犯罪为前提,这一点在第3条第1款一开始就明确进行了规定(“在第2条规定的情形以外”)。换言之,在存在利用虚开发票的情况下,第2条属于优先适用

---

① Cfr. Andrea Pertini, *Il delitto di dichiarazione fraudolenta mediante altri artifici*, in AA. VV., La nuova giustizia penale tributaria, Collana diretta da C. Conti etc., CEDAM, 2016, p. 235.

的条款。[1] 对此,意大利还有学者进一步指出,如果纳税人欺诈手段是通过发票实现的,涉及的相关交易完全或部分不存在、对价或增值税超过实际数额或在不是实际的主体之间实施,即使可能还构成客体上或主体上的虚假交易,也应该按照2000年法第2条进行处理,在任何情形下,如果是通过利用发票来记载不存在的成本或超过实际的成本,就不属于客体上的虚假交易。[2]

但是,以是否利用虚开发票来解决这里所讨论的问题,并不能完全令人满意,意大利有学者就指出,这是因为发票的开具或利用通常伴随相关交易的实现,同时第2条的适用没有入罪门槛的要求,[3]此时按照第2条进行定罪处罚对纳税人来说并不利。为此,需要换一种路径来解决所讨论的问题。事实上,不存在的交易可以区分为物质上不存在的交易和法律上不存在的交易,前者在第2条的适用范围内,后者是指纳税人实际实施了交易,但是对于该交易在法律上的定性作了不正确的界定和记载,如把某种性质的交易定性为另一种交易,而根据“虚假”的民法概念,这一交易就属于虚假的交易,即声明的交易与意图想要的交易之间存在差异,因此应在第3条的适用范围内。[4] 当然,有些法律上不存在的交易,如掩饰集团企业间融资关系的货物销售交易,如果不存在货物的实际提供,此时就应当认为是绝对的客体上不存在交易,即物质上不存在的交易。此外,还需要注意这类情形,即交易的不存在既来自法律上的不存在也来自物质上的不存在的情形,此时还是应当认定为客体上的不存在交易,按照第2条规定的犯罪进行处理。例如,两家企业属于同一企业集团,一家企业意图从另一家企业处融资,但是在开具发票时,相关的款项被界定为后者向前

① Cfr. Andrea Pertini, *Il delitto di dichiarazione fraudolenta mediante altri artifici*, in AA. VV., La nuova giustizia penale tributaria, Collana diretta da C. Conti etc., CEDAM, 2016, p. 237.

② Cfr. Antonio D'Avirro, Marco Giglioli e Michele D'Avirro, *Reati tributari e sistema normativo europeo*, Wolters Kluwer, 2017, p. 71 e p. 91.

③ Cfr. Enzo Musco e Francesco Ardito, *Diritto penale tributario*, Zanichelli, 2016, p. 169.

④ Cfr. Enzo Musco e Francesco Ardito, *Diritto penale tributario*, Zanichelli, 2016, p. 169 - 170.

者购买货物或服务的预付款。此时,可以认为构成相对的虚假交易,在这个交易中,一家企业向另一家企业支付了款项,后者开具的发票真实地记载了相关金额和双方主体,但是支付款项的法律基础不是真实的融资,而是表面上的货物或服务销售。但是,这一销售从物质上的角度并没有实施。① 显然,在融资和销售货物或服务之间,在上述例子中将销售货物或服务仅仅认定为单纯的法律上不存在交易,无法令人接受。此外,关于主体上不存在的交易,如在"旋转木马欺诈"的情形中,涉及欧盟层面的增值税欺诈行为,虚假主体介入构成主体上的虚假交易,适用第 3 条规定的欺诈申报罪更合适。此时需要将虚假主体介入与受让人、订货人的虚假记载相区别,后者属于 2000 年法第 1 条第(a)项规定的主体上不存在的交易,应当适用第 2 条规定的欺诈申报罪。②

综上,不难发现,在意大利现行税收刑法规定下,第 3 条欺诈申报罪规定的客体上或主体上虚假交易的应用范围是有限的。

(2)利用虚假文件

第二类欺诈手段比其他两类更复杂,因为手段的构成不仅要求文件的虚假性,还要求文件被登记或保存。

首先,需要明确虚假文件的范围,尤其是需要明确与第 2 条规定的虚开文件在范围上的关系。根据 2000 年法第 1 条第(a)项对"为不存在的交易(开具)的发票或其他文件"的界定,第 2 条规定的虚开文件包括发票和其他根据税法具有类似证明作用的文件,而根据意大利最高法院的判决,虚开文件,是指观念上虚假的文件,即发票是真实的,没有被伪造或篡改,签章也是真实的,只是记载的内容并不真实。③ 而从本罪构成的角度,观念上和物质上的虚假文件

---

① Cfr. Antonio D'Avirro, Marco Giglioli e Michele D'Avirro, *Reati tributari e sistema normativo europeo*, Wolters Kluwer, 2017, p. 69.

② Cfr. Enzo Musco e Francesco Ardito, *Diritto penale tributario*, Zanichelli, 2016, p. 170.

③ Cfr. la sentenza di Corte di Cassazione del 25 giugno 2001, n. 30896.

都可以,后者更是本罪构成所专有的,如伪造发票,来证明一项不存在的成本。[①] 虽然,不同于观念上虚假的文件,上述物质上虚假的文件很容易被税务机关通过交叉核对(开具者并不存在)所查实。据此,会产生一项问题,即利用虚开的文件是构成第 2 条规定的犯罪还是第 3 条规定的犯罪?对此,应当认为,由于第 2 条和第 3 条规定的犯罪属于特殊和一般的关系,即都属于不诚信申报,但是关于支持的欺诈手段,第 2 条是利用发票或其他类似文件,而第 3 条是除此以外的文件。[②] 因此,就虚开的文件,发票和其他根据税法具有类似证明作用的文件,即属于税法规则明确规定的文件或税法意义上典型的文件,不在第 3 条规定的虚假文件范围内。例如,除在本章第一节已经提到的小规模服务提供者开具的收条、税基或税额变更单据、通过税收计量装置或自动售票处开具的观看凭证外,还有意大利 1972 年《增值税法》第 17 条规定的自我发票(autofattura),针对向欧盟外主体实施的交易,即购买方开具的证明交易的文件。因此,这类具有与发票类似的证明作用文件以外的文件,如提货单,基于民事证据目的开具的收条,为证实贴有印花的贵重物品的购买店老板签发或签署的表单等,由于不具有与发票类似的证明作用,属于第 3 条虚假文件的范围。[③] 此外,可以肯定的是,纳入第 2 条犯罪范围的虚假文件,都是记载价格大于实际的,因为利用虚开发票欺诈申报仅仅涉及虚假成本,这样,如果虚假文件体现为限制收益,则属于第 3 条规定的虚假文件。例如,买卖合同或公证书,如果记录的价格少于实际价格,此时,卖方的谎言申报(少记载收益)就获得了欺诈手段的支持。但是,还是有特定文件不能成为第 3 条规定的虚假文件。根据第 3 条

---

① Cfr. Andrea Pertini, *Il delitto di dichiarazione fraudolenta mediante altri artifici*, in AA. VV., *La nuova giustizia penale tributaria*, Collana diretta da C. Conti etc., CEDAM, 2016, p. 232.

② Cfr. Antonio D'Avirro, Marco Giglioli e Michele D'Avirro, *Reati tributari e sistema normativo europeo*, Wolters Kluwer, 2017, p. 96.

③ Cfr. Andrea Pertini, *Il delitto di dichiarazione fraudolenta mediante altri artifici*, in AA. VV., *La nuova giustizia penale tributaria*, Collana diretta da C. Conti etc., CEDAM, 2016, p. 230.

第2款关于什么是利用虚开文件的规定，即“当虚假的文件在强制性会计账簿中被登记，或面对税务机关基于证据的目的被保存起来，利用虚假文件的事实就视为实施了”，财务状况表不能成为虚假文件。这是因为，财务状况表并不是登记于会计账目中的。同时，鉴于公开的义务，财务状况表也不能“面对税务机关基于证据的目的被保存起来”。[①] 不同于上述形式、文义角度的分析，有观点从实质分析的角度指出，财务状况表也属于本罪意义下的虚假文件：(1)1973年《所得税查定法》第15条提到了财务状况表，而该条是基于所得税查定的目的针对强制性会计账簿的规范；(2)虚假的财务状况表也可以作为支持谎言申报的工具；(3)2000年法第4条（不诚信申报罪）附加第1款明确提到了财务状况表，即属于具有税收意义的文件，更加说明其可以妨碍税收查定。[②]

其次，关于何为利用虚假文件，第3条第2款与第2条第2款的规定一样，即文件在强制性会计账簿中被登记，或面对税务机关基于证据的目的被保存起来。由于税收刑法对何为利用进行了专门规定，从本罪构成的角度，何为利用具有特定内容，仅指上述两种情况，因此不是所有的虚假文件利用都构成本罪所指的利用。例如，单纯向税务机关传送虚假文件就不属于本罪所指的利用虚假文件欺诈的行为。[③]

(3)其他能妨碍查定并促使税务机关犯错的欺诈手段

本罪立法规定的第三类欺诈手段“其他……欺诈手段”，属于兜底性的，即可以将前两种特定的欺诈手段以外的可能的欺诈手段都纳入进来。鉴于纳税人等主体逃税方式的多样性，这一规定留给了立法解释者解释其他欺诈手段的

---

① Cfr. Andrea Pertini, *Il delitto di dichiarazione fraudolenta mediante altri artifici*, in AA. VV., *La nuova giustizia penale tributaria*, Collana diretta da C. Conti etc., CEDAM, 2016, p. 233.

② Cfr. Antonio D'Avirro, Marco Giglioli e Michele D'Avirro, *Reati tributari e sistema normativo europeo*, Wolters Kluwer, 2017, p. 99.

③ Cfr. Antonio D'Avirro, Marco Giglioli e Michele D'Avirro, *Reati tributari e sistema normativo europeo*, Wolters Kluwer, 2017, p. 98.

空间,补充立法上的不完整。那么,怎么样的行为可以构成其他的或一般的欺诈手段?对此,可以从2000年法第1条第(g)项附加第2款关于欺诈手段的界定以及前两种特定的欺诈手段中概括出一般欺诈手段的核心特征。此外,第3条第3款规定的内容从反面也描述出一般欺诈手段应当具有的特征,下一部分将详细阐述。根据上述附加第2款的规定,"欺诈手段是指导致一项事实的虚假呈现的积极虚假行为以及不作为行为,而行为的实施违反一项特定的法律义务",欺诈手段的特征是事实的虚假呈现。而客体上或主体上虚假交易的特征是某一法律交易或某一主体与被掩饰的实际交易或主体不同。同样,虚假文件的特征是某项内容的描述与实际不对应。这样,其他的欺诈手段也应当具有与上述规定的欺诈手段以及上述特定欺诈手段一样的特征,呈现的现实与实际情况不一样。

在明确一般的欺诈手段应当具有的核心特征后,从构成本罪的角度,还需要进一步明确其特殊的内涵,这也是第3条立法所明确规定的:能妨碍查定以及促使税务机关犯错。当然,这两项特殊的内涵是前两种特定的欺诈手段所天然具备的。关于这两项特殊的内涵,结合促使税务机关犯错的要求,妨碍,是指为重构纳税人的收益,即使使用了所有可能的查定技术,但依然无法揭示纳税人的欺骗活动。这样,如果仅仅是不便利查定,如仅仅是将虚假会计资料进行隐藏,就不构成欺诈手段。换言之,如果纳税人的行为仅仅是不规范、不明确的,相关违法行为仅仅是为了不便利税务机关的查定,就不属于欺诈。[①] 从另一个角度,如果纳税人的一项行为使税务机关必须实施一项活动,如交叉核对,以查实一项特定的事实,而如果纳税人没有实施这一行为,上述税务机关的活动就没有实施的必要了,在这样的情况下,妨碍并不构成。此时,税务机关通过实施一项监控活动并不会犯错。否则,对妨碍的解释就过于宽泛,妨碍查定也

① Cfr. Enzo Musco e Francesco Ardito, *Diritto penale tributario*, Zanichelli, 2016, p. 177.

将等同于使税务机关实施监控活动。因此,如果纳税人的一项行为旨在对抗税务机关的监控活动,而税务机关无法通过一般、正常的勤奋和努力以克服纳税人行为造成的监控障碍,妨碍就可以构成了。[①] 例如,纳税人将存款账户虚假地置于他人名下,而账户的名义人与实际取得收益的纳税人之间存在关联关系,同时纳税人还使用了虚假的文件,如变更销售方后的货单,此时就能够对查定产生妨碍了,并构成欺诈手段。[②] 相反,如果"地下收益"被支付到一张存折上,尽管存折的户名是幻想出来的,但是销售者个人(收益实际取得者)可以查询、操作这一存折,此时就不构成欺诈手段,因为税务机关可以简单地向相关金融机构提出信息请求就可以克服对查定的妨碍了。[③] 再如,企业将"地下"的交易所得打到企业主或其家庭成员的账户上,并不是存放在企业官方账户上,此时并不构成欺诈手段,因为通过一般、正常勤奋和努力的调查就可以查到所得的实际所有人。不同的是,如果打到企业主或其家庭成员以外的自然人的账户上,就构成欺诈,因为只能通过一项特殊勤奋和努力的调查才可以克服障碍,这样就隐匿了未在会计账目中计入的收益,能够妨碍查定。[④] 上述欺诈手段特殊内涵的要求,使本罪与第4条规定的不诚信申报罪相区别,也体现了本罪旨在打击的欺诈申报行为的严重危害性或更大的危害性。但是,即使纳税人的行为不构成欺诈手段,不构成本罪,还是可以构成不诚信申报罪,尽管刑事处罚更轻。

---

① Cfr. Antonio D'Avirro, Marco Giglioli e Michele D'Avirro, *Reati tributari e sistema normativo europeo*, Wolters Kluwer, 2017, p. 117.

② Cfr. Enzo Musco e Francesco Ardito, *Diritto penale tributario*, Zanichelli, 2016, p. 179.

③ Cfr. Antonio D'Avirro, Marco Giglioli e Michele D'Avirro, *Reati tributari e sistema normativo europeo*, Wolters Kluwer, 2017, p. 111.

④ Cfr. Antonio D'Avirro, Marco Giglioli e Michele D'Avirro, *Reati tributari e sistema normativo europeo*, Wolters Kluwer, 2017, p. 114.

(4)欺诈手段构成排除的特定情形

为打击侵害严重性的欺诈申报行为以及限缩本罪的适用范围,第3条第3款明确排除几种特定行为欺诈手段的构成,即仅仅是发票开具以及在会计账目中记载收益义务的违反,或者仅仅是在发票中或记录中记载少于实际数额的收益。这样,如果仅仅是会计记载不符合规定,如没有记载一部分收益,或是发票开具不符合规定,抑或是记载的收益少于实际,并不构成本罪所要求的欺诈手段。换言之,纳税人仅仅是隐藏收益,不构成本罪。事实上,正如前文已经指出的,少开发票在第4条规定的不诚信申报罪适用范围内。同时,本罪的客观行为不再要求行为人实施会计上的虚假描述,欺诈行为也不要求在一项不真实的会计描述中有所对应。因此,单纯的会计账目中记载收益义务的违反不构成欺诈手段,否则会在有义务进行会计记账的主体和其他纳税人之间产生不平等对待,因为同样是不申报自己的收益,前者将受到本罪更严厉的刑事处罚。[①] 因此,欺诈手段应当在不规范的会计账目之外而存在,因会计义务的违反而导致的会计事实之非真实描述并延伸至少开发票行为并不是欺诈手段。此外,可以据此合理地推断出,不属于欺诈手段因而属于第4条适用范围的还包括以下几种情形:(1)未开发票的行为,会计上自然也不会有相应的收益记载,本质上与少开发票行为一样。此时,如果纳税人持有"地下会计",鉴于并不是针对税务机关而持有的,"地下会计"也不具有欺骗的功能,不会妨碍查定,自然也不构成欺诈手段。[②] (2)仅仅是在会计上记录不存在的成本,没有利用发票等支持文件。不同的是,如果纳税人利用了发票,即在发票中显示多出实际的支出成本,就构成了第2条规定的犯罪,如果纳税人利用了第2条规定的文件以外的

① Cfr. Andrea Pertini, *Il delitto di dichiarazione fraudolenta mediante altri artifici*, in AA. VV., *La nuova giustizia penale tributaria*, Collana diretta da C. Conti etc., CEDAM, 2016, p. 250.

② Cfr. Andrea Pertini, *Il delitto di dichiarazione fraudolenta mediante altri artifici*, in AA. VV., *La nuova giustizia penale tributaria*, Collana diretta da C. Conti etc., CEDAM, 2016, p. 251.

虚假文件，就构成了本罪。例如，纳税人申报了一笔债权的损失，但是债务人实际上还是有偿还能力的，而损失的扣除必须在债务人破产的情况下，此时纳税人构成第 4 条规定的不诚信申报罪，但如果纳税人还创制出一份虚假文件，用于证明债务人已经破产，此时就构成了本罪。[①]

2. 谎言申报

不同于 2000 年法第 2 条规定的利用虚开发票欺诈申报罪，在谎言申报（不诚信申报）方面，具有本罪刑事处罚意义的不仅体现在显示虚假成本等消极因素上，还体现在显示少于实际数额的收益等积极因素以及虚假的税收债权、扣缴税款之上。

首先，关于实际的积极因素。对此，2000 年法第 1 条第（b）项对本法规定的积极因素（和消极因素）进行了界定："积极因素或消极因素是指用数字表达的组成部分，该组成部分以积极或消极的方式参与到所得或税基的确定，而上述所得或税基从所得税或增值税应用的目的具有意义。同时，积极因素或消极因素还包括对应纳税额的确定具有影响的组成部分。"根据这一规定，积极因素主要包括各种类型的所得以及交易额。当然，从所得税的角度，本罪不仅覆盖经营所得、独立劳务所得等普通所得（适用年度综合所得课税）所形成的积极因素，单独、分离课税的所得以及扣缴课税的所得也在本罪的覆盖范围内，如转让企业产生的所得，这是因为：（1）符合 2000 年法关于积极因素的界定，即任何参与到税基或所得确定的组成部分；（2）这些所得也需要在申报中记载；（3）可以满足超过入罪门槛的要求，详见下文分析。[②] 至于实际的积极因素，这里的实际性应当理解为真实性，这样就可以排除那些基于税收评估规则确定的收入。例如，相比纳税人申报的销售价格，税务机关可以根据转移定价规则确定更大的对价。税务机关据此对差价对应的收入征税，即使该收入并没有被纳

---

① Cfr. Luigi Quercia, *I reati tributari*, Edizioni Giuridiche Simone, 2018, p. 48.

② Cfr. Luigi Quercia, *I reati tributari*, Edizioni Giuridiche Simone, 2018, p. 51.

税人实际取得,纳税人显然也不会申报,此时如果给予刑事处罚,就背离了税收刑法的极端缘由原则以及限制刑事打击范围的目标。[①] 因此,“少于实际的积极因素”并不包括转移定价行为。

其次,关于虚假的消极因素。根据2000年法第1条第(b)项的规定,消极因素主要包括各种类型的成本、费用、损失等。这里需要明确的是,虚假的消极因素是否仅指实际不存在的因素,还是仍包括存在的、但是属于非相关或不属于当期的因素。在2015年修改之前,这方面是存在争议的。换言之,即使违反刑法极端缘由原则,还是有观点认为虚假的消极因素还包括后者的情形。但是,此时似乎“虚假”一词更应该用“不可扣除的”来替代。2015年修改结束了这一争议,因为通过在第4条引入附加第1款的规定,[②]明确表明采取了自然主义的立场,即虚假的消极因素仅是指实际不存在的、纳税人没有承担的消极因素。事实上,第4条将“虚假”一词明确改为“不存在”一词。同时,2000年法也没有明确规定第3条与第4条(原规定下)在“虚假”一词上的意义存在差异。此外,相比第4条规定的不诚信申报罪,第3条规定的欺诈申报罪明显更严重,定罪处罚也更严厉,为避免不受第4条处罚的行为反而受第3条的处罚,[③]本罪虚假的消极因素就是指不存在的消极因素。

最后,关于虚假的债权和扣缴税款。作为2015年修改的一项创新规则,本罪打击的行为不再仅限于作用于税基确定的积极因素和消极因素之记载,还包

---

① Cfr. Enzo Musco e Francesco Ardito, *Diritto penale tributario*, Zanichelli, 2016, p. 165.

② 该款规定:“基于适用第1款规定的目的,以下内容不被考量:不正确的分类;对客观存在的积极或消极因素的评估,就这些因素,具体应用的(评估)标准不管怎么样已经被标记在财务报表(预算)或其他具有税收意义的文件中;权责发生制确定标准的违反;非相关性;实际的消极因素的不可扣除性。”其中,第4条第1款规定了“记载不存在的消极因素”这一犯罪行为,而2015年将原来的“虚假”一词改为了“不存在”一词。

③ Cfr. Andrea Pertini, *Il delitto di dichiarazione fraudolenta mediante altri artifici*, in AA. VV., *La nuova giustizia penale tributaria*, Collana diretta da C. Conti etc., CEDAM, 2016, p. 225.

括了直接作用于税额确定的虚假债权和扣缴税款之记载。这是因为存在这样一种客观现象:纳税人在税基确定后,通过主张对国库的税收债权以及已由扣缴义务人扣缴、由其承担的税款,从确定的税额中进行扣减,以此降低应纳税额。此时,如果税收债权和扣缴税款是虚假的,即不存在的,如数量超过实际的退税额或抵免额,税款并未扣缴或数量超过实际的扣缴税款,显然会造成税收利益的损失,应当纳入刑事处罚的范围。因此,2015 年修改在第 3 条以填补漏洞的方式进行了规定。①

(三)入罪门槛

2000 年法在第 3 条第一次针对欺诈申报犯罪引入了入罪门槛。在 2000 年法之前,实施欺诈手段就足以被认定具有逃税犯罪的可处罚性。换言之,欺诈申报行为的刑事危害性完全体现在欺诈行为中,但第 2 条规定的欺诈申报罪依然遵循了这一点。本罪引入了入罪门槛,旨在限制本罪的刑事打击范围,即限于在经济上重要的逃税行为。本罪的入罪门槛有两项,性质不同,但在定罪处罚上需要同时满足,分别规定在第 3 条第 1 款第(a)项和第(b)项。在 2000 年法规定之初,第(a)项入罪门槛规定的逃税数额是 1.5 亿里拉(大概 7.7 万欧元),第(b)项入罪门槛规定的逃税比例是 5%,而所逃避的征税收益是 30 亿里拉(大概 155 万欧元)。2000 年法经过 2011 年修改,上述逃税数额和逃避征税收益分别降低到 3 万欧元和 100 万欧元,逃税比例 5% 未变。但是,2015 年修改又将上述逃避征税收益提高到 150 万欧元,并在第(b)项增加了另一项替代性的门槛,即有关减少税款的虚假的税收债权和扣缴税款总额,这是因为 2000 年法第 1 条第(b)项在界定积极、消极因素时,还规定了那些对应纳税额的确定具有影响的因素。本罪规定虚假的税收债权和扣缴税款这一门槛,是因为这类逃税手段通常以纳税人虚假文件(证明不存在的税收债权和扣缴税款)

① Cfr. Andrea Pertini, *Il delitto di dichiarazione fraudolenta mediante altri artifici*, in AA. VV., *La nuova giustizia penale tributaria*, Collana diretta da C. Conti etc., CEDAM, 2016, p. 228.

的预先准备为前提,这样,2000 年法对其他申报类犯罪并没有规定这类门槛。从总体来看,经过上述立法修改,本罪的入罪门槛有所降低,刑事打击范围也有所扩大。①

1. 第一项门槛

2000 年法第 3 条第 1 款第(a)项规定的第一项门槛,即逃税数额,目前的标准是 3 万欧元,根据"就单一的税种"的规定,是指所得税或增值税一项税种的逃税数额,不是不同税种(包括个人所得税和企业所得税)逃税数额的加总。当然,只要有一个税种的逃税数额超过门槛,就可以构成本罪。那么,逃税数额应当如何计算？根据 2000 年法第 1 条第(f)项对"所逃税款"的界定,欺诈申报罪下的逃税数额,是指"实际应当缴纳的税款与在申报中记载的税款之间的差额"。显然,为确定逃税数额,关键是要确定实际应当缴纳的税款。对此,首先需要明确的一项法律问题是,该税款能否基于税收程序或税务诉讼程序并根据征税规则来确定？换言之,在审理欺诈申报罪、适用刑事诉讼程序中,刑事法官能否独立确定纳税人或其他主体实际应当缴纳的税款？显然,不能将税收刑法上的这一概念与征税规则上的这一概念等同理解,税收刑法上的所逃税款概念应当具有独立的意义。这是因为征税上的逃税引起税收查定,将面临行政处罚,逃税犯罪上的逃税引起司法调查,将面临刑事处罚,两种违法行为导致的结果不一样。刑法强调案情事实的实际性,因此 2000 年法强调应当缴纳的税款的实际性。这样,如果将逃税数额理解为在税收行政查定阶段确定的税额与申报中记载的税额的差值,往往不符合实际性的要求。事实上,纳税人在隐藏并少申报收益时,相关的成本并不会完全、规范地记录下来,税务机关查定出一项数额更大的收益,并不会考虑纳税人实际承担的相关成本。② 关于所谓的"地下成本",即纳税人实际承担的,但是因为没有按照税法规定记录或文件资料

---

① 当然,这里未考虑通胀因素。

② Cfr. Enzo Musco e Francesco Ardito, *Diritto penale tributario*, Zanichelli, 2016, p. 183.

化而不得扣除，在逃税犯罪的调查中，从刑事意义的所逃税款概念独立性的角度来理解，应当予以扣除，以考虑实际的逃税结果。这样，如果纳税人没有申报这些成本，但是因为实际承担了很多成本，对其进行刑事处罚就与税收刑事制度不协调了。① 立法保护的法益更多地在于税收收入的取得，而不是查定功能的正常实施。意大利最高法院也认为，实际应当缴纳的税款应当基于经济经营的实际结果予以计算，因此也需要考虑“地下成本”，只要纳税人能够证明。② 因此，从刑事上的意义，实际应当缴纳的税款所对应的收益是经济上的概念，用以识别对国库利益的实际损害。换言之，不同于征税的角度，从刑事处罚的角度来确定应当缴纳的税款，应全面掌握实际的事实数据，并优于单纯依靠基于形式化标准得出的数据。但是，上述原则适用于所得税的情况，不适用于增值税的情况，这是因为增值税应纳税款的计算还建立在文件资料的基础上，即形式数据之上，进项税的抵扣需要有发票等凭证，相关成本也应当予以登记。③ 无论如何，刑事法官需要独立查实所逃税款，尽管这涉及一项非常复杂的调查，刑事法官需要运行刑事诉讼程序的方式，可以超越征税程序上的限制，并利用所有的证据手段（包括证词）。④ 当然，这并不否定刑事法官应当考虑税收立法所规定的制度和规则，即那些可以被刑法制度所接受的，而推定规则无疑需要被排除在考虑范围之外。推定规则在征税领域作为一般规则的例外而存在，仅仅是为了便利征税权的实施，在征税制度中也仅仅适用于这个范围，并不被允许扩张适用。⑤ 因此，在刑事领域，征税规则最多体现迹象方面的价值，从刑事证据的角度，还需要进一步找到实际对应的事实。换言之，刑事法官的自由心

---

① Cfr. Enzo Musco e Francesco Ardito, *Diritto penale tributario*, Zanichelli, 2016, p. 185.

② Cfr. la sentenza di Corte di Cassazione del 4 giugno 2009, n. 39711.

③ Cfr. Antonio D'Avirro, Marco Giglioli e Michele D'Avirro, *Reati tributari e sistema normativo europeo*, Wolters Kluwer, 2017, p. 126.

④ 这是 2000 年法确定的新税收刑事处罚制度所固有的特征。

⑤ Cfr. la sentenza di Corte di Cassazione del 26 settembre 2008, n. 39177.

证不受征税规则的限制。①

对于逃税数额的确定,还需要明确以下三个方面的问题。首先,逃税数额的计算,肯定需要扣除纳税人或第三人已经缴纳的部分,如扣缴的税款,但问题是,如果第三人已经将税款扣了,但还没有缴纳,这一税款是否可以从逃税数额的计算中扣除?当然,如果对"已经缴纳的"作文义解释,答案就是否定的。此外,这可能产生不公平的问题,因为纳税人可能对税款未缴纳并不知情,未缴纳是源于扣缴人的过错,纳税人不应因他人过错而承担不利后果。此时,如果纳税人能够提供扣缴人向其开具的符合意大利1973年《所得税查定法》附加第7条规定的已扣税款证明,还是应当允许纳税人扣除,②扣缴人不缴或者少缴已扣税款的,可以追究扣缴人的刑事责任。其次,在理论上,非实际应当缴纳的税额不属于所逃税款。以损失为例,即从所得税的角度,纳税人在某一纳税年度的经营损失是20万欧元,但是纳税人申报损失是50万欧元,多出30万欧元的虚假损失,但是在该年度,纳税人实际所得无论怎样都是负的(原本损失就超过收益),这样与30万欧元损失对应的税额就是理论上非实际应当缴纳的税额,并没有导致国库利益的实际损失,因此不构成犯罪。相反,如果在下一纳税年度结转时,纳税人实际的所得是正的,纳税人提供了上述30万欧元虚假经营损失的证据,就将构成犯罪。但是,构成的犯罪是第4条规定的不诚信申报罪,因为支持30万欧元虚假损失的欺诈手段在之前的纳税年度已完成,在该纳税年度纳税人并没有利用虚假文件或其他欺诈手段。③ 最后,非法收益构成用以确定所逃税款的积极因素。在意大利颁布1993年第537号法律之前,在计算关于所得的所逃税款时并不考虑非法收益。在该法颁布后,由于其第14条第

① Cfr. Antonio D'Avirro, Marco Giglioli e Michele D'Avirro, *Reati tributari e sistema normativo europeo*, Wolters Kluwer, 2017, p. 128.

② Cfr. Enzo Musco e Francesco Ardito, *Diritto penale tributario*, Zanichelli, 2016, p. 186.

③ Cfr. Andrea Pertini, *Il delitto di dichiarazione fraudolenta mediante altri artifici*, in AA. VV., *La nuova giustizia penale tributaria*, Collana diretta da C. Conti etc., CEDAM, 2016, p. 259.

4 款规定非法收益应当纳入所得税法中的所得范围中,如果非法收益没有被扣押或没收。[①] 这意味着未被扣押或没收的非法所得应当纳入应税所得的税基确定中,纳税人取得的非法收益也应当纳税,否则构成逃税。当然,这个原则也适用于增值税领域,这是因为非法交易及收益也在增值税的应用范围内。[②]

2. 第二项门槛

2000 年法第 3 条第 1 款第(b)项规定的第二项门槛相对复杂,由多个基于替换关系的门槛所构成。首先,第二项门槛总体上强调逃税比例,这是为了处罚与纳税人整体纳税规模相比有意义的逃税行为。虽然逃税比例确定为 5%,但是有两项基于替换关系的计算公式,一个是逃避征税的收益总额占申报中记载的收益总额的比例,另一个是虚假的税收债权和扣缴税款总额占意在减少的税款的比例。其次,在逃避征税的收益巨大的情况(超过 150 万欧元)下,第二项入罪门槛的计算不再考虑上述逃税比例。换言之,逃税比例门槛的适用并非绝对化,对客观上造成国库利益巨大损失的欺诈申报行为,无论逃税比例多小,都纳入刑事处罚的范围,这样也在一定程度上兼顾了对小企业的公平对待。另外,在虚假的税收债权和扣缴税款总额超过 3 万欧元的情况下,第二项入罪门槛的计算也不再考虑上述逃税比例。关于 3 万欧元的适用情形,事实上数额并不大,与第一项门槛规定的逃税数额是一样的,此时不考虑逃税比例,是因为纳税人"创制"出虚假的税收债权和扣缴税款实施逃税所体现的主观恶性大,将严厉打击这种直接通过税额减少的逃税方式。因此,如果纳税人提供的虚假文件证明税收债权或已扣缴的税款超过了 3 万欧元,第一项和第二项的门槛就都满足了。此时,逃税比例这一门槛的意义存在于纳税人混合逃税的情形中,即

---

① Cfr. l'art. 14, comma 4 della legge 24 dicembre 1993, n. 537 – Interventi correttivi di finanza pubblica.

② 关于非法收益征收所得税、增值税的具体规则,参见翁武耀:《意大利税法要义》,台北,元照出版有限公司 2021 年版,第 127 ~ 145 页。

同时实施通过税基减少和通过税额减少的逃税方式。例如，纳税人应当缴纳10万欧元的税，虚假文件证明的已经扣缴税款是2万欧元，第二项门槛就满足了，如果加上通过税基减少实现的逃税数额，第一项门槛也可以满足了。

3. 其他问题

首先，在计算第一项门槛时的逃税数额和第二项门槛时的逃避征税的收益、虚假的税收债权和扣缴税款等因素，针对的都是一次申报所对应的金额，申报通常为年度纳税申报，在计算门槛时不同纳税年度间的逃税数额等因素并不加总。对于年度申报以外的申报，如在企业整体转让交易产生的所得税纳税申报情形中，由于适用独立课税规则，即就这一转让交易产生的所得单独征收所得税，也可以构成本罪。此时，逃税数额以及确定逃税数额的积极、消极因素都以本次申报涉及的相关因素数额为限，计算门槛。其次，关于合并纳税，在合并申报下，如果被合并企业实施了欺诈申报，合并后的申报（以下简称合并申报）意味着聚集了被合并企业申报中少计的收入或多计的支出。但是，正如所述，合并申报没有刑事意义。进言之，虽然从形式上看，对于合并申报纳税额来说，被合并企业申报的结果看似对应纳税额的确定具有影响的因素，符合本罪门槛计算的情形，但合并申报不具有刑事意义，关键原因是合并企业并没有利用在其自己的会计账目中登记的虚假文件在合并申报中记载虚假因素。[①] 对于被合并企业欺诈申报罪的构成，门槛的计算都是在被合并企业的申报层面。相反，如果门槛在合并申报层面进行计算，加总相关税基、税额，就会产生不合理现象，即一项行为是否应当受到刑事处罚将取决于该企业是否加入合并纳税。例如，原来一些被合并企业的申报，因为各自逃税数额或逃避征税的收益、虚假的税收债权和扣缴税款等因素都比较小，都没有超过门槛，但是一旦加总，可能就会超过门槛，包括第一项和第二项门槛。再如，某一家被合并企业的申报，第

---

① Cfr. Enrico Corucci, *Il delitto di dichiarazione infedele*, in AA. VV., *La nuova giustizia penale tributaria*, Collana diretta da C. Conti etc., CEDAM, 2016, p. 270.

二项门槛即逃税比例是超过的,但是与其他被合并企业的申报一旦加总,就可能不超过这个门槛了。显然,这损害了规范的严肃性,尤其是逃税比例门槛的规范,因为一项轻微的逃税行为的危害性会因为其他企业的违法行为被加重、放大,而一项严重的逃税行为会在企业集团整体下被淹没、忽视。[①] 最后,关于混合虚假手段的实施,当纳税人实施谎言申报,既有虚开发票作为支持,也有其他欺诈手段作为支持,且只有当利用虚开发票的逃税和利用其他欺诈手段的逃税加总计算,才会超过本罪规定的门槛,此时只有第 2 条规定的犯罪才构成,本罪不构成是因为利用虚开发票实现的逃税不能再基于第 3 条门槛计算的目的被第二次考虑。当然,如果利用其他欺诈手段的逃税本身就超过了本罪规定的门槛,就构成了犯罪的形式竞合(concorso formale)。[②] 此外,谎言申报人的一部分申报有欺诈手段作为支持,另一部分没有,此时仅仅构成一个犯罪;如果利用欺诈手段的逃税超过了本罪规定的门槛,就构成了本罪,其他情况也就构成了第 4 条规定的不诚信申报罪。

(四)主观要件

首先,本罪属于故意犯,这一点可以从本罪主体需要实施欺诈手段得以肯定。具体而言,行为人明知相关消极因素、税收债权、扣缴税款是虚假的或者实际的积极因素,却在申报中记载上述虚假的消极因素或税收债权、扣缴税款或者低于实际的积极因素,并为支持上述谎言申报、妨碍税务机关的查定而实施相关欺诈手段。同时,本罪规定了入罪门槛,鉴于入罪门槛属于构成要件,行为人还需要知晓伴随欺诈申报将导致的逃税规模,用以判断是否超过入罪门槛。

---

① Cfr. Enrico Corucci, *Il delitto di dichiarazione infedele*, in AA. VV. , *La nuova giustizia penale tributaria*, Collana diretta da C. Conti etc. , CEDAM, 2016, p. 273.

② Cfr. Enrico Corucci, *Il delitto di omessa dichiarazione*, in AA. VV. , *La nuova giustizia penale tributaria*, Collana diretta da C. Conti etc. , CEDAM, 2016, p. 324. 根据意大利《刑法典》第 81 条第 1 款的规定,形式竞合,是指行为人单一的作为或不作为触犯不同的法律条款或者实施违反同一法律的数项侵害行为,按照对最严重的侵害行为本应受到的刑罚处罚,并且可以在 3 倍的幅度内提高该刑罚。

当然,从证明的角度,显示出行为人能接受或知晓这种可能性就足矣,即逃税可能超过入罪门槛。[①] 其次,根据第 3 条关于“为逃避所得税或增值税的目的”的规定,本罪属于逃税目的犯,从构成本罪的角度,行为人实施欺诈申报是为了逃税。这样,如果行为人为了逃税以外的目的而实施欺诈申报就不构成本罪。逃税以外的目的,如隐藏收益,来诱导小股东廉价出售股份。当然,如果同时存在逃税目的和逃税以外的目的,并不影响本罪的构成。此外,行为人虽然一开始以逃税以外的目的实施欺诈申报,但是预见到并接受逃税的结果,也应认定具有逃税的目的,尤其是考虑到行为人实施了本罪规定的欺诈手段。最后,从客观要件的角度,需要查实实际的逃税结果,但从主观要件的角度,实际逃税的结果并不需要查实。

(五)刑事处罚

经过 2019 年修改,2000 年法对税收犯罪刑事处罚进行了调整,主要内容是加大了处罚力度。这样,利用其他虚假手段欺诈申报罪的处罚从原来的 1.5 年至 6 年有期徒刑变为现在的 3 年至 8 年有期徒刑,与利用虚开发票欺诈申报罪的刑罚相比基本持平。后者通常是 4 年到 8 年有期徒刑,但是如果申报中记载的虚假消极因素低于 10 万欧元,则处以 1.5 年至 6 年有期徒刑。但是,相较不诚信申报罪(2 年至 4.5 年有期徒刑)和不申报罪(2 年至 5 年有期徒刑),两类欺诈申报犯罪的刑罚更重。这无疑符合罪刑相适应的要求,这是因为欺诈申报不仅是不诚信申报,未申报、少申报的所得、交易额或多申报的成本还存在虚开发票、虚假文件或其他欺诈手段的支持。这样,相比不诚信申报仅仅是谎言申报,没有欺诈手段予以支持,欺诈申报对税务机关的欺骗性更大,对国库利益的危害性也更大。同理,不申报行为虽然未履行申报义务,但是也不存在妨碍

① Cfr. Antonio D'Avirro, Marco Giglioli e Michele D'Avirro, *Reati tributari e sistema normativo europeo*, Wolters Kluwer, 2017, p. 180.

税务机关查定的欺诈手段，相比欺诈申报，使国库利益受损的可能性更小。[①]

（六）与其他犯罪的关系

由于本罪要求虚开发票利用以外的欺诈手段，第 2 条规定的欺诈申报罪要求虚开发票利用这一特殊的欺诈手段，第 4 条规定的不诚信申报罪不要求欺诈手段，第 5 条规定的不申报罪没有申报行为，因此，不同的客观要件决定了本罪并不会与 2000 年法规定的其他 3 项申报类犯罪相竞合。此外，本罪与一些非税收犯罪的关系，可参见本章第一节阐释的利用虚开发票欺诈申报罪与相关犯罪的关系，在此不再赘述。

第三节　不诚信申报罪

一、立法内容与保护法益

2000 年法第 4 条规定的不诚信申报罪现共有 3 款，第 1 款规定："在第 2 条、第 3 条规定的情形以外，任何人为逃避所得税或增值税的目的，在有关上述税的年度申报中记载少于实际数额的积极因素，或者记载不存在的消极因素，处 2 年至 4.5 年有期徒刑，如果同时满足以下两项条件：（a）就单一的税种，逃税数额超过 10 万欧元；（b）逃避征税的积极因素，也包括通过记载不存在的消极因素逃避征税的积极因素，数量总额超过在申报中记载的积极因素数量总额的 10% 或者超过 200 万欧元。" 为减轻刑事打击的范围和力度，意大利 2015 年修改中不诚信申报罪条款的修改是最多的，包括增加了两款，分别是附加第 1 款和第 2 款。其中，附加第 1 款规定："基于适用第 1 款规定的目的，以下内容不被考量：不正确的分类；对客观存在的积极或消极因素的评估，就这些因素，

① Cfr. Enzo Musco e Francesco Ardito, *Diritto penale tributario*, Zanichelli, 2016, p. 228.

具体应用的(评估)标准不管怎么样已经被标记在财务报表或其他具有税收意义的文件中;权责发生制标准的违反;非相关性;实际的消极因素的不可扣除性。"附加第2款则规定:"在附加第1款规定的情形以外,总的评估与正确的评估间的差异低于10%,不产生可处罚的事实。在查实第1款(a)和(b)项规定的入罪门槛是否超过时,包含在上述比例中的数额不被纳入考量。"与此相对应,2015年修改随之删除了2000年法最初规定的第7条。[①] 换言之,2015年修改将原本规定于第7条的内容现在规定于第4条附加第1款和第2款之中,当然第4条附加第1款和第2款的内容不局限于原来第7条的内容,关于刑事处罚意义排除的行为范围规定得更宽泛。

除不申报行为外,2000年法旨在刑事打击纳税申报的不真实性,即处罚在申报中记载不存在的消极因素(成本、费用等)或低于实际的积极因素(所得、交易额等)。不同于第2条和第3条规定的欺诈申报罪,第4条规定的不诚信申报罪具有兜底功能,即将所有的谎言申报行为都纳入了逃税罪的处罚范围,即使没有欺诈性。[②] 具体而言,不诚信申报行为属于"赤裸的"谎言,没有进一步的欺诈手段,即以虚开发票或虚假文件的支持作为证据。因此,第4条第1款才明确规定"在第2条、第3条规定的情形以外",同时这也使不诚信申报行为的诡计性要弱于欺诈申报。[③] 但是,不诚信申报行为要从简单的行政违法行为变为犯罪行为,需要达到入罪门槛的要求。为此,本罪是损害结果犯,需要造

---

① 第7条第1款规定:"违反权责发生制的确定标准、但基于一贯的会计标准,在会计账目和财务表中记载数据,不产生第3条和第4条规定的处罚事实。此外,记载数据和评估所依据的相关具体应用标准不管怎么样已经被标记在财务表中,这样的记载数据和评估也不产生第3条和第4条规定的处罚事实。"第2款规定:"(单独被考虑的)评估与正确的评估间的差异低于10%,在任何情况下都不产生第3条和第4条规定的处罚事实。在查实第3条和第4条的第1款(a)和(b)项规定的入罪门槛是否超过时,包含在上述比例中的数额不被纳入考量。"

② Cfr. Enzo Musco e Francesco Ardito, *Diritto penale tributario*, Zanichelli, 2016, p. 195.

③ Cfr. Enrico Corucci, *Il delitto di dichiarazione infedele*, in AA. VV., *La nuova giustizia penale tributaria*, Collana diretta da C. Conti etc., CEDAM, 2016, p. 281.

成逃税的结果,如同欺诈申报、不申报行为下的逃税罪,本罪保护法益也可以概括为及时、足额取得税款的国库利益,或确保税收债务的正确履行。进言之,根据意大利《宪法》第 53 条关于量能课税原则的规定,本罪的保护法益体现为量能课税的税收利益。[①] 但不诚信申报行为对法益的侵害性是最轻的,对其定罪处罚的争议也最多,使其成为 2015 年修改涉及内容最多的一项罪名,而 2015 年修改总体而言旨在减轻不诚信申报行为的刑事意义,缩小本罪的适用范围。[②]

二、犯罪构成要件与处罚

(一)犯罪主体

虽然2000 年法第4 条在规定不诚信申报犯罪的主体时使用了“任何人”一词,但是并不能据此认定本罪是普通犯。事实上,本罪属于申报类犯罪,同时第 4 条规定的“任何人”,是指在申报中记载不存在的消极因素或低于实际的积极因素的主体,因此,本罪的犯罪主体必须是具有申报义务的主体,属于身份犯。[③] 具体而言,只要行为人实施了所得税或增值税的应税行为,产生了纳税义务以及申报义务,就可以成为本罪的犯罪主体,即使该主体没有保存会计资料的义务,因为本罪处罚的仅仅是申报的不真实性。此外,本罪的犯罪主体还包括企业(纳税人等)的管理人、清算人或代表人。这样,尽管本罪的犯罪主体范围非常宽,但依然属于身份犯。[④] 但是,不同于2000 年法第 2 条、第 3 条和第 5 条规定的两类欺诈申报罪和不申报罪,这 3 项犯罪在 2015 年修改之后作为

---

① Cfr. Enrico Corucci, *Il delitto di dichiarazione infedele*, in AA. VV. , *La nuova giustizia penale tributaria*, Collana diretta da C. Conti etc. , CEDAM, 2016, p. 283.

② Cfr. Antonio D'Avirro, Marco Giglioli e Michele D'Avirro, *Reati tributari e sistema normativo europeo*, Wolters Kluwer, 2017, p. 136.

③ Cfr. Luigi Quercia, *I reati tributari*, Edizioni Giuridiche Simone, 2018, p. 59.

④ Cfr. Enzo Musco e Francesco Ardito, *Diritto penale tributario*, Zanichelli, 2016, p. 196.

犯罪客体的申报类型就不再局限于年度申报了,也包含纳税人在清算情况下的纳税申报以及在纳税人企业形式变更、合并和分立情况下的纳税申报等特殊申报类型,不诚信申报罪没有作相应修改,依然仅限于年度申报。换言之,具有年度申报义务的主体才能构成本罪的犯罪主体,这也反映了税收刑事立法者对不诚信申报行为定罪处罚所采取的轻缓立场,即限制本罪的适用范围。

(二)客观要件

为了降低税收刑事打击的严厉性,并向纳税人增加税收刑事立法的确定性,2015 年修改事实上重新设置了税收刑事处罚制度,尤其是与本罪相关的刑事立法。这样,相比 2000 年法规定之初,现行立法下本罪所打击的犯罪行为有所限缩,局限于以下 3 类行为:(1)未列或少列收益,包括非法收益;[①](2)多列成本,即通过记载不存在的成本来降低税基;(3)不开或少开发票,后者即为在发票上记载的交易额少于实际金额,这使开票方申报的收益减少。可以明确的是,本罪犯罪行为具体化为行为人申报的经济结果与实际的经济结果之间存在差异,但是不同于第 2 条和第 3 条规定的欺诈申报,这个差异没有欺诈手段的支持或佐证。[②] 事实上,由于不诚信申报不具有欺诈性,本罪的难点问题在于确定哪些行为不构成不诚信申报罪。为明确不诚信申报罪旨在打击的犯罪行为范围,还需要明确以下几个方面的问题。

1. 不开或少开发票行为

这里有必要先行阐释这类行为为什么纳入不诚信申报犯罪的打击范围。从严格意义上来讲,不开或少开发票行为并不构成不同于前两项不诚信申报行为的第三类行为,第 4 条第 1 款规定的不诚信申报行为也仅仅包含前面两类行为。毕竟不开或少开发票行为人最终还需要在申报中不列或少列相应的收益

---

① 在非法收益没有被没收的情况下,纳税人如果在申报中没有记载或低于实际地记载这些非法收益,可以构成不诚信申报罪。

② Cfr. Luigi Quercia, *I reati tributari*, Edizioni Giuridiche Simone, 2018, p. 58.

才构成不诚信申报行为。这样,不开或少开发票行为事实上构成了开票方不诚信申报行为的前行为,只不过这一行为并不构成欺诈手段。这是因为企业等有义务保存会计资料的主体,如果实施本犯罪行为,必然会先实施相关的会计违法行为,即不开或少开发票进而未在强制性会计账目中记载或不真实记载对价,而这些行为本身不具有刑事处罚的意义,只有接下来实施了不诚信申报行为,才应当受刑事处罚。① 事实上,就"记载少于实际数额的积极因素"这类不诚信申报行为,先行实施不开或少开发票行为的不诚信申报构成了典型的不诚信申报犯罪行为。换言之,单纯会计上的虚假描述行为并不构成欺诈手段,而是一部分不诚信申报行为必然伴随的先前行为,由于没有其他虚假文件或资料的支持或佐证,并不妨碍税务机关查实申报以及会计上的虚假描述行为。② 事实上,如果会计资料上真实地描述了收益,就不会有不诚信申报,从这个角度,不诚信申报不仅是税收规则的违反。为此,关于利用其他虚假手段欺诈申报罪的第 3 条第 3 款明确规定,"……仅仅是发票开具以及在会计账目中记载积极因素义务的违反,或者仅仅是在发票中或记录中记载少于实际数额的积极因素,不构成欺诈手段"。事实上,不诚信申报犯罪与第 3 条规定的欺诈申报犯罪在结构上其实质是一样的,只不过前者没有一项特别的欺诈手段或诡计。

2. 从虚假的成本到不存在的成本

关于多列成本这类不诚信申报行为,2000 年法第 4 条一开始规定的是"记载虚假(fittizio)的消极因素",2015 年修改之后才变为"记载不存在的消极因素"。从虚假的成本到不存在的成本,事实上缩小了不诚信申报行为的范围。

首先,在原来的规定下,对于什么是虚假的成本,正如在本章第一节已经指出的,意大利学界存在两种不同的解释,即自然主义立场的解释和泛税收主义

---

① Cfr. Enzo Musco e Francesco Ardito, *Diritto penale tributario*, Zanichelli, 2016, p. 197.

② Cfr. Antonio D'Avirro, Marco Giglioli e Michele D'Avirro, *Reati tributari e sistema normativo europeo*, Wolters Kluwer, 2017, p. 144.

立场的解释。根据前者,虚假的成本仅是指没有被纳税人实际承担的成本,而根据后者,虚假的成本不仅是指不存在的或没有被承担的成本,也包括纳税人实际承担的,但是属于非相关或不可扣除/抵扣的成本,或者属于非当期的成本,如违反权责发生制记载成本。此时,虚假的成本可以理解为非真正的成本。① 而第二种解释观点构成了当时的主流观点,况且得到了 2000 年法原第 7 条规定的印证。根据原第 7 条的规定,违反权责发生制在会计账目和财务表中记载数据,但是基于一贯的标准,以及记载数据和评估,所依据的相关具体应用标准无论怎么样已经被标记在财务表中,都不发生第 3 条和第 4 条的处罚事实。如果相关具体应用标准没有被标记或不是基于一贯的标准,这就间接地认可了成本等消极因素的记载(包括违反扣除规则或权责发生制记载消极因素)可以构成不诚信申报罪。② 这样,在 2015 年修改之前,列支与生产所得非相关的成本,也可以构成不诚信申报罪。③ 事实上,在泛税收主义的解释下,关于成本记载的税收规则违反就可以构成不诚信申报罪,使这类税收行政违法行为与本罪的刑事违法行为的差异仅仅体现在逃税数额是否超过入罪门槛。④ 这样,本罪的适用范围非常宽,甚至将涉及成本扣除的避税行为也纳入本罪的处罚范围。⑤

其次,2015 年修改将虚假的成本改为不存在的成本,表明了立法者最终选

---

① Cfr. la Circolare 1/2018 del Comando generale della Guardia di Finanza-Istruzione sull'attività di verifica.

② Cfr. Enrico Corucci, *Il delitto di dichiarazione infedele*, in AA. VV., *La nuova giustizia penale tributaria*, Collana diretta da C. Conti etc., CEDAM, 2016, p. 287.

③ Cfr. Antonio D'Avirro, Marco Giglioli e Michele D'Avirro, *Reati tributari e sistema normativo europeo*, Wolters Kluwer, 2017, p. 150.

④ Cfr. Antonio D'Avirro, Marco Giglioli e Michele D'Avirro, *Reati tributari e sistema normativo europeo*, Wolters Kluwer, 2017, p. 144.

⑤ Cfr. Enrico Corucci, *Il delitto di dichiarazione infedele*, in AA. VV., *La nuova giustizia penale tributaria*, Collana diretta da C. Conti etc., CEDAM, 2016, p. 287.

择了自然主义的立场。在原来规则下,泛税收主义的立场显然不符合 2000 年法的理念,即根据刑法谦抑性原则,税收犯罪的适用应当限制。对于不诚信申报犯罪来说,尽管其不具有欺诈的特征,但也要打击侵害税收利益的特定行为,不诚信申报行为不仅导致税款的流失,而且应当是迷惑骗人、损害税收透明性和征管实效性的行为。① 换言之,不诚信申报行为不是简单的税收规则违反,还具有天然的诡计性,虽然比税收欺诈弱,但也还是会让税务机关犯错。而如果仅仅是关于成本记载的税收规则违反,如有关非相关性、不可扣除性的税收规则的违反,也包括违反权责发生制规则的情形,相关行为并不具备一种欺骗的能力而使税务机关上当。② 具体而言,纳税人承担非相关、不可扣除/抵扣的成本,如购买项链(送给爱人)的花费、为个人不动产重修的花费,纳税人将这些花费界定为生产所得的经营花费,便违反了关于非相关性和不扣除性的税收规则,但不会导致税务机关犯错。③ 为此,一方面,2015 年修改在第 4 条第 1 款中将"虚假"改为"不存在",以更好地体现自然主义的立场,也使本罪的构成更符合不诚信的特征,同时也明确地排除了避税的刑事处罚性。④ 以转移定价行为为

---

① Cfr. Antonio D'Avirro, Marco Giglioli e Michele D'Avirro, *Reati tributari e sistema normativo europeo*, Wolters Kluwer, 2017, p. 148.

② Cfr. Enrico Corucci, *Il delitto di dichiarazione infedele*, in AA. VV., *La nuova giustizia penale tributaria*, Collana diretta da C. Conti etc., CEDAM, 2016, p. 287.

③ 当然,如果纳税人购买一项与生产经营不相关的货物,却用虚假文件来掩盖其真实特性,并记载为具有相关性的货物,则会构成欺诈申报。

④ 避税交易安排虽然具有做作性,但是相关事实都告诉给了税务机关,因此不具有事实的欺诈性。同时,在避税交易安排中,也不存在行为人所想要的内容与交易安排所表现的内容间的分歧,这是虚假交易安排才具有的,因为避税行为人没有企图展示不同于实际现实的事实,即没有对事实进行操纵。因此,避税不能被认为是非法的行为,属于纯粹的法律性问题,不具有刑事意义。此外,刑事犯罪行为具有典型性(包括客观行为在内容各个构成要件是确定的),而避税行为并不具有,立法者无法预先确定相关的避税行为。意大利《纳税人权利宪章》附加第 10 条第 13 款也明确规定,避税不受刑事处罚,但可以受行政处罚。参见翁武耀:《意大利〈纳税人权利宪章〉评析与借鉴》,载《税收经济研究》2018 年第 1 期。

例,因为以下3个原因,其肯定不具有刑事处罚的意义:(1)交易的实际性,不是税收欺诈;(2)购买价格超过市场价格时,多出的成本不具有扣除性,但是被实际承担的;(3)作为一种评估活动,标准也被记载在财务表以及任何具有税收意义的文件中,以体现透明性原则。① 这样,通过违反税法原则和规则而演绎出来的成本,不具有刑事处罚的意义,也就确认了税收刑法的一项基本原则:对税收犯罪行为的解释更应当通过刑法的解释学,而不是通过税法的解释学。如果以最宽泛的意义来理解,任何税收利益的违反都赋予刑事处罚意义,就应当称为刑事税法,而不是税收刑法。② 另一方面,2015年修改在第4条下增加了附加第1款,明确排除"权责发生制确定标准的违反;非相关性;实际的消极因素的不可扣除性"之本罪的刑事处罚意义。这样,在现行关于不存在的成本规则下,只有多列从未被纳税人承担的成本才构成本罪,而多列非相关或不可扣除/抵扣的成本,或者多列不属于当期的成本,即使通过违反权责发生制记载成本并非基于一贯的标准,也因为都是纳税人实际承担的成本,而不构成本罪。

3. 错误评估行为的刑事处罚性

对货物、财产(如股权、无形资产等)的估值或费用、资产折旧的评估,无论是从确认成本还是确认收益的角度,对于课税或者税基的确定都具有重要意义。而正确的评估所依据的标准,规定在相关的会计准则中,纳税人据此在会计账目中记载相关的评估价值后,税收规则可能还会对该估值进行调整。在2000年法之前,意大利并不对能够直接影响税基确定的评估行为进行刑事处罚,因为1982年法仅仅处罚物质上与真实不符合的事实。③ 但是,2000年法的出台突破了这一立场,当时的立法者认为需要刑事处罚因纳税人对评估的任意

① Cfr. Enzo Musco e Francesco Ardito, *Diritto penale tributario*, Zanichelli, 2016, p. 208.

② Cfr. Enzo Musco e Francesco Ardito, *Diritto penale tributario*, Zanichelli, 2016, p. 194.

③ Cfr. Enrico Corucci, *Il delitto di dichiarazione infedele*, in AA. VV., *La nuova giustizia penale tributaria*, Collana diretta da C. Conti etc., CEDAM, 2016, p. 296.

性操作而导致的逃税，并将其纳入第 3 条和第 4 条的申报犯罪中。从一定程度上，相比隐匿收益或展示虚假成本，任意地评估更具有诡计性。考虑到评估活动内在具有的不确定性和存在可讨论的空间，即允许的估值并非绝对是某个确定值，上述对评估行为的刑事处罚新规就显得过于严厉。① 为此，2000 年立法者又规定了原第 7 条，排除满足特定条件下评估行为的刑事处罚性。其中，第 1 款规定评估所依据的相关具体应用标准无论如何已经被标记在财务表中，这样的评估不构成第 3 条和第 4 条规定的犯罪行为，即此时刑法明确排除行为人的逃税故意。第 2 款则规定行为人实施的总的评估结果与正确的评估值偏差在 10% 以内的，并不构成第 3 条和第 4 条规定的犯罪行为，即刑法允许一定范围内的评估活动偏差。

关于错误评估行为的刑事处罚性，2015 年修改虽然对相关条款有所改变，但实质上没有改变 2000 年法采取的立场。改变的地方首先是删除了原第 7 条，并在第 4 条中增加了附加第 1 款和第 2 款。不同于原第 7 条第 1 款，现在的第 4 条附加第 1 款新增两项内容，一是强调“对客观存在的积极或消极因素的”评估，一方面与上文提到的 2015 年修改将虚假的成本改为不存在的成本相一致，另一方面与评估以评估对象现实存在为前提相一致；二是标记具体应用的（评估）标准的文件不再局限于财务表，还增加“其他具有税收意义的文件”，这样扩大了不具有刑事处罚性的评估行为的范围。而现在的第 4 条附加第 2 款与原第 7 条第 2 款在内容上没有变化，即评估结果与正确的评估值相比，差异在 10% 以内的，不产生可处罚的事实。这样，在 2015 年修改之后，一方面，纳税人向税务机关告知了评估的标准，且不仅仅限于通过在财务表中标记，还包括通过在其他具有税收意义的文件中标记，这样一个事实继续不具有刑事处罚性，因为此时纳税人的评估行为不具有欺骗性。事实上，由于纳税人展示或

---

① Cfr. Antonio D'Avirro, Marco Giglioli e Michele D'Avirro, *Reati tributari e sistema normativo europeo*, Wolters Kluwer, 2017, p. 155.

公开评估的具体标准,即使标准并不正确,此时并不会让税务机关犯错,税务机关依然可以查实评估对象的真实价值,同时也很难认定纳税人具有逃税的故意。[①] 另一方面,即使纳税人没有标记评估遵循的具体标准,还是存在一个可被容忍的偏差,并不产生刑事处罚效果,即评估的错误差异不超过10%。[②] 换言之,10%以内的评估偏差不被视为具有蓄意性。此外,原第7条被删除后,关于错误评估行为的刑事规则都规定于第4条中。这样,第3条规定的利用其他虚假手段欺诈申报罪,就不存在第4条附加第1款和第2款规定的有利规则,即在特定条件下错误评估行为的刑事处罚意义被排除。事实上,由于第3条规定的犯罪要求具有欺诈手段,而纳税人通过欺诈手段、违反会计估值标准进行错误评估,上述的有利规则如果还保留于第3条之中,会显得不恰当或在一定程度上是相互矛盾的。[③]

综上,在意大利现行税收刑法下,评估行为依然是具有刑事处罚性的,在第4条附加第1款和第2款规定的特定情形以外,可以构成不诚信申报罪。如果有欺诈性的手段予以支持,还可以构成第3条规定的欺诈申报罪。[④]

(三)入罪门槛

首先,不诚信申报行为构成犯罪,逃税结果需要同时满足两项入罪门槛的要求,即就单一税种逃税的数额达到一定的量,以及逃避征税的积极因素超过在申报中记载的积极因素的一定比例(以下简称逃税比例)或者超过一定的量(以下简称逃避征税收益)。在2000年法规定之初,关于第4条第1款规定的两项入罪门槛,第1项入罪门槛规定的逃税数额是2亿里拉(大概10.3万欧

---

① Cfr. Luigi Quercia, *I reati tributari*, Edizioni Giuridiche Simone, 2018, p. 63.

② Cfr. Enrico Corucci, *Il delitto di dichiarazione infedele*, in AA. VV., *La nuova giustizia penale tributaria*, Collana diretta da C. Conti etc., CEDAM, 2016, p. 296.

③ Cfr. Antonio D'Avirro, Marco Giglioli e Michele D'Avirro, *Reati tributari e sistema normativo europeo*, Wolters Kluwer, 2017, p. 158.

④ Cfr. Luigi Quercia, *I reati tributari*, Edizioni Giuridiche Simone, 2018, p. 66.

元)，第2项入罪门槛规定的逃税比例是10%，而逃避征税收益是40亿里拉(大概206万欧元)。在2011年，对2000年法的2011年修改将上述逃税数额和逃避征税收益分别降低到5万欧元和200万欧元，2015年修改又将上述逃税数额和逃避征税收益分别提高到15万欧元和300万欧元。但是，对2000年法的2019年修改对税收犯罪刑事处罚进行了调整，主要内容是加大了税收犯罪的打击力度，降低了本罪的入罪门槛，上述逃税数额和逃避征税收益分别降低到10万欧元和200万欧元，重新回到了2000年法一开始规定的水平。

其次，关于逃税数额这一入罪门槛，与年度申报相对应，是指一个纳税年度逃税的数量总额。同时，针对的是所得税或增值税一项税种的逃税数额，不是不同税种逃税数额的加总。如果每一项税种的逃税数额都超过了门槛，就构成犯罪的形式竞合。特别需要注意的是，在逃避征税收益巨大的情况下，第二项入罪门槛的计算不考虑逃税比例。换言之，逃税比例门槛的适用并非绝对化，对客观上造成国库利益巨大损失的不诚信申报行为，无论逃税比例多小，都纳入刑事处罚范围，这样也在一定程度上兼顾了对小企业的公平对待。此外，不同于第3条规定的欺诈申报罪，该条在规定第二项入罪门槛时，针对纳税人亦可以通过虚假的税收债权或扣缴税款而减少应纳税款，规定了由虚假的税收债权或扣缴税款所构成的替换门槛，即虚假的税收债权或扣缴税款超过应纳税额的一定比例，或者超过一定绝对量(此时不再考虑上述比例)，不诚信申报罪没有这样的替换门槛。这是因为虚假的税收债权或扣缴税款直接作用于税款，即直接减少应纳税款来实现逃税，而第4条规定的犯罪行为(如少列收益、多列支出)通过作用于税基来实现逃税。更重要的是，虚假的税收债权或扣缴税款以存在一项欺诈手段为前提，这样规定在第4条不诚信申报罪中就不协调了，因为本罪犯罪行为不要求欺诈手段。① 换言之，如果没有一项虚假交易、文件资

---

① Cfr. Antonio D'Avirro, Marco Giglioli e Michele D'Avirro, *Reati tributari e sistema normativo europeo*, Wolters Kluwer, 2017, p. 179.

料等欺诈手段的支持，一项不存在的税收债权，如声称源于一项在境外实施交易的抵免额，几乎就没有什么欺骗性和危害性，因为税务机关可以很容易地从扣缴税款的其他主体那里进行比对，进而揭穿谎言。

最后，根据第4条附加第2款的规定，在计算是否超过两项入罪门槛时，低于10%的评估差异，不仅不产生刑事处罚性；同时，在评估行为需要受刑事处罚的情况下，10%的评估偏差是不会被纳入入罪门槛的计算中。换言之，错误评估行为具有正确估值10%的豁免额。例如，纳税人在财务表中故意错误评估并记载某一财产的价值是50万欧元，但是该财产的真实价值是75万欧元。因此，在入罪门槛计算中，相关逃税的数值并不是基于差额25万欧元，而是扣掉10%的豁免额(7.5万欧元)后的值，即17.5万欧元。①

(四)主观要件

首先，本罪属于故意犯，即行为人明知相关消极因素不存在或实际的积极因素，却在申报中记载上述不存在的消极因素或低于实际的积极因素。同时，鉴于入罪门槛属于本罪的构成要件，行为人还需要知晓伴随不诚信申报将导致的逃税结果以及逃税数额超过了入罪门槛。当然，从证明的角度，显示出行为人能接受或知晓这种可能性就足矣，即逃税可能超过入罪门槛。② 其次，根据第4条关于“为逃避所得税或增值税的目的”的规定，本罪属于逃税目的犯，从构成本罪的角度，行为人实施不诚信申报是为了逃税。这样，如果行为人为了逃税以外的目的而实施不诚信申报就不构成本罪。最后，从客观要件的角度，需要查实实际的逃税结果，但从主观要件的角度，实际逃税的结果并不需要查实。

事实上，上述主观要件的要求，对于纳税人在以下这种情形是否构成不诚

---

① Cfr. Luigi Quercia, *I reati tributari*, Edizioni Giuridiche Simone, 2018, p. 63.

② Cfr. Antonio D'Avirro, Marco Giglioli e Michele D'Avirro, *Reati tributari e sistema normativo europeo*, Wolters Kluwer, 2017, p. 180.

信申报罪至关重要：纳税人信任、委托第三人来填写和提交申报，特别是委托专业人士，如税务律师、会计师等，第三人在纳税人不知情的情况下实施了不诚信申报。此时，纳税人未对第三人实施的申报进行审核或监控，同时也是源于纳税人在专业以及技术上缺乏审核或监控申报正确性的能力，根据意大利学界的主观观点，因为很难证实逃税的故意和目的，此时纳税人不应当承担不诚信申报的责任。相反，只有当纳税人向第三人提供了不正确的数据，或者没有告知所得、交易额等积极因素，纳税人才构成不诚信申报。①

（五）推定课税在税收刑事领域的意义

2000年法第4条第1款规定了“在有关上述税的年度申报中记载少于实际数额的积极因素”这一犯罪行为，其中特别强调记载的收益比“实际”数额要低。因此，从确定实际逃税结果以及入罪门槛的角度，确定这一收益的实际数额至关重要。其中，实际是指与事实的现实相符合，因此需要排除根据推定课税、标准化课税或包税等税收规则的应用所确定的收益数额，因为根据这些税收规则所确定的数额无法与收益的实际情况相符合。当然，如果纳税人在申报中记载的积极因素少于实际，同时会计上也与之相对应，即导致会计上的不可信，在课税层面的一个结果必然是税务机关将实施推定课税，以推计纳税人的收益，毕竟税收机关享有调整、纠正纳税人申报的收益的权力。对此，意大利1973年《所得税查定法》第39条和1972年《增值税法》第54条、第55条都规定了税务机关的这项权力。这样，尽管推定课税在课税层面具有重要意义，但是推定课税的结果不能上升为具有刑事意义的事实或情况。换言之，通过推定课税确定的纳税人收益不能作为本罪认定过程中需要确定的收益的实际数额，理由还包括以下几个方面：（1）根据意大利《刑事诉讼法典》第192条的规定，任何一项事实或情况都应当是确定的，并在诉讼程序中被查实，因为不允许定

---

① Cfr. Antonio D'Avirro, Marco Giglioli e Michele D'Avirro, *Reati tributari e sistema normativo europeo*, Wolters Kluwer, 2017, p. 181.

罪的证据建立在一项类似发生的、怀疑的或直觉的事实基础上，即不能仅仅利用怀疑和个人猜想。[①] (2)课税与税收刑事处罚分属两个不一样的领域。课税旨在实现税的征收，维护征税的需求以及税收利益经常影响课税规范，包括在税收查定方面。事实上，量能课税不仅应当符合收入需求、经济社会政策需求，还要符合履行(执行)中的简化需求和监控的可行性需求。这样，也可以通过求助推定和概括、归纳的查定方式，其结果仅仅是代表近似纳税人的负税能力，使在纳税人税收违法行为与国库利益损害之间并不必然存在直接关联。而推定课税的核心问题是制订出尽可能精确的、与推定相关的参数，使结果尽可能接近纳税人的真实负税能力。而税收刑事处罚是打击损害税收利益这一法益的行为，因此不可能引入一项不确定、不稳定的税法概念，如推定课税。[②] 此外，税收刑事诉讼程序和课税程序是相互独立的，因此专门针对课税程序规定的推定课税制度(涉及证据要求的降低)不能在刑事诉讼程序中予以应用。(3)在税收刑事领域，纳税人应当具有反证权，这是辩护权的表现。同时，在最终有罪裁判前，作为被告的纳税人不能被认为是有罪的。换言之，在刑事诉讼中，唯一正当的推定只能是纳税人的无罪。[③]

虽然推定课税本身不能产生关于本罪构成要件存在的证据，但并不排除刑事法官可以以这样的方式使用推定课税的结果：基于法官确信形成的目的，作为法官自由裁量中评估客体的数据，并与可能的、进一步的证据要素相结合。[④] 换言之，推定课税的结果不能基于具有法律确定效力被使用，而是作为法官自由评估时的数据被考量。[⑤] 显然，此时推定课税的结果并不是决定性的，推定课税在税收刑事领域的意义也就极其有限。

---

① Cfr. Enzo Musco e Francesco Ardito, *Diritto penale tributario*, Zanichelli, 2016, p. 198.

② Cfr. Enzo Musco e Francesco Ardito, *Diritto penale tributario*, Zanichelli, 2016, p. 201.

③ Cfr. Luigi Quercia, *I reati tributari*, Edizioni Giuridiche Simone, 2018, p. 68.

④ Cfr. Enzo Musco e Francesco Ardito, *Diritto penale tributario*, Zanichelli, 2016, p. 199.

⑤ Cfr. Luigi Quercia, *I reati tributari*, Edizioni Giuridiche Simone, 2018, p. 69.

（六）刑事处罚

2000年法于2019年的修改对处罚加大了力度，这样，不诚信申报罪的处罚从原来的1年至3年有期徒刑变为现在的2年至4.5年有期徒刑。相比两类欺诈申报类犯罪（最高刑期为8年有期徒刑）以及不申报罪（2年至5年有期徒刑），不诚信申报罪的刑罚依然是最轻的，贯彻了罪刑相适应的要求。这是因为不诚信申报仅仅是不实申报，如仅仅是在成本扣除项中记入了不存在的成本，没有虚开发票、虚假文件或其他欺诈手段予以支持。这样，相比欺诈申报，未申报、少申报的所得、交易额或多申报的成本存在欺诈手段的支持，不诚信申报对税务机关的欺骗性要小，对国库利益的危害性也更小。另外，不诚信申报毕竟履行了申报义务，且没有对税务机关实施欺诈手段，税务机关查实申报数据、信息真实性的可能性并不小，相比完全的不申报行为，使国库利益受损的可能性反而更小。①

第四节　不申报罪

一、立法内容与保护法益

2000年法第5条规定的不申报罪现共有3款，第1款规定：“任何人为逃避所得税或增值税的目的，有义务提交，但不提交关于上述税的纳税申报，当就每一项单个税种，逃税数额超过5万欧元，处2年至5年有期徒刑。”第2款规定：“从期限截止之日起90天内提交申报，或提交的申报未签字，或提交的申报未在符合规定模板的表格上填写，不属于本条第1款和附加第1款规定的不申报。”关于不申报罪，2000年法的2015年修改又增加了1款（上述附加第1

---

① Cfr. Enzo Musco e Francesco Ardito, *Diritto penale tributario*, Zanichelli, 2016, p. 228.

款),该款规定:“有义务提交,但不提交税款扣缴申报,当未缴纳的所扣税款金额超过5万欧元,处2年至5年有期徒刑。”根据附加第1款,在通常的不申报纳税行为之外,2015年修改事实上增加了一项不申报犯罪行为,即税款扣缴的不申报行为。此外,2000年法的2019年修改对税收犯罪刑事处罚进行了调整,主要内容是加大了处罚力度,本罪两项不申报犯罪行为的刑罚修改前都为1.5年至4年有期徒刑。基于上述不申报罪的立法内容,不难发现,本罪打击的犯罪行为,无论是纳税人等主体不申报缴纳税款,还是扣缴义务人不申报扣缴税款,都对国库利益造成了直接损害。换言之,本罪是损害结果犯,需要造成逃税的结果,如同欺诈申报、不诚信申报行为下的逃税罪,本罪的保护法益也可以概括为及时、足额取得税款的国库利益,或确保税收债务的正确履行。

二、犯罪构成要件与处罚

(一)犯罪主体

虽然2000年法第5条在规定不申报犯罪的主体时使用了“任何人”一词,但是并不能据此认定本罪是普通犯,这是因为该条同时还强调是有“义务提交”申报的主体。为此,本罪属于身份犯在意大利是主流观点,即行为人需要具备特定的主体资格。① 显然,关于行为人是否有申报的义务,2000年法并没有直接予以规范,而是需要根据相关的税收法律进行判断。换言之,这一相关税收法律的分析对逃税罪主体的认定具有直接影响,相关税收法律也属于税收刑事法律不可分割的内容。据此,不申报罪犯罪主体的具体界定需要注意如下几个方面的问题:

1. 所得税、增值税的申报义务主体

首先,根据2000年法的适用范围,即旨在打击所得税、增值税领域的涉税

---

① Cfr. Enzo Musco e Francesco Ardito, *Diritto penale tributario*, Zanichelli, 2016, p. 312.

犯罪行为，以及第 5 条关于“任何人为逃避所得税或增值税的目的”之主观要件规定，行为人具有所得税、增值税以外的税收申报义务而不履行，不构成本罪。事实上，就所得税、增值税以外的税收，不申报逃税行为在现有意大利刑法中并不构成犯罪、不受刑事处罚，而仅仅受到行政处罚。其次，关于所得税的申报义务，根据意大利 1973 年《所得税查定法》第 1 条的规定，某一主体如果取得所得就产生申报义务，即使没有产生纳税义务。最后，关于增值税的申报义务，根据意大利 1972 年《增值税法》第 1 条的规定，某一主体如果实施增值税的应税交易，即在企业经营活动过程中在境内销售商品、提供服务，就产生了申报义务。此外，增值税纳税申报义务还产生于纳税人虚开发票的情形，此时如果纳税人不纳税申报，也构成本罪。[①]

需要特别说明的是合伙企业，因为此类企业不具有法人资格，企业的经营所得并不归属于企业，而是归属于合伙人，合伙企业不是所得税的纳税人和申报义务主体，其也不具备逃避所得税的目的。意大利的主流观点是，从所得税的角度，这类企业及其管理人不构成不申报罪的主体。当然，合伙人作为所得的取得者，可以构成不申报罪的主体，此时企业的管理人可以也仅仅以共犯名义基于不申报罪受到刑事处罚。[②] 但是，从增值税的角度，合伙企业可以是增值税的纳税人和申报义务主体，不申报罪的主体可以构成。

2. 企业的管理人、清算人或代表人

除具有申报义务的纳税人外，能够构成本罪的犯罪主体是否还包括企业（纳税人等）的管理人、清算人或代表人？对此，在原来 1982 年法下，申报类犯罪的主体是经营或独立劳动所得的所有人，[③]考虑到公司的管理人不是经营所得的所有人，因此就公司经营所得的申报义务，公司的管理人不构成申报类犯

① Cfr. la sentenza di Corte di Cassazione del 24 settembre 2008, n. 39172.

② Cfr. Luigi Quercia, *I reati tributari*, Edizioni Giuridiche Simone, 2018, p. 79.

③ Cfr. l'art. 4, comma 1, n. 7 della legge 7 agosto 1982, n. 516.

罪(包括不申报罪)的主体。这一结论从增值税的角度亦然,因为公司的管理人并不是经营活动的实施者。但针对这样一种极端文义解释,意大利学界的主流观点并不认同,因为这会导致不公平对待,即面对同样的不履行申报义务行为,如果某人是非法人企业的企业主,构成不申报犯罪,但是如果某人是一家公司的代表人,却不构成不申报罪。[①] 而在法人的情形下,申报义务其实是由法人代表负担的。因此,2000 年法第 1 条第(c)项在界定申报的概念时,明确规定"申报应当理解为也包括以企业、机构或自然人的管理人、清算人或代表人的身份提交的申报,或以扣缴义务人的身份提交的申报"。这样,不仅是纳税人,企业的管理人、清算人或代表人也要基于不申报罪予以刑事处罚,尽管他们并非所得的所有人或交易的销售方。此外,意大利最高法院的一项判决指出,[②]根据意大利《民法典》第 2639 条的规定,事实上的管理人与法律上的管理人承担同等责任。这样,不仅是企业法律上的管理人,事实上的管理人也是具有正确履行申报义务的主体,后者也可以构成不申报罪的主体。具体而言,当事实上的管理人没有履行申报义务,而法律上的管理人也没有提交申报,两者可以构成不申报罪的共犯,并共同承担刑事责任。[③] 根据意大利最高法院另一项判决,[④]在企业破产的情形下,宣布破产或资不抵债状态的司法审查实施的时刻起(包括所在纳税年度),纳税申报义务就转移给管理人或清算人,而破产企业承担的纳税申报义务是在破产介入后的这一年纳税年度之前的纳税年度的申报义务,即使这个提交期限已经截止。

---

① Cfr. Antonio D'Avirro, Marco Giglioli e Michele D'Avirro, *Reati tributari e sistema normativo europeo*, Wolters Kluwer, 2017, p. 188.

② Cfr. la sentenza di Corte di Cassazione del 5 luglio 2012, n. 33385.

③ Cfr. Enrico Corucci, *Il delitto di omessa dichiarazione*, in AA. VV., *La nuova giustizia penale tributaria*, Collana diretta da C. Conti etc., CEDAM, 2016, p. 312.

④ Cfr. la sentenza di Corte di Cassazione del 1 dicembre 2010, n. 1549.

3. 委托他人实施纳税申报的纳税人

由于纳税申报(包括事前的申报填写)的专业性和技术性,在实践中纳税人往往会委托其他专业人士填写和提交纳税申报,税法对此也并不禁止。那么,在委托有效且尊重这一委托效力的原则下,纳税人委托于一位有专业能力填写以及申报相关经验的专业人士,如律师、会计师,在受托人未申报的情况下让纳税人依然承担相关的责任是否合理?因为此时很难认定纳税人具有逃税的故意。对此,目前在意大利已经普遍认同的是,这一委托并不改变纳税人自身被要求的忠诚义务和申报提交义务,这样也就不产生(不申报等)责任转移的可能性,纳税人依然要承担不申报罪的刑事责任,而受托人则可能构成共犯。事实上,意大利最高法院,一方面,重申了这一点,认为税法视申报义务为人身义务,不能转移;①另一方面,最高法院还指出,纳税人委托专业人士来填写、提交纳税申报,受托人没有提交申报,并不能正当化纳税人申报义务的违反,也不能排除纳税人对提交申报期限截止的知晓。② 但是,在法人的情形下,如果公司的代表人委托董事会成员或其他承担领导角色的主体进行纳税申报,则可以免除其在申报类犯罪方面的责任,包括不申报罪。③

4. 有扣缴税款申报义务的主体

为确保税款及时、足额入库以及便利征管,税法往往规定纳税人以外的相关主体承担税款扣缴的义务,主要应用于个人所得税法中,④即所得支付者需要就所得取得者的应税所得履行税款的扣缴义务。1973 年《所得税查定法》第

---

① Cfr. la sentenza di Corte di Cassazione del 29 ottobre 2009, n. 9163.

② Cfr. la sentenza di Corte di Cassazione del 18 giugno 2015, n. 37856.

③ Cfr. Antonio D'Avirro, Marco Giglioli e Michele D'Avirro, *Reati tributari e sistema normativo europeo*, Wolters Kluwer, 2017, p. 194.

④ 在企业所得税和增值税方面,税款扣缴义务通常就应用于跨境领域,即作为纳税人的外国企业在本国没有设立机构来缴纳其税款,此时本国的所得支付者或商品、服务的购买方就应承担扣缴税款的义务。

三章专门规定了源泉扣缴制度,该法第 64 条规定了扣缴义务人,即基于可归属于他人的事实或法律情势(为此产生纳税义务)、有义务代替他人缴纳税款的主体。同时,根据 1998 年《所得税、增值税申报提交程序条例》第 4 条的规定,扣缴义务人每年需要向税务机关提交针对所有所得取得者的一个专门关于扣缴税款的申报。显然,扣缴义务人如果没有就所得支付的金额、扣缴的税款以及所得取得者(纳税人)等信息通过申报的方式告知税务机关,自然也不会将扣下的税款缴纳给税务机关,国库利益会遭受直接损失。为此,2000 年法不申报罪的主体在 2015 年修改后扩大到包括有扣缴税款申报义务的主体。但是,由于意大利通过 2004 年第 311 号法律在 2000 年法中引入了第 10 条附加第 1 条,规定了扣缴税款不缴纳罪,因此需要特别指出,扣缴义务人在两罪之间的犯罪构成存在差异。具体而言,如果扣缴义务人在自己申报中或在签发给被扣缴人的申报中记载了应当扣缴或已经扣下的税款,但是未向税务机关缴纳扣下的税款,则构成扣缴税款不缴纳罪。反之,如果扣缴义务人没有申报与税款扣缴相关的信息,税款更无所谓缴纳了,在 2015 年修改之前,还是按照扣缴税款不缴纳罪予以处理,但是现在则构成更严重的不申报罪。[①] 相对简单的扣下税款不缴纳行为,扣缴义务人不申报行为对税务机关进行了隐瞒,对国库利益损害的危害性更大,这也是为什么 2015 年修改将扣缴义务人纳入不申报罪犯罪主体的原因。

(二)客观要件

不申报行为作为本罪的犯罪行为,从满足客观要件的角度需要特别明确以下几个方面的内容。

1. 申报的类型

首先,与犯罪主体相对应,作为本罪犯罪行为客体的申报类型,并不限于纳

---

① Cfr. Enzo Musco e Francesco Ardito, *Diritto penale tributario*, Zanichelli, 2016, p. 231.

税人的纳税申报和扣缴义务人的税款扣缴申报,还应当包括其他有申报义务主体提交的纳税申报类型。其次,关于纳税申报,2000 年法一开始规定仅仅限于纳税人的年度纳税申报,无论个人所得税、企业所得税还是增值税。在 2015 年修改之后,对申报类犯罪(除不诚信申报罪外)取消了年度申报的限制,因此打击范围有所扩大。正如在解析前几类申报类犯罪时已经指出的,根据 1998 年《所得税、增值税申报提交程序条例》第 5 条和附加第 5 条的规定,为此增加的纳税申报类型主要包括纳税人在清算情况下的纳税申报以及在纳税人企业形式变更、合并和分立情况下的纳税申报。换言之,这两类纳税申报是企业非正常经营情况下的纳税申报,与企业正常经营情况下的年度纳税申报,同样是有关企业自身最终性的纳税义务之履行。

2. 不申报行为的构成

首先,对纳税人等犯罪主体具有提交申报的义务而没有提交的认定涉及一个申报提交时限的问题。换言之,在什么期限截止前没有提交申报即可认定构成本罪的不申报行为?对此,关于主要的申报类型,1998 年《所得税、增值税申报提交程序条例》第 2 条规定了提交所得税纳税申报的时间,即最迟的期限为通过远程电子申报的方式在纳税年度终了后的下一个年度的 11 月 30 日之前。上述条例第 8 条规定了提交增值税纳税申报的时间,即在纳税年度终了后的下一个年度的 2 月 1 日至 4 月 30 日。此外,上述条例第 4 条规定了扣缴义务人提交税款扣缴申报的时间,即在纳税年度终了后的下一个年度的 10 月 31 日之前。当然,上述 3 类申报提交的期限截止之后,如果申报还未提交,不申报罪尚未构成,因为关于不申报罪的第 5 条第 2 款明确规定,在申报期限截止之日起 90 日内提交申报的,不构成本罪的不申报行为。换言之,在税法规定的申报期限截止后,纳税人或扣缴义务人如果能在 90 日内提交申报的,申报依然有效,此时仅仅承担关于延迟申报的行政处罚责任,超过 90 日还未提交申报才构成不申报罪。当然,如果在 90 日过后又提交申报的,虽然不申报罪已经构成,但是有助于消除或减轻犯罪的危害结果,可以在量刑上减轻处罚。[①]

其次,如果纳税人等犯罪主体在规定期限内提交了申报,但是属于不完整的申报,即虽然申报上填写了内容,但内容存在缺失或抽象、宽泛(不精确),属于本罪规定的不申报行为。根据《所得税、增值税申报提交程序条例》第1条、第2条和第8条的相关规定,申报应当包括对税基确定来说是必要的积极因素(如所得、销售额)和消极因素(如成本、费用),以及对于识别纳税人来说是必要因素,如果缺乏对这些因素的明确记载,就应当视为未申报。这是因为就不完整的申报而言,实质内容其实是空白的,以致申报的目的并不能实现,包括让税务机关查实申报包含的数据、信息的真实性。[②] 当税务机关不能查实申报包含的数据、信息的真实性时,本罪所保护的法益就被侵害了。

3. 不申报行为的排除:形式问题的申报

根据关于不申报罪的第5条第2款明确规定,如果纳税人等犯罪主体在规定期限内提交的申报,未有签字署名或未在规定的模板表格上填写,不能认为属于本罪规定的不申报行为,因为这仅仅是形式上的问题,不涉及纳税等相关信息的实质内容。这种申报虽然是无效的,依然承载对税务机关确定纳税义务来说有用的信息,对本罪立法所保护的法益并没有造成损害,因此不具有刑事意义。[③] 事实上,目前意大利申报的提交都是通过远程电子的方式,填写和传送都要遵循预先确定好的要求执行,纸质签名的问题和专门模板(申报书)的问题已经没有实际意义了。[④] 此外,纳税人等犯罪主体向非主管税务机关提交申报也不构成本罪的不申报行为。

---

① Cfr. Enzo Musco e Francesco Ardito, *Diritto penale tributario*, Zanichelli, 2016, p. 237.

② Cfr. Luigi Quercia, *I reati tributari*, Edizioni Giuridiche Simone, 2018, p. 76.

③ Cfr. Enzo Musco e Francesco Ardito, *Diritto penale tributario*, Zanichelli, 2016, p. 238.

④ Cfr. Enrico Corucci, *Il delitto di omessa dichiarazione*, in AA. VV., *La nuova giustizia penale tributaria*, Collana diretta da C. Conti etc., CEDAM, 2016, p. 315.

(三)入罪门槛

基于2000年法的立法理念,从犯罪客观要件的角度,本罪要求不申报行为导致的逃税实际发生,并超过入罪门槛。

1.门槛的设置

首先,根据2000年法第5条第1款的规定,主要从纳税人不申报罪的角度,目前规定的入罪门槛仅由逃税数额一个绝对数值构成,具体数额由一开始的1.5亿里拉(约7.7万欧元),2011年改为3万欧元,在2015年修改后又提高到5万欧元,不申报罪的打击范围总体上有所扩大。源于犯罪行为的危害性较低,关于逃税数额这个门槛,不申报罪也要比2000年法第2条和第3条规定的两类欺诈申报罪要高,后两者分别规定为0欧元和3万欧元。另外,不同于2000年法第3条和第4条规定的利用其他虚假手段欺诈申报罪和不诚信申报罪,不申报罪的入罪门槛的构成不包括另一项相对数值,即逃脱征税的积极因素与申报的积极因素之间的比例。但是,在上述两项罪名下,当逃税数额分别超过150万欧元和200万欧元时,这个所谓的逃税比例门槛并不适用。不申报罪没有规定逃税比例的门槛,是因为在不申报的情形下这个考虑申报积极因素的门槛就不具有适用性。同时,逃脱征税的积极因素与逃税数额这个门槛属于实质上的重复,没有特殊意义。[①] 此外,5万欧元的逃税数额针对的是一次申报所对应的数额,申报通常为年度纳税申报,这样在计算门槛时不同纳税年度间的逃税数额并不加总。同时,针对的是所得税或增值税一项税种的逃税数额,不是不同税种逃税数额的加总。如果每一项税种的逃税数额都过了门槛,则构成了犯罪的形式竞合。

其次,根据2000年法第5条附加第1款的规定,从扣缴义务人不申报罪的角度,目前的入罪门槛也仅由未缴纳的所扣税款金额一个绝对数值构成,即5

---

① Cfr. Luigi Quercia, *I reati tributari*, Edizioni Giuridiche Simone, 2018, p. 77.

万欧元。但是，与第1款不申报罪的门槛规定不同的是，附加第1款并没有规定门槛是针对每一项单个税种的，这与税款扣缴义务及相关的申报义务主要应用于个人所得税法中有关，在实践中这一门槛也主要是考虑个人所得税。

2. 逃税数额的确定

根据2000年第1条第(f)项关于所逃税款的界定，逃税数额，是指实际应当缴纳的税款与在申报中记载的税款之间的差额，或者在不申报情况下是指实际应当缴纳的全部税款减去由纳税人或者第三方以预缴、扣缴名义或者在申报(或相关期限截止)前已经缴纳的税款余下的差额。因此，首先，需要明确的是，如果纳税人已经履行了税款缴纳义务，但是没有提交纳税申报，如纳税人为了阻止交叉核对，以避免其他逃税者被调查，鉴于没有逃税以及没有达到逃税数额的门槛，就不构成本罪。其次，在确定应当缴纳的税款时，除要考虑所得、交易额等积极因素外，还要考虑成本、费用等消极因素，以此确定税基，进而确定应纳税额。在实践中，存在这样一种情形，即纳税人规范地对收益和成本进行了记账，且成本大于收益，但是没有提交纳税申报。此时，在确定逃税数额时，必须要考虑可以扣除的成本，因为没有应纳税额，便不构成本罪。意大利最高法院曾审理过一个典型案件，[①]某人分期购买了一处不动产，随后以低于购买价又转让给了他人，但是没有提交所得税和增值税的纳税申报，税务机关按照整体转让价格确定了所逃的税款。显然，考虑到成本，至少从所得税的角度，该人并没有逃税。事实上，在不申报罪的调查中，刑事法官对逃税数额的确定往往存在困难，但需要强调的是，逃税数额不能直接基于税务机关在征管阶段确定的数额来确定，不能通过推定或归纳查定的方式确定，同时也不能遗漏对纳税人所承担成本的调查。[②]

---

① Cfr. la sentenza di Corte di Cassazione del 28 maggio 2008, n. 21213.

② Cfr. Enrico Corucci, *Il delitto di omessa dichiarazione*, in AA. VV., *La nuova giustizia penale tributaria*, Collana diretta da C. Conti etc., CEDAM, 2016, p. 325.

（四）主观要件

首先，本罪属于故意犯，即行为人知晓存在纳税申报义务，但故意不履行申报义务。同时，鉴于入罪门槛属于本罪的构成要件，行为人还需要知晓伴随不申报的逃税数额超过了门槛。①

其次，如同欺诈申报和不诚信申报逃税罪立法，根据不申报罪第5条第1款的规定，从构成不申报罪的角度，行为人也需要具有逃税的特别目的，因此本罪属于特定目的犯。如果行为人不申报纳税有其他目的，与逃税目的共存，不排除本罪的构成，除非这个其他目的是唯一的。此外，根据2000年法第1条第(e)项的规定，“就以企业、机构或自然人的管理人、清算人或代表人的身份实施行为的主体实施的事实，逃税的目的……理解为归属于企业、机构或自然人，因为上述主体为了这些企业等的利益实施行为”，企业等主体的逃税目的就是确定其管理人、清算人或代表人实施相关事实时的逃税目的。但是，问题产生于第5条附加第1款，其与第1款不同的是，扣缴义务人的不申报罪没有规定逃税的目的。对此，意大利有学者认为，这可能是一项立法漏洞，应当通过司法裁判解释说明扣缴义务人的不申报罪也是特定逃税目的犯。② 但意大利司法裁判没有作出相关解释，因此亦有观点认为，扣缴义务人的不申报罪仅仅是一般故意犯，不需要有逃税的特定目的。③

最后，关于故意和逃税目的的证明，对于不作为犯罪的不申报罪来说，存在不小的难度，对此，需要查寻行为人的相关迹象，以帮助证明故意、逃税目的存在与否。例如，行为人税款申报缴纳的不作为是否是连续性、经常性的，这一点从增值税的角度更有意义，因为增值税纳税义务的发生从周期的角度更频繁，

---

① Cfr. Enzo Musco e Francesco Ardito, *Diritto penale tributario*, Zanichelli, 2016, p. 241.

② Cfr. Luigi Quercia, *I reati tributari*, Edizioni Giuridiche Simone, 2018, p. 76.

③ Cfr. Enrico Corucci, *Il delitto di omessa dichiarazione*, in AA. VV., *La nuova giustizia penale tributaria*, Collana diretta da C. Conti etc., CEDAM, 2016, p. 328.

这样可以更好地理解不申报行为是否属于个别遗漏、偶然发生,还是故意为之。又如,行为人关闭企业,同时任命一名年龄非常大的老人担任清算人,有助于认定不申报行为的故意性和逃税目的。再如,纳税人如果存在经济困难的状况,或者会计资料意外毁灭或被盗,则有助于否定不申报行为的故意性和逃税目的。[①] 当然,从主观要件的角度,纳税人行为的意图——逃税,这个结果的实际发生并不需要被查实。[②]

(五)刑事处罚

对纳税人、扣缴义务人等所有的犯罪主体,不申报罪目前规定的刑事处罚是2年至5年有期徒刑。相比2000年法规定之初,刑事处罚是1年至3年有期徒刑,2015年修改提高到1.5年至4年有期徒刑,不申报罪的刑事处罚力度一直在提高。但是,关于本罪的刑事处罚,还需要明确的是,首先,相较两类欺诈申报类犯罪(最高刑期都是8年有期徒刑),不申报罪的处罚相对要轻,贯彻了罪刑相适应的要求,鉴于不申报犯罪行为要比欺诈申报行为对税收征管正确实施及国库利益的危害性相对较小。其次,相比不诚信申报罪(2年至4.5年有期徒刑),不申报罪的处罚相对更重,也是罪刑相适应要求的体现,这是因为不诚信申报仅仅是不实申报。这样,一方面,相比欺诈申报,未申报、少申报的所得、交易额或多申报的成本存在虚开发票或虚假文件的支持,不申报和不诚信申报行为不存在这样的证据支持,因此,对税务机关的欺骗性要小。另一方面,不诚信申报毕竟履行了申报义务,且没有对税务机关实施欺诈手段,税务机关查实申报数据、信息真实性的可能性并不小,相比完全的不申报行为,使国库利益受损的可能性反而更小。[③]

---

① Cfr. Luigi Quercia, *I reati tributari*, Edizioni Giuridiche Simone, 2018, p. 76.

② Cfr. Enrico Corucci, *Il delitto di omessa dichiarazione*, in AA. VV., *La nuova giustizia penale tributaria*, Collana diretta da C. Conti etc., CEDAM, 2016, p. 327.

③ Cfr. Enzo Musco e Francesco Ardito, *Diritto penale tributario*, Zanichelli, 2016, p. 228.

（六）其他问题

首先，不申报犯罪行为完成的时刻是申报期限截止之后超过90日，对该罪的追诉时效也是从此时起算的。其次，本罪不存在犯罪未遂的情形。为此，2000年法第6条出于预备行为不受刑事处罚的立法理念，规定“第2条、第3条和第4条规定的犯罪行为不能基于犯罪未遂的名义被处罚”，并没有规定包括本罪。再次，如果纳税人等犯罪主体在不同的纳税年度内多次实施不申报犯罪行为，则根据意大利《刑法典》第81条关于连续犯的规定，以最严重的违法行为量刑并可以加重处罚。① 最后，纳税人在隐匿、销毁会计资料后，又不提交纳税申报，可以同时构成不申报罪和第10条规定的隐匿或销毁会计资料罪，数罪并罚。②

---

① 意大利《刑法典》第81条第1款规定：“以单一的行为或不作为违反了不同的法律条款，或者实施了违反同一法律条款的数项违法行为，该主体应当受以最严重的违法行为应受的刑罚，且可以在3倍的幅度内增加刑罚。”第2款规定：“如果某主体为执行同一犯罪计划，通过多次作为或不作为，包括在不同的时间段里，实施多次违法行为，触犯同一法律或者法律的不同条款，依照第1款规定的方式处罚。”

② Cfr. Enzo Musco e Francesco Ardito, *Diritto penale tributario*, Zanichelli, 2016, p. 242.

第三章　意大利发票等会计资料类犯罪立法

第一节　虚开发票罪

一、立法内容与保护法益

目前,2000 年法第 8 条规定的虚开发票罪共有 3 款,第 1 款规定:“为使他人实施所得税或增值税的逃税,任何人为不存在的交易开具发票或签发其他文件,处 4 年至 8 年有期徒刑。”第 2 款规定:“基于适用本条第 1 款规定的目的,在同一纳税周期内,为不存在的交易多次开具发票或签发其他文件,视为一项犯罪行为。” 其中,为不存在的交易开具发票即为虚开发票。2000 年法的 2019 年修改对税收犯罪加大了处罚力度,对本罪提高了刑罚,原来第 1 款规定的刑罚是 1.5 年至 6 年有期徒刑。同时,2019 年修改对本罪增加了附加第 2 款,将原来的这一档刑罚保留于危害性较轻的虚开行为,规定:“在一个纳税周期下,在发票或文件中记载的不符合真实情况的金额低于 10 万欧元,处 1.5 年至 6 年有期徒刑。”

虚开发票罪作为逃税预备行为犯罪,属于意大利税收犯罪体系中的“异类”,即对于税收犯罪立法所保护的法益(国库利益)来说,虚开发票罪立法提供了一项提前的刑事保护。这是因为发票虚开之后,仅引起国库利益损害的危险,此时损害仅仅是潜在的,尚未造成实际损害,何况虚开的发票并不必然被用于逃税。此外,相比1982年法第4条关于“虚开或利用虚开发票罪”的规定,虽然2000年法延续对虚开发票的刑事处罚,但不同于之前立法者将虚开发票行为和利用虚开发票行为规定在一项犯罪行为中,现在将它们分别规定为两项犯罪行为。总体而言,2000年法将虚开发票行为规定为一项独立的犯罪是为了尽可能地有效打击逃税,尤其是考虑到意大利逃税现象的严重性和普遍性。同时,虚开发票行为具有明显的诡计性和损害的潜在性。[①] 虚开发票方虽然不直接令税基或税额减少,但却实施了虚假活动,而正是源于该活动,虚开发票的利用者实施了直接的有害行为。换言之,对逃税现象的泛滥,虚开发票行为起到了特别作用。对此,正如用于说明2000年法制定情况的政府报告所言,虚开发票这一辅助行为具有明显的损害国库利益的能力,不能放弃对其进行刑事处罚。[②] 此外,将虚开发票行为规定为一项独立罪行,也反映了立法者打击“空壳公司”现象的特别意图,即打击那些专门从事出售虚开发票活动的“空壳公司”。[③] 事实上,逃税现象往往围绕这样一种具有特殊危险性的有害行为:设立“空壳公司”,其唯一或主要的目的是将虚开的发票等文件流入市场,以支持虚假成本或税款的申报。[④] 而相比其他税收犯罪,2000年法对虚开发票罪规定的刑罚与两类欺诈申报逃税犯罪刑罚基本持平,是处罚最重的3类犯罪。

考虑到保护法益是理解意大利虚开发票罪属性的关键,即属于危险犯抑或是损害犯(reato di danno),同时也决定虚开发票犯罪行为的构成要件,因此有必要明确该罪的保护法益。对此,在意大利学界存在两种观点:第一种观点认

① Cfr. Antonio D'Avirro, Marco Giglioli e Michele D'Avirro, *Reati tributari e sistema normativo europeo*, Wolters Kluwer, 2017, p. 217.

② Cfr. il par. 1 della Relazione ministeriale al D. Lgs. 74/2000.

③ Cfr. Francesco Terauro, *Istituzioni di diritto tributario-parte generale*, Torino, 2006, p. 341.

④ Cfr. Luigi Quercia, *I reati tributari*, Edizioni Giuridiche Simone, 2018, p. 84.

为,虚开发票罪的保护法益体现为税款的正确取得,即国库税收利益。[①] 因此,针对国库税收利益的损害,虚开发票罪旨在提前提供保护,虚开发票行为对于该法益来说具有抽象危险性,该罪属于危险犯。第二种观点认为,虚开发票罪的保护法益是税务机关税收查定职能的正确实施。虚开发票不仅制造了危险,更是造成对正确实施税收查定、纠正活动的损害,将保护法益界定为税款的正确取得,将导致指控的目的与指控的法律客体之间的混淆。[②] 因此,虚开发票罪是损害犯,而不是危险犯。事实上,上述两种观点并非相互排斥、非此即彼的关系,从一定角度来看都是正确的。也正因如此,存在第三种观点,认为虚开发票罪首先以直接的方式保护税务机关正确开展查定职能的利益,其次以间接方式保护基于量能课税原则税款的完整、及时取得的国库利益。换言之,该罪的保护法益有两层:第一层是税款的正确取得,属于最终的法益;第二层是查定职能的正常开展,属于手段的法益。[③] 这样,从第一层的角度,该罪属于危险犯,从第二层的角度,该罪又属于损害犯,而此时损害并非是指实际的逃税,而是指税务机关实施正确查定职能的利益受损。[④] 但是,根据意大利的主流观点,虚开发票罪保护的法益还是税款的正确取得,属于危险犯,意大利最高法院也持这一观点。在2001年的一项判决中,最高法院指出,虚开发票罪属于抽象危险犯,并不要求通过具体的逃税行为实际发生以损害国库利益,发票虚开已使保

---

① Cfr. Giovanni Tringali, *Le fatture per operazioni inesistenti*: *concetti di base*, in *Altalex*, il 4 febbraio 2015.

② Cfr. Enzo Musco e Francesco Ardito, *Diritto penale tributario*, Zanichelli, 2016, p. 254 – 255.

③ Cfr. Di Amato A, *La rilevanza penalistica dell'elusione fiscale*, in I reati tributari a cura di Di Amato A. -Pisano R. , Padova, 2002, p. 135, per cui si vede Antonio D'Avirro, Marco Giglioli e Michele D'Avirro, *Reati tributari e sistema normativo europeo*, Wolters Kluwer, 2017, p. 221.

④ Cfr. Putinati Stefano, *Commento all'art.* 8 "*Emissione di fatture o altri documenti per operazioni inesistenti*" *del D. lgs* 74/2000, in *Diritto e procedura penale tributaria*, I. Caraccioli, A. Giarda, A. Lanzi (a cura di), Cedam, Padova, 2001, p. 272, per cui si vede Antonio D'Avirro, Marco Giglioli e Michele D'Avirro, *Reati tributari e sistema normativo europeo*, Wolters Kluwer, 2017, p. 220.

护法益受到潜在危险，即他人可能据此实施逃税。[①] 在2012年的一项判决中，最高法院进一步指出，虚开发票罪是一项推定的危险犯，基于虚开发票行为使虚假证明材料流入了市场中，即用于证明企业申报中的虚假支出，具有明显的社会危害性。[②]

二、犯罪构成要件与处罚

（一）主体要件

根据2000年法第8条第1款的规定，虚开发票罪的主体是"任何人"。据此，关于谁可以成为虚开发票罪的主体，似乎可以认为第8条并没有规定一些特别的限定条件，即该罪属于普通犯，不具有发票开具资格的主体，如普通的自然人也可以构成该罪。但是，如果结合虚开行为的客观要件，需要考虑是否"任何人"都可以开具发票，答案还有待进一步深入探究。对此，正如下文在客观要件部分将阐释的，虚开发票行为中发票的虚假性，是指观念上的虚假性，即发票本身是真实的，但记载的内容是虚假的。显然，发票观念上虚假性的这一观点以虚开发票罪属于身份犯为前提，其中身份犯意味着犯罪主体需要具备纳税情况，即从事经营活动，从而具有发票开具的资格。[③] 也正因如此，虚开的发票在证明交易的存在上具有巨大的欺诈性，使国库利益陷入受损的极大危险之中。换言之，因为普通的自然人（不从事经营活动）所开具的"发票"在法律上并不能被认定，这个"发票"不具有税法上的意义，不满足虚开行为构成的客观要件。这一点也得到了2000年法第1条第(a)项界定的印证，即发票或其他文件是具有税收上证据意义的文件。而在上述情形中，"发票"并不具有这一意

---

① Cfr. la sentenza di Corte di Cassazione del 15 novembre 2001, n. 40720.

② Cfr. la sentenza di Corte di Cassazione del 17 maggio 2012, n. 18929.

③ Cfr. Paolo Veneziani, *I rapporti fra l'art. 2 e l'art. 8 D. Lgs. 74/2000*, in *Onorarimilano. it*, il 21 febbraio, 2011, disponibile nel sito seguente: http://www. onorarimilano. it/documentazione/D_736. pdf.

义,因为缺乏发票的外在属性(不仅源于其内在属性的缺乏),有且仅在表面上具有这一意义。此时,普通的自然人纳税人身份也仅仅是表面的,事实上也属于缺乏税收意义的主体。因此,第 8 条第 1 款中立法者实际指代的是有法律资格开具发票的任何纳税人。[①] 税法具有很强的技术性,作为税收犯罪的虚开行为应当被赋予技术性意义,即强调在税收层面的特殊性,虚开发票罪也应当被认定为一种身份犯。而没有资格却开具发票的主体,可以参与到 2000 年法第 3 条规定的利用其他虚假手段欺诈申报罪[②]并以与申报者共同犯罪的名义接受刑事处罚。[③]

与上述观点不同,意大利也有部分学者认为虚开发票罪是普通犯,虽然开票方通常是增值税纳税人,但是该罪对行为人没有要求具有特别的主体资格,普通的自然人或非增值税纳税人也可以构成此罪,理由主要包括两点:首先,虚开发票罪下虚开的文件范围很广,即还存在"其他文件",在这些文件中包括普通的自然人可以开具的文件。例如,普通的自然人向企业开具的用于证明其偶然向该企业提供一项劳务的文件。其次,在"空壳公司"的情形中,虚开发票的主体也仅仅是表面上属于企业或独立的劳务者,不具备纳税情况或纳税人立场,而打击"空壳公司"现象是虚开发票罪设立的一项重要原因。[④] 对此,应当认为,如果仅就发票的角度而言,在发票管理制度日益健全的背景下,没有资格开具发票的主体所开具的"发票",成为税收上具有证明作用的文件越来越难,对国库利益的威胁也越发变小,因此可以将虚开发票罪定位为身份犯。同理,"空壳公司"能够威胁国库,也应当是进行了税务登记,有资格开具发票的公

---

① Cfr. Luigi Quercia, *I reati tributari*, Edizioni Giuridiche Simone, 2018, p. 86.

② 因为这种情况下的发票不属于(有资格开具主体)虚开的发票,不构成第 2 条规定的利用虚开发票或其他文件的欺诈申报罪。

③ Cfr. Paolo Veneziani, *I rapporti fra l'art. 2 e l'art. 8 D. Lgs. 74/2000*, in *Onorarimilano. it*, il 21 febbraio 2011.

④ Cfr. Enzo Musco e Francesco Ardito, *Diritto penale tributario*, Zanichelli, 2016, p. 255.

司,尽管其未实际从事经营活动,否则其无法开具税务机关认可的作为抵扣或扣除凭证的适格发票。当然,将虚开发票罪认定为身份犯,并不意味着自然人就无法触犯这一罪行,仅需要与实施虚开行为的企业或经营者存在特定关联即可,如企业的管理人、介绍虚开行为的中间人等。

(二)客观要件

根据2000年法第8条第1款的规定,虚开行为构成的客观要件表现为行为人"为不存在的交易开具发票或签发其他文件"。为了更好地理解这一客观要件,有必要从以下四个方面进行深入阐释。

1. 作为虚开对象的发票和其他文件

2000年法第1条对涉及本法规定的罪行的若干概念进行了统一界定,其中第1条第(a)项界定了"关于不存在交易的发票或其他文件"的概念,即"指针对完全或部分未实际实施的交易所开具的,或者标明的对价或增值税税额超过真实数额的,或者将交易归属于并非实际主体的发票或其他根据税法具有类似证明作用的文件"。但是,从虚开行为构成的角度,需要先对作为虚开对象的发票和其他文件作进一步阐释。事实上,第1款所指的发票必须是适格的发票,即符合意大利1972年《增值税法》第21条第2款规定的发票,这与利用虚开发票欺诈申报罪所要求的适格发票是一样的,在此不再赘述。对此,意大利最高法院在2014年的一项判决中指出,当行为人交付给受票方的发票文件是空白的,尽管该文件上具有行为人的增值税号和盖章,但当受票方完成了该文件其他内容的填写(使之成为一张真正的发票)时,对于行为人来说,并没有开具适格的发票。[①] 换言之,只有当呈现《增值税法》第21条规定的所有内容时,才能说发票已经形成并具有证明(交易)效力。相反,如果没有按照上述第21条的规定开具发票,发票上记载的内容就缺乏(推定)的真实性,不能构成纳税

---

① Cfr. la sentenza di Corte di Cassazione del 3 dicembre 2014, n. 50628.

人实施相关成本扣除、税款抵扣的证据。当然,虚开发票罪中的发票也包括电子发票。当然,第1款所指的"其他文件",也与利用虚开发票欺诈申报罪所规定的"其他文件"一样,鉴于2000年法在虚开发票罪其他构成要件上并未特别区分发票和"其他文件",为行文简便,下文论述也不再提及"其他文件"。此外,结合下文关于不存在交易的界定,虚开发票罪下的发票实质上是开票方向他人开具的观念上虚假的发票,不是物质上虚假的发票。

2. 不存在的交易

根据上述2000年法第1条第(a)项的规定,不存在的交易包括3种类型:(1)完全或部分未实际实施的交易,属于绝对的客体不存在交易。[①] 其中,部分未实际实施的交易,是指商品或服务的销售多于实际的销售,涉及交易量或交易次数等。(2)标明的对价或增值税税额超过真实数额的交易,属于相对的客体不存在交易。(3)不是实际主体的主体之间的交易,属于主体上不存在交易。当然,不存在交易包括未实际实施的但属于增值税免税的交易,为这类交易开具发票也在第8条规定的处罚范围内,因为这些发票也能使他人实施所得税的逃税。例如,医生为虚假医疗服务开具发票,他人通过税前扣除而实施逃税。[②] 在上述3类法律明确规定的不存在交易中,从构成虚开发票罪的角度,前两类客体不存在的交易并无争议,争议在于第三类。具体而言,仅仅是主体上不存在而虚开发票的情形,是否构成虚开发票罪?对此,首先需要说明的是,在这种情形下,开票方并不是实际的交易主体,在发票外观上指示实际发生的交易是由该主体实施的,但是其并没有实施交易。此外,主体的不存在也包括开票方和受票方都不是实际主体的情形。这样,对于上述争议,应当给予肯定

① 意大利最高法院在2016年的一项判决中指出,当事人为掩盖基于腐败(如贿赂)而执行的款项支付,以提供咨询服务交易的名义开具发票,这一交易就属于"完全或部分未实际实施的交易",构成虚开发票罪。Cfr. la sentenza di Corte di Cassazione del 13 ottobre 2016, n. 52321.

② Cfr. Luigi Quercia, *I reati tributari*, Edizioni Giuridiche Simone, 2018, p. 90.

答复,一方面,因为从文义的角度,第 8 条规定的虚开发票罪只是一般性地提及"不存在的交易",并没有进一步指出特定类型的不存在交易,鉴于这一规则内容体现出来的宽泛性,不应当排除仅仅是主体不存在的交易。另一方面,因为在主体不存在的交易中,虚开发票罪构成所要求的非法目的(使他人逃税)也可以实现。[①] 事实上,在 2000 年法下,交易在发票记载上被归属于其他主体就可以构成犯罪,在认定主体不存在交易方面相对宽松。在实践中,主体不存在的交易往往与"空壳公司"相关联:一家真实经营的企业销售商品或提供服务给顾客,"空壳公司"的作用是开具发票,同时取得交易收入,即第一家企业(上述真实经营的企业)不取得交易收入,但是"空壳公司"不申报交易收入并不缴税,从而发挥屏蔽不对上述交易收入缴税的第一家企业的功能。[②]

关于虚开发票罪所指的不存在交易,还需要特别明确是否也包括仅仅是法律上不存在的交易。法律上不存在的交易,是指发票上记载的内容不存在,即该内容完全与实际发生的内容在性质上不一样。例如,发票上记载修理屋顶,实际上是重做地板。具体而言,基于同一金额、在同一主体之间进行交易,但是这些主体在发票中对这一交易的性质进行了与本应有的性质不同的认定。[③] 因此,有观点认为,从 2000 年法第 1 条"未实际实施的"不存在交易规定的文义解释来看,鉴于法律上不存在的交易涉及实际实施的交易,不应当属于该条规定的客体上不存在的交易。[④] 但是,也有不同的观点认为,仅仅是法律上不存

---

① Cfr. Giovanni Tringali, *Le fatture per operazioni inesistenti: concetti di base*, in *Altalex*, il 4 febbraio 2015.

② Cfr. Omar Cecchelani, *Fatture false per operazioni inesistenti e fatture gonfiate*, in *Pagaremenotasse*, il 3 aprile 2020.

③ Cfr. Giovanni Tringali, *Le fatture per operazioni inesistenti: concetti di base*, in *Altalex*, il 4 febbraio 2015.

④ Cfr. Giovanni Tringali, *Le fatture per operazioni inesistenti: concetti di base*, in *Altalex*, il 4 febbraio 2015.

在也可以构成虚开发票罪所指的不存在交易。例如,法律上存在一项捐赠的交易,但是当事人在发票上指出这是一项买卖交易,这一买卖交易即为法律上不存在的交易,此时该发票就可以构成观念上虚假的发票。① 而最高法院在司法适用中也给出过这样的认定,在2008年的一项判决中,面对行为人以供货且支付预付款交易来掩盖融资交易的事实,最高法院否定了前面审理的法院关于这一交易不属于不存在交易的认定,认为法律上不存在的交易也属于第1条所指的"完全或部分未实际实施的交易"。② 事实上,由于实际并不存在货物的提供,此时法律上不存在的交易可以认为实质上就是绝对的客体不存在交易。据此,可以肯定的是,在特定的情况下,法律上不存在交易构成虚开发票罪下的不存在交易。

3. 虚开行为的完成

作为虚开发票罪的客观要件,对虚开行为完成的认定关系虚开发票犯罪行为何时完成的判断。对此,2000年法第8条第1款简短的文字内容并没有给出一个明确答案,需要结合税法关于什么是发票开具的规定来认定。因此,就像适格发票认定的情况一样,虚开发票行为何时完成的认定也需要依据意大利1972年《增值税法》第21条的规定。③ 根据该条第1款的规定,"纸质或电子发票的开具时间为发票被交付、寄送、传输或放置,使之处于购买方的支配下时"。据此,虚开发票犯罪行为的完成,需要查实发票从开票方的支配范围中脱离出去,无论是事实上还是法律上的支配范围,并通过交付等方式流向潜在的使用发票者,即受票方。④ 其中,在电子发票的情形中,对发票进入受票方支配下的认定,要求受票方对电子发票有必要的接收行为。换言之,发票进入受

① Cfr. Paolo Veneziani, *I rapporti fra l'art. 2 e l'art. 8 D. Lgs. 74/2000*, in *Onorarimilano. it*, il 21 febbraio 2011.

② Cfr. la sentenza di Corte di Cassazione del 3 aprile 2008, n. 13975.

③ Cfr. Enzo Musco e Francesco Ardito, *Diritto penale tributario*, Zanichelli, 2016, p. 256.

④ Cfr. Enzo Musco e Francesco Ardito, *Diritto penale tributario*, Zanichelli, 2016, p. 262.

票方的电子邮箱，电子传送才算完成，如果传送失败，就不构成虚开发票罪。[①] 在完成基于《增值税法》第21条第1款规定的发票开具行为后，就足以认定虚开发票犯罪行为已经完成。这样，受票方是否实际利用虚开发票，以支持其在申报中填写的相关虚假信息，对于犯罪的构成来说并不重要。[②] 这是因为，此时国库税收利益已经处于危险之中，虚开发票罪作为危险犯是一项独立的犯罪。

关于虚开发票犯罪行为，需要特别注意这样一种情况，即开票方还仅仅是填写、持有发票，或者虽然进行了发票传送或寄送，但尚未进入受票方的可支配范围中，此时应当认为犯罪行为尚未完成。换言之，为不存在交易而实施的发票开具，并不是在该发票形成时予以实现的。[③] 这是因为国库税收利益在虚开发票尚未在虚开发票利用者的支配下时并未处于危险之中。尽管也有观点认为，此时犯罪行为已经完成。在该观点下，上述行为往往以虚开发票的未遂被认为构成虚开发票罪并应受处罚。例如，开票方准备要虚开发票时，于开具前被税务警察检查而停止开具行为。[④] 换言之，虚开发票之所以未进入受票方的支配下，并非由出于开票方意愿的事实所造成，虚开发票的“企图”也应当被定罪处罚。但是这样认定就将背离2000年法的理念，即取消逃税预备行为犯罪以及遵从刑法谦抑性原则。同时，此时不认定犯罪行为已经完成，也有助于避免刑事处罚介入的过度提前，避免激化2000年法下开票方与受票方在刑事处

---

① Cfr. Luigi Quercia, *I reati tributari*, Edizioni Giuridiche Simone, 2018, p. 97.

② Cfr. Antonio D'Avirro, Marco Giglioli e Michele D'Avirro, *Reati tributari e sistema normativo europeo*, Wolters Kluwer, 2017, p. 231.

③ Cfr. Luigi Quercia, *I reati tributari*, Edizioni Giuridiche Simone, 2018, p. 85.

④ Cfr. Giovanni Tringali, *Le fatture per operazioni inesistenti: concetti di base*, in *Altalex*, il 4 febbraio 2015.

罚对待上的不平等关系。[①] 毕竟对于后者来说，逃税未遂不受刑事处罚。此外，也有观点指出，考虑到虚开发票犯罪属于抽象危险犯，而在危险犯中未遂无法构成。[②]

4. 虚开行为的举证责任

关于开票方具有虚开发票行为的证明，通常认为，举证责任应当完全归于税务机关。同时，意大利最高法院也指出，刑事处罚不能仅仅基于简单的虚开迹象或者被告纳税人不清晰的回答，即只能在税务机关有确定证据的情况下。[③] 事实上，对于税务警察来说，如果是"空壳公司"虚开发票的情形，由于税务机关具有对比监控系统，掌握当事人的相关数据信息，尤其是在电子发票的情形下，识别、查实存在虚开发票的欺诈并不难，同时在这种情形下欺诈性非常明显，即与没有经营场所、不从事其他活动、没有缴税的一家企业实施交易，该企业存在的目的仅仅是制作发票以使他人（利用者）逃税。[④] 当然，如果不是"空壳公司"的情形，开票方又利用与已开展服务相关的证据、文件记录，受票方通过银行转账支付发票上的款项，开具方用现金归还给受票方，税务警察就很难识别、查实犯罪了。此外，需要强调的是，源于不同的虚开发票类型，税务机关证明的内容存在显著差异：对于主体上不存在的交易类型，尽管存在纳入受票方财产支配的商品，受票方也合规地支付了对价，但是记入发票中的法律关系主体一方或双方是虚假的，税务机关应当证明交易不在发票上记载的主体

---

① Cfr. Antonio D'Avirro, Marco Giglioli e Michele D'Avirro, *Reati tributari e sistema normativo europeo*, Wolters Kluwer, 2017, p. 231.

② Cfr. Antonio D'Avirro, Marco Giglioli e Michele D'Avirro, *Reati tributari e sistema normativo europeo*, Wolters Kluwer, 2017, p. 247.

③ Cfr. Omar Cecchelani, *Fatture false per operazioni inesistenti e fatture gonfiate*, in *Pagaremenotasse*, il 3 aprile 2020.

④ Cfr. Omar Cecchelani, *Fatture false per operazioni inesistenti e fatture gonfiate*, in *Pagaremenotasse*, il 3 aprile 2020.

之间发生;对于客体上不存在的交易类型,税务机关应当提供恰当的因素(也包括推定的因素)和资料,以证明交易未实际履行。[①]

当然,在税务机关举证之后,纳税人可以证明交易存在,以抗辩税务机关的指控。[②] 具体而言,为了对抗税务机关指控开具或取得客体上虚假的发票,开票方或受票方有必要提供确定的证据,证明关于虚开发票开具所针对的服务或商品已经实际提供。为了对抗税务机关指控开具或取得主体上虚假的发票,开票方或受票方应当提供证据,证明实际开具发票的主体也可以提供发票上记载的服务或商品。[③] 但是,意大利最高法院在诸多判决中将纳税人这样一种举证权利转变为一种举证责任,即所谓举证责任的倒置:税务机关首先必须提供最低限度的迹象,这些迹象让人认为牵涉的发票是虚开的,之后纳税人应当通过提供恰当的文件资料以证明交易的真实性。例如,在2008年的一项判决中,关于交易的不存在,最高法院虽然强调税务机关不应局限于一般概括性的认定或仅仅是不认可纳税人提供的文件资料,其有义务通过线索和推定手段进行证明,但是也指出纳税人有义务证明被认定为不存在的交易的真实性。[④] 在2011年的一项判决中,最高法院甚至指出,如果税务机关质疑纳税人通过利用虚开发票实施不正当的扣除,那么该纳税人就应当提供证据,如通过展示合法的会计文件,不仅是支付方式,以证明交易的合法性和正确性。[⑤] 此外,就主体上不存在的交易,在2017年的一项判决中,最高法院指出,当发票抬头显示出虚开

① Cfr. Ivo Caraccioli, Salvatore Mattia e Luigi Pintaldi, *Fatture per operazioni inesistenti e onere della prova*, in *Il Fisco*, n. 40, 2016.

② Cfr. Ivo Caraccioli, Salvatore Mattia e Luigi Pintaldi, *Fatture per operazioni inesistenti e onere della prova*, in *Il Fisco*, n. 40, 2016.

③ Cfr. Omar Cecchelani, *Fatture false per operazioni inesistenti e fatture gonfiate*, in *Pagaremenotasse*, il 3 aprile 2020.

④ Cfr. la sentenza di Corte di Cassazione del 16 dicembre 2008, n. 29396.

⑤ Cfr. la sentenza di Corte di Cassazione del 16 dicembre 2011, n. 27198.

性,开票方有义务证明发票上已经被确认实际发生的法律关系的数据,与用于查实上述法律关系的合同等其他法律文件中的数据是一致的,仅仅是基于辩护而援引关于缴纳委托(受票方委托其他主体支付相关款项)的存在是缺乏证明效果和验证的。① 但是,关于虚开发票行为举证责任的分配,上述诸多司法判决所确认的对纳税人的举证倒置,被意大利诸多学者质疑,②毕竟虚开发票犯罪属于公诉案件,应当由指控部门承担举证责任,而通过举证倒置降低指控部门的举证责任,使纳税人承担不正当的负担,有违司法正义。

(三)主观要件

虚开发票罪属于故意犯,开票方应当知晓开具的发票属于观念上虚假的发票。因此,如果行为人错误地信任交易的实际存在,即使对此有过错,也不具有处罚性。③ 但是,为了构成虚开发票罪,根据2000年法第8条第1款使他人逃税的规定,开票方在主观要件上还应当知晓自身为使他人逃税而虚开发票,即开票方想到并预期他人会利用该发票进行逃税。④ 换言之,开票方不是为了自己实施逃税而虚开发票,这也决定了意大利虚开发票罪中的虚开行为仅指代为他人虚开一种行为,并不包括为自己虚开、让他人为自己虚开以及介绍他人虚开行为。当然,他人逃税是否实现并不影响虚开犯罪行为的构成。此外,他人通常是指受票方,也并不限于受票方,如在上文中提到的仅仅是在主体不存在的交易情况下,在开票方(未销售商品或服务)、受票方(实际购买商品或服务)和实际销售方(收入被掩盖、未纳税)之间,实际销售方即为他人。关于虚开行

---

① Cfr. la sentenza di Corte di Cassazione del 21 aprile 2017, n. 34523.

② Cfr. Omar Cecchelani, *Fatture false per operazioni inesistenti e fatture gonfiate*, in *Pagaremenotasse*, il 3 aprile 2020.

③ Cfr. Valerio Napoleoni, *I fondamenti del nuovo diritto penale tributario*, Ipsoa, 2000, p. 160.

④ Cfr. Toma Giangaspare Donato, *Aspetti di interesse sul dolo specifico nell'emissione di fatture per operazioni inesistenti*, in *Diritto. it*, il 8 novembre 2012, disponibile nel sito seguente: https://www.diritto.it/aspetti-di-interesse-sul-dolo-specifico-nell-emissione-di-fatture-per-operazioni-inesistenti.

为构成的主观要件,还需要进一步阐释以下三个方面的内容:

1.使他人逃税目的的具体界定

关于上述特定故意的内容,根据2000年法第1条第(d)项的规定,使他人逃税的目的也包括为受票方取得一项不应当的退税或一项不存在的税收债权。但是,对于是否还包括仅仅使受票方延迟纳税的情况,意大利最高法院司法判决有不同的意见。首先,在2002年的一项判决中,鉴于开票方随后向受票方又开具了债权票据,以取消之前虚开发票下受票方的债务,开票方的意图是使受票方仅短期延迟(到下一年)增值税的缴纳,而不是税的最终偷逃。最高法院认为,这一意图不属于使受票方逃税的特定故意,理由是:在新法下,处罚使国库利益陷入损失危险的行为只有在该法规定的例外情形中才可以。[①] 在2005年的一项判决中,最高法院给出了不同意见,认为仅仅是使受票方延迟税的缴纳,即在虚开发票后这些发票被随后的债权单据取消的情形,也构成虚开发票罪。理由是:在这个情形中,第8条要求的逃税目的也是存在的,因为国库债权在纳税义务履行期满后就产生了,未在此期间内缴纳税款本身就构成应缴税款的偷逃。[②] 对于上述最高法院前后两种不同的意见,应当说2002年的判决意见更正确。在判决所提到的情形中,开票方的目的并非产生一项最终性的税的逃脱。从受票方的角度,债权票据在会计账目中记载,取消了实际应当缴纳的税与在申报中的税之间的差异。这种差异是2000年法第1条第(f)项规定的所逃税款的概念。这项判决观点不仅与2000年法预备性犯罪作为例外的立法宗旨相符合,而且与第1条第(d)项的规定相符合,因为该项规定并没有将延迟(跨年)税的缴纳认定为使他人逃税这一特定故意的目的。[③]

---

① Cfr. la sentenza di Corte di Cassazione del 25 marzo 2002, n. 1023.

② Cfr. la sentenza di Corte di Cassazione del 22 dicembre 2005, n. 46836.

③ Cfr. Antonio D'Avirro, Marco Giglioli e Michele D'Avirro, *Reati tributari e sistema normativo europeo*, Wolters Kluwer, 2017, p. 243.

2. 不同于使他人逃税目的的影响

首先,应当肯定2000年法第8条规定的使他人逃税的目的这一特定故意内容,具有选择行为是否应受虚开发票罪刑罚的功能,即行为人如果追求与之不同的目的,将不能以虚开发票罪使其承担刑事责任。[①] 例如,开票方虚开行为的目的是取得不正当的补贴、掩饰商品的犯罪来源、实施诈骗、展现企业的稳固实力(事实上不稳固)、让受票方取得一项融资以及为让开票方取得一项税收利益等,就不构成上述的特定故意。具体而言,例如,A某作为牙科医生,开具主体上不存在的发票,因为服务实际上是由B某提供的,但是B某没有从医资格,A某的目的就是让B某从事医生职业,尽管B某是以滥用的方式从事该职业的,此时A某不构成虚开发票罪。[②] 因此,如果虚开发票行为人的目的不同于使他人逃税,且是唯一的,肯定不构成虚开行为,因为主观要件不满足。

其次,如果使他人逃税的目的与其他目的共存,问题将变得复杂。意大利最高法院在2003年的一项判决中认为,不仅虚开行为在仅基于税收以外的目的实施时,虚开发票罪被排除,当开票方的主要目的(不是唯一的时候)是非税收目的时,例如,证明一项令人满意的经营业绩以获得银行贷款时,虚开发票罪也被排除。[③] 在既有税收的目的也有非税收目的时,且不存在一个强于另一个的情形下,最高法院2004年的一项判决认可了税收犯罪与其他可能的违法行为的竞合。[④] 但是,之后最高法院就进一步认为,鉴于虚开发票罪属于抽象危险犯,为使他人逃税,虚开行为的完成就构成犯罪,在该犯罪行为中呈现其他目的,对犯罪的构成不产生影响。[⑤] 疑难的情况是,开票方事先仅仅想取得一个

---

① Cfr. Antonio D'Avirro, Marco Giglioli e Michele D'Avirro, *Reati tributari e sistema normativo europeo*, Wolters Kluwer, 2017, p. 242.

② Cfr. la sentenza di Corte di Cassazione del 7 maggio 2010, n. 17525.

③ Cfr. la sentenza di Corte di Cassazione del 21 febbraio 2003, n. 8558.

④ Cfr. la sentenza di Corte di Cassazione del 11 giugno 2004, n. 26395.

⑤ Cfr. la sentenza di Corte di Cassazione del 26 marzo 2008, n. 12719.

不同于使他人逃税的目的,但无论如何,开票方交付了虚开的发票。此时,开票方至少预见并接受这样的风险:受票方会基于为自己逃税的目的,利用这些虚开的发票。换言之,开票方虽然基于其他目的虚开发票,但是接受虚开的发票会产生让受票方逃税的风险,此时是否构成虚开行为所要求的特定目的?对此,意大利有学者认为,构成特定目的,并指出其他内容的目的与上述特定目的相容、共存,因为开票方当然会意识到这个事实,即发票会被受票方基于会计记账目的所使用,开票方通过自己的行为体现出使(或允许)受票方实施可能的逃税。[①]

3. 使他人逃税目的的证明

关于开票方使受票方逃税的目的的证明,意大利最高法院在2004年的一项判决中认为,当证明开票方无法实施某商业交易(为了这个所谓的交易,其开具了发票),也没有展示出开票方行为的方向是基于税收以外的目的时,上述目的就被视为存在了。[②] 而在2018年的一项判决中,最高法院有过更详细的论述。根据该判决,使他人逃税的目的可以合法地从具有确定的证明价值的预备因素中得出,这些因素包括实施行为的体系性、通常而言的典型目的(以此形成证明不存在交易的发票)以及在发票中标注很高的金额。根据通常的经验法则,上述这些得出逃税目的的预备因素不能被质疑,鉴于这样一项事实(该判决涉及的案情):大量虚开发票的缘由只能是允许发票的取得者在申报时减少与发票上虚假成本相对应的收益。另外,根据该判决,使他人逃税的目的的证明并不必然要求应当从行为目的的方向上客观、确定地体现出来,这一目的也可以从存在线索的因素中概括出来,只要它们具有多样性、明确性和一致性的特征,而这些因素在该案件中都聚齐了,鉴于大量虚开发票的安排准备,

---

① Cfr. Toma Giangaspare Donato, *Aspetti di interesse sul dolo specifico nell'emissione di fatture per operazioni inesistenti*, in *Diritto. it*, il 8 novembre 2012.

② Cfr. Luigi Quercia, *I reati tributari*, Edizioni Giuridiche Simone, 2018, p. 92 – 93.

除让收入降低外没有一项可信的正当理由。① 最后,根据意大利学者的观点,如果无论在什么情况下受票方的逃税都是不可能的,那么虚开行为构成的主观要件就不成立。②

(四)多次虚开行为下的罪行合并

其一,虚开发票罪属于抽象危险犯,根据现行2000年法的规定,虚开发票罪应当属于瞬间犯,即在发票开具时就完成了犯罪。换言之,对于构成犯罪,虚开一张发票即可,③或者第一张虚开的发票开具时,犯罪就已实施了。但在实践中开票方往往并不限于虚开一张发票,而是多张发票甚至大量虚开发票,这样就会产生是否构成多项罪行的问题。对此,根据2000年法第8条第2款的规定,在同一纳税周期内,为不存在的交易开具多张发票,视为一项犯罪行为。至于开票方向同一主体或多个不同主体开具并不重要,开票方也因此基于一个独立的犯罪行为被处罚,这属于一种罪行合并。④ 如果在多个纳税周期内,开票方大量虚开发票,就应当适用意大利《刑法典》第81条关于连续犯的规定,⑤即就同一法律条款,在不同时间段内,开票方基于同一犯罪企图实施了多次违法行为,应当按照最严重的犯罪行为加重处罚。

事实上,针对在一个纳税期内虚开多张发票,在1982年法下,曾有过不同意见。学界认为构成一项罪行,因此属于习惯犯(reato eventualmente

① Cfr. la sentenza di Corte di Cassazione del 4 giugno 2018, n. 24856.

② Cfr. Antonio D'Avirro, Marco Giglioli e Michele D'Avirro, *Reati tributari e sistema normativo europeo*, Wolters Kluwer, 2017, p. 245.

③ Cfr. Giovanni Tringali, *Le fatture per operazioni inesistenti: concetti di base*, in *Altalex*, il 4 febbraio 2015.

④ Cfr. Francesco Terauro, *Istituzioni di diritto tributario-parte generale*, Torino, 2006, p. 341.

⑤ Cfr. Giovanni Tringali, *Le fatture per operazioni inesistenti: concetti di base*, in *Altalex*, il 4 febbraio 2015. 意大利《刑法典》第81条第2款规定:"如果某主体为执行同一犯罪计划,通过多次作为或不作为,包括在不同的时间段里,实施多次违法行为,触犯同一法律或者法律的不同条款,依照第1款规定的方式处罚。"其中,第1款规定的处罚方式是"以最严重的违法行为应受的刑罚,且可以在3倍的幅度内增加刑罚"。

abituale),[①]但是当时最高法院则认为是多项犯罪行为,即每一张发票开具形成一项罪行,但受连续犯的限制被捆绑在一起。[②] 2000 年法接受了学者的观点,理由是:虚开者和旨在实施欺诈申报的虚开发票利用者属于同一镜子的两面,具有明显的关联,而立法者有必要引入措施来避免虚开者和利用者之间在刑事处罚规定上的显著差异,以满足宪法上的平等原则。这是考虑到现行立法对这两类犯罪行为的差别对待,即发票虚开本身就面临刑事处罚,而发票利用只有当进行欺诈申报时才面临刑事处罚。[③] 这是因为受票方利用多张发票(无论来自一个主体还是多个不同主体)在同一次申报中,就构成一项欺诈申报的犯罪,那么开票方在同一纳税期开具多张发票(无论是针对一个主体还是多个不同主体),也仅仅构成一个虚开发票犯罪。[④] 此外,也有学者指出,在同一纳税期重复的虚开行为加重了逃税的危险,但是没有重复对保护法益的侵害,而在多个纳税年度重复虚开的行为,逃税的危险不仅被加重,而且在不同期间内被重复。[⑤] 因此,只有后者需要认定为多项罪行。但在前者的情形中,由于认定为一项犯罪行为,犯罪行为的完成时间应当是最后一次虚开发票的时间,[⑥]追诉时效也从最后一次虚开发票的时间起算,这也在一定程度上抵消了第 8 条第

---

① Cfr. Padovanin T. La frode fiscale, in AA. VV. Responsabilità e processo penale nei reati tributari a cura di Grosso C. F., Milano, 1992, p. 258, per cui si vede Antonio D'Avirro, Marco Giglioli e Michele D'Avirro, *Reati tributari e sistema normativo europeo*, Wolters Kluwer, 2017, p. 234.

② Cfr. la sentenza di Corte di Cassazione del 17 novembre 1997, n. 3882.

③ Cfr. Antonio D'Avirro, Marco Giglioli e Michele D'Avirro, *Reati tributari e sistema normativo europeo*, Wolters Kluwer, 2017, p. 235.

④ Cfr. Luigi Quercia, *I reati tributari*, Edizioni Giuridiche Simone, 2018, p. 84.

⑤ Cfr. Antonio D'Avirro, Marco Giglioli e Michele D'Avirro, *Reati tributari e sistema normativo europeo*, Wolters Kluwer, 2017, p. 236

⑥ Cfr. Ivo Caraccioli, Salvatore Mattia e Luigi Pintaldi, *Fatture per operazioni inesistenti e onere della prova*, in *Il Fisco*, n. 40, 2016.

2 款对虚开者的有利规定。[①]

其二,基于第 8 条第 2 款的规定,存在一项疑难问题,即在一个纳税周期内,法院作出虚开发票罪的判决后,税务警察又发现同一行为人还有其他虚开行为,在被已判决的虚开行为之前或之后,应当如何处理? 此时上述判决已经不能被撤回。对此,有学者认为,在该情形下,第 8 条第 2 款规定的罪行合并不能被打破,多个虚开行为构成一项犯罪行为,多张虚开的发票代表在一个犯罪行为中的一项物质上的客体。如果作出一个新的判决,将导致一项犯罪出现多个判决的结果,这是不可接受的,因为违反了一事二罚的原则。[②] 但是,也有学者提出了相反观点,并不同意上述观点下的"刑事免责安全通行证",指出意大利《刑事诉讼法典》第 649 条(关于禁止第 2 次判决[③])规定的既决判决效力仅仅针对判决宣告罪行所覆盖的同一时间段开具的发票(但是随后被发现的)的情形,但不覆盖在既决判决之后开具的发票。对于后者的发票,新发票的开具构成一项在不同的时间条件下实施的新行为,因此,新的判决下的历史事实与已经作出的不可撤回的判决的事实并非同一个。[④] 这样处理的好处是,可以遏制这样的行为:先在短时间内实施,获得一项有限的处罚,然后再实施金额更大的犯罪行为,来取得免责的待遇。考虑到第 8 条第 2 款的制定目的是避免发票

---

① Cfr. Guido Martinelli ed Ernesto Russo, *Il termine di prescrizione in caso di emissione di fatture false e di sovrafatturazione*, in *Provincia. bz. it*, il 6 Novembre 2013, disponibile nel sito seguente: http://www.provincia.bz.it/cultura/download/Termine_prescrizione__in_caso_emissione_di_fatture_false.pdf.

② Cfr. Zannotti R., Il delitto di omessa dichiarazione, in AA. VV., La riforma del Diritto Penale Tributario, Milano, 2002, p. 186, per cui si vede Antonio D'Avirro, Marco Giglioli e Michele D'Avirro, *Reati tributari e sistema normativo europeo*, Wolters Kluwer, 2017, p. 238.

③ 该条规定:"已经被不可撤回的判决判处有罪的被告不能基于同一事实被重新置于刑事程序。"

④ Cfr. Gioacchino Izzo, *Sulla cosiddetta "franchigia penale" dell'emittente fatture per operazioni inesistenti*, in *Il Fisco*, n. 35, 2000.

虚开者和利用者之间不公平的差异对待,该款需要被绝对遵循,[①]因此第二种观点并没有被法院采纳。在2005年的一项判决中,意大利最高法院认为,在对于一些虚开的发票已经有既决判决的情况下,应当适用《刑事诉讼法典》第649条的规定,不能就开票方在同一纳税期间虚开的另一些发票,重新将行为人置于刑事诉讼中。[②]

(五)刑事处罚

首先,意大利2000年法对虚开发票犯罪的刑事处罚规定了4年至8年的有期徒刑,虽然从绝对刑期而言并不算特别重,但是处罚依然是很严厉的。这是因为第8条没有规定入罪门槛,哪怕行为人仅虚开一张发票并且金额很低,也会被基于虚开发票罪而受到处罚。同时,需要特别一提的是,第8条最初还有第3款,规定了一项减轻处罚情节,即"如果在发票或其他文件中记载的不符合真实情况的金额低于3亿里拉(大概154,937.07欧元),处以6个月到2年的有期徒刑",但该款在2011年被删除了。而2000年法这样立法的理由是:在通常情况下,从事虚开发票的主体并不具有很大的经济流动性,如果规定一项刑事意义的入罪门槛,大多数具体的虚开行为将不具有处罚性。[③] 这无疑体现了意大利对虚开发票行为刑事处罚的严厉性。事实上,由于缺乏门槛,虚开发票犯罪覆盖了一切虚开发票的行为,完全是细枝末节的行为也会受到刑事处罚,而这些行为由在市场中实际经营的主体实施,对国库利益造成的损害其实是少量的。例如,为了讨好顾客,销售者偶然地提高一项实际实施的服务提供的对价,提高的金额也很少。为此,意大利学界对于第8条未规定入罪门槛也多有批评:一方面,这与2000年税收犯罪立法改革的指导方针相冲突,即刑事

---

① Cfr. Antonio D'Avirro, Marco Giglioli e Michele D'Avirro, *Reati tributari e sistema normativo europeo*, Wolters Kluwer, 2017, p. 239.

② Cfr. la sentenza di Corte di Cassazione del 28 giugno 2005, n. 34655.

③ Cfr. Ivo Caraccioli, Salvatore Mattia e Luigi Pintaldi, *Fatture per operazioni inesistenti e onere della prova*, in *Il Fisco*, n. 40, 2016, p. 3832.

处罚的适用对象仅限于那些侵犯性明显、侵犯后果严重的行为;另一方面,进一步造成发票虚开者和利用者之间刑事处罚对待上的明显差异,导致与2000年第2条处罚不平等的问题。①

其次,对于虚开发票行为人来说,除要受到虚开发票罪的处罚外,还可能面临其他税收犯罪的处罚。具体而言,开票方虚开发票后会基于销项业务而产生增值税纳税义务,这是因为根据意大利《增值税法》第21条第7款的规定,如果行为人为不存在的交易开具发票,或者记载的交易对价超过了实际数额,发票上记载的全部金额所对应的税都是应当缴纳的。当然,这并非一种处罚,意大利《增值税法》如此规定是为了与抵扣进行平衡,因为受票方会有抵扣权,而抵扣金额即为发票上所记载的全部金额所对应的税额。② 增值税制度建立在文件证据原则(principio di documentazione)之上,尽管交易不存在,发票上记载的金额对应应当缴纳的税,是这一原则的体现。③ 事实上,增值税的应用机制从纳税义务产生起就建立在发票的开具和登记之上。④ 此外,需要特别指出的是,意大利《增值税法》之所以规定虚开发票方需要就虚开发票缴纳增值税,与纳税人抵扣权在意大利得到有效的保护存在紧密关联。具体而言,无论是纳税人抵扣的实质条件还是形式条件,意大利《增值税法》上的限制都较少。例如,抵扣权产生的立刻性,抵扣范围的宽泛性,发票管理的相对宽松,尤其是善意取得虚开发票的纳税人也可以行使抵扣权。⑤ 为此,在国库利益维护(虚开发票

---

① Cfr. Antonio D'Avirro, Marco Giglioli e Michele D'Avirro, *Reati tributari e sistema normativo europeo*, Wolters Kluwer, 2017, p. 218.

② Cfr. Enzo Musco e Francesco Ardito, *Diritto penale tributario*, Zanichelli, 2016, p. 254.

③ Cfr. Giovanni Tringali, *Le fatture per operazioni inesistenti: concetti di base*, in *Altalex*, il 4 febbraio 2015.

④ Cfr. Ivo Caraccioli, Salvatore Mattia e Luigi Pintaldi, *Fatture per operazioni inesistenti e onere della prova*, in *Il Fisco*, n. 40, 2016.

⑤ 参见翁武耀:《论增值税抵扣权的产生》,载《税务研究》2014年第12期;翁武耀:《论增值税抵扣权的范围》,载《北京工商大学学报(社会科学版)》2015年第3期;翁武耀:《论增值税抵扣权的行使——基于中欧增值税法的比较研究》,载《国际商务(对外经济贸易大学学报)》2015年第5期。

也产生纳税义务)与纳税人权利保护之间取到了平衡。这样,作为纳税人的虚开发票方没有进行申报,可以构成2000年法第5条规定的不申报罪;如果开票方进行了申报,但没有在申报中计入虚开发票上的交易金额,可以构成第4条规定的不诚信申报犯罪;如果开票方进行了合规申报,即在申报中计入了虚开发票上的交易金额,但是最后没有缴纳对应的增值税税款,可以构成第10条附加第2条规定的增值税税款不缴纳罪。[①]

三、虚开发票罪与利用虚开发票欺诈申报罪的适用关系

根据意大利虚开发票罪的规定,在意大利构成虚开发票犯罪行为仅限于"为使他人实施所得税或增值税的逃税",即行为人能够独立构成虚开发票罪的只有为他人虚开一种类型。这是因为,作为2000年法立法理念的例外,即逃税预备行为犯罪,虚开发票罪的构成需要严格限制。事实上,在一个纳税年度内,虚开发票主体无论是向其他一个主体开具,还是向其他无数主体开具,都构成一项犯罪。此外,行为人为他人虚开在主观目的上还必须满足为他人逃税的目的,这进一步限缩了意大利虚开发票罪构成的范围。那么,在意大利这样一种虚开发票犯罪立法以及利用虚开发票欺诈申报罪(以下简称逃税罪)立法的情况下,为他人虚开发票行为以及为自己虚开、让他人为自己虚开以及介绍他人虚开这3种虚开行为应当如何定罪处罚?

(一)具体问题的提出

1.为他人虚开

行为人虚开发票的犯罪行为,在大多数情形下,将通向他人利用虚开发票进行逃税,这样完全地实现了使他人逃税的目的,因此虚开发票和逃税两项犯罪行为是相关的,即基于一项逃税的目的所关联。换言之,第8条的虚开发票

① Cfr. la sentenza di Corte di Cassazione del 15 ottobre 2013, n. 44309.

行为构成实现第 2 条规定的逃税行为的手段,在正常情况下,虚开发票的主体在先和发票利用者达成协议或者接受利用者的教唆后,将发票开具给该特定的利用者,即受票方。这样,根据意大利《刑法典》第 110 条的规定,“当多人参与到同一犯罪中,每个人受该项犯罪的处罚,除非接下来的条款有不同规定的”,为他人虚开的开票方不仅构成虚开发票罪,还共同参与到受票方的逃税犯罪行为中,可以逃税罪的共犯受到处罚。当然,开票方是否构成受票方逃税罪的共犯,还需要具体区分以下几种情形:(1)受票方教唆开票方或与其协商,开票方为了让受票方逃税虚开发票,但在虚开发票时,税务警察介入并扣押了发票;(2)受票方教唆开票方或与其协商,开票方虚开发票,在受票方利用了发票之后,即在自己的会计账目中登记、计入发票后,税务警察介入;(3)受票方教唆开票方或与其协商,开票方虚开发票,在受票方欺诈申报(基于虚开发票呈现虚假信息)后,税务警察介入。显然,在这上述 3 种情形中,只有在第三种情形,即受票方构成逃税罪的情形下,开票方才可以构成受票方逃税罪的共犯并受到处罚。此时,值得关注的问题是,开票方应当以虚开发票罪进行处罚,还是以逃税罪共犯名义进行处罚,抑或是两罪并罚?

2. 让他人为自己虚开

基于逃税的目的,受票方让他人(开票方)为自己虚开发票,与上述开票方为他人(受票方)虚开发票事实上构成了一块镜子的两面。在上述开票方与受票方协商或教唆下虚开发票的 3 种情形中,从受票方的角度,根据意大利《刑法典》第 110 条的规定,也存在以共犯名义构成虚开发票罪的可能。具体而言,受票方让他人为自己虚开,在上述第(1)种和第(2)种情形下,受票方可以构成开票方虚开发票罪的共犯。同时,2000 年法第 6 条出于预备行为不受刑事处罚的立法理念,明确规定:“第 2 条、第 3 条和第 4 条规定的犯罪行为不能基于犯罪未遂的名义被处罚”,根据该规定,在第(1)种和第(2)种情形下,受票方尚未实施欺诈申报,未完成逃税罪的犯罪行为,属于犯罪未遂,不具有处罚性。因此,此时对于受票方来说,不存在一事二罚的风险。而在第(3)种情形下,受票方虽然已经构成逃税罪,但是还可以构成开票方虚开发票罪的共犯。关于意大利《刑法典》第110条的适用,共犯可以分为两种类型:一种是有形行动上的共犯,如提供虚开的发票让他人逃税;另一种是精神上的共犯,即通过表达与有形行动上的共犯一样的犯罪意图,对他人行为产生一种激励,或使自己行为获得更强的保障,如为使自己利用虚开发票以逃税,教唆他人虚开发票。因此,在第(1)种和第(2)种情形下,受票方还没有利用虚开的发票实施欺诈申报,受票方既可以是虚开发票罪精神上的共犯,如诱使开票方,也可以是虚开发票罪有形行动的共犯,如安排发票帮助开具者。[①] 但是,对受票方以虚开发票罪共犯名义进行处罚存在不同意见。一方面,考虑到虚开发票与利用该发票(登记、计入)代表通向同一逃税危险的渐进发展的不同阶段,牵涉同一物质客体,即同一虚开的发票,根据犯罪未遂不处罚的规定,如果后一阶段对通向更大危险(利用虚开发票)的行为人都不用基于逃税罪受刑事处罚,对前一阶段的通向更小危险(发票虚开)的行为人基于虚开发票罪进行刑事处罚就荒唐了。另一方面,利用虚开发票,表现为向最终逃税有害结果的进一步发展,受票方不以基于实施虚开发票行为的共犯被处罚,同样是荒唐的。[②] 对这一问题,下文还将进行进一步阐释。当然,在第(3)种情形下,值得关注的问题是受票方以逃税罪进行处罚,还是以虚开发票罪共犯名义进行处罚,抑或是两罪并罚?

3. 为自己虚开

为自己虚开,意味着开票方和受票方为同一主体。例如,某企业自己创制了虚开的发票,并自己使用了该发票,或面对税务机关基于证据的目的将该发票保存起来,随后该企业在申报中基于虚开的发票列记虚假的支出或款项。再

---

① Cfr. Giovanni Tringali, *Le fatture per operazioni inesistenti*: *concetti di base*, in *Altalex*, il 4 febbraio 2015.

② Cfr. Paolo Veneziani, *I rapporti fra l'art. 2 e l'art. 8 D. Lgs. 74/2000*, in *Onorarimilano. it*, il 21 febbraio 2011.

如,某人同时为两家企业的法定代表人,一家企业向另一家企业虚开发票,后者利用这些发票实施了欺诈申报。但是,在上述为自己虚开的情形下,对于某企业或某人来说,虚开发票和利用虚开发票的主体为同一主体,不存在共同犯罪的问题,即自己让自己逃税。① 如此,存在疑问的是,某企业或某人除可以构成逃税罪外,是否还可以同时构成虚开发票罪?这是因为,关于虚开发票罪的主观构成要件,2000 年法第 8 条明确规定犯罪的实施是为了使他人逃税。但在意大利亦有观点认为,在上述虚开和利用发票为同一主体时,构成第 2 条和第 8 条规定的逃税罪和虚开发票罪两个罪行。② 当然,如果某企业或某人尚未实施欺诈申报,由于尚未造成国库利益损失,尚属于逃税预备行为,根据 2000 年法第 6 条的规定,不对犯罪未遂进行处罚,亦不构成逃税罪。

4. 介绍他人虚开

根据意大利虚开发票罪客观要件的立法,介绍他人虚开发票,介绍人并不独立构成虚开发票罪,但是根据《刑法典》第 110 条的规定,可以构成虚开发票罪的共犯,与虚开者(他人)一并受到刑事处罚。但是,介绍他人虚开的主体,往往属于中间人,在开票方与实施逃税的受票方之间建立关联,并促成虚开发票以及利用该虚开发票进行的逃税行为。因此,中间人也存在基于与受票方合谋构成逃税罪共犯的可能性。此时,中间人应当以虚开发票罪共犯的名义还是以逃税罪共犯的名义被刑事处罚,抑或是两罪并罚?

(二)如何适用的解读

根据上述内容,在意大利现行虚开发票罪和逃税罪的立法下,为他人虚开发票行为以及为自己虚开、让他人为自己虚开以及介绍他人虚开这 3 种虚开行

---

① Cfr. Giovanni Tringali, *Le fatture per operazioni inesistenti: concetti di base*, in *Altalex*, il 4 febbraio 2015.

② Cfr. Giovanni Tringali, *Le fatture per operazioni inesistenti: concetti di base*, in *Altalex*, il 4 febbraio 2015.

为存在构成逃税罪或虚开发票罪共犯的可能。显然,如果任由相关行为人以共犯名义被处罚,意大利 2000 年法以及虚开发票罪的立法理念将受到不小的背离。为此,该法在第 9 条专门就虚开发票罪和逃税罪的关系问题明确规定以下内容:“(本条)背离《刑法典》第 110 条的规定,(a)为不存在交易开具发票或其他文件者以及与该主体共同参与的主体不能基于共同参与第 2 条规定的犯罪的名义受处罚;(b)利用涉及不存在交易的发票或其他文件的主体以及与该主体共同参与的主体不能基于共同参与第 8 条规定的犯罪的名义受处罚。”据此,作为例外规定,2000 年法第 9 条无疑是解决虚开发票罪和逃税罪关联问题(共同犯罪问题)的关键条款,也构成了 2000 年法的一款特色规则。从第 9 条的含义来看,一方面规定了开票方和受票方可能的共同犯罪的排除,即开票方构成逃税罪的共犯,或受票方构成虚开发票罪的共犯;另一方面则说明了存在共同犯罪的情形,即第(a)项和第(b)项都规定的“与该主体共同参与的主体”之情形。换言之,对开票方和受票方来说,如果是不同主体的时候,他们之间就不可能产生共同犯罪,但对于开票方或受票方一方来说,如果是由多个主体共同实施的,就可能产生共同犯罪。这样,在前一种情形下,对受票方来说,仅符合第 2 条的罪行,协商、教唆等行为是一项不可处罚的“前事”;对于开票方来说,仅符合第 8 条的罪行,欺诈申报的提交是一项不可处罚的“后事”。[①] 显然,立法者规定第 9 条的主要理由是避免重复处罚,同时也是为避免源于第 2 条、第 8 条共犯规则应用范围的扩大而使立法者的意图落空。具体而言,源于开票方和受票方可能的共犯情况,2000 年法立法理念,即逃税行为的刑事处罚被限制于申报的时刻(因为仅针对国库利益直接有损的行为予以刑事处罚)、虚开发票犯罪行为仅是上述制度逻辑的例外,将会落空。[②] 当然,关于第 9 条规定的内

---

① Cfr. Paolo Veneziani, *I rapporti fra l'art. 2 e l'art. 8 D. Lgs. 74/2000*, in *Onorarimilano. it*, il 21 febbraio 2011.

② Cfr. Luigi Quercia, *I reati tributari*, Edizioni Giuridiche Simone, 2018, p. 102.

容与适用,还需要从以下三个方面进行详细解读。

1. 共犯的排除:为他人虚开发票的主体

从虚开者的角度,即关于第 9 条第(a)项的内容,没有什么特别的问题需要阐释,在意大利甚至有学者认为该条显得多余。① 这是因为,存在一事不二罚的刑法一般原则。换言之,在 1982 年法的时候,以下一项事实被处罚两次的情形就已经被确认而需要避免:虚开发票作为通向逃税的一项(前)行为,独立地被刑事处罚,使开具者既构成虚开发票罪,也可以逃税罪共同犯罪的名义被处罚。因此,这里仅再强调,虽然开票方事先和受票方达成协议,开票方可以作为共犯参与第 2 条规定的犯罪行为中,但是即使在第 9 条第(a)项规定不存在的情况下,开票方也不存在共同犯罪的问题,因为开票方参与受票方逃税行为的事实是一项不具有处罚性的事后事实,否则将违背一事不二罚原则。② 当然,在第 9 条第(a)项的规定下,可以更加明确的是,在虚开发票被受票方利用的情况下,虚开发票主体并不构成逃税犯罪的共犯。此时,根据同一规定,与开票方一同参与虚开发票犯罪行为的主体,如律师、会计师等,即为虚开发票进行事前安排,当然也不同时构成两项不同罪名的共犯,即不构成逃税罪的共犯,仅构成虚开发票罪的共犯。

2. 共犯的排除:利用虚开发票的主体

与第 9 条第(a)项规定一样,受票方构成虚开发票犯罪的共犯排除在 1982 年法下也可以得出:虚开发票行为与利用虚开发票行为(实施逃税)是相互独立的,即使是在受票方与开票方事前协商的情况下,也各自独立地构成犯罪。事实上,两项独立刑事处罚规则的存在就可以排除一个主体以共同犯罪的名义

---

① Cfr. Flora Giovanni, *Errore, tentativo, concorso di persone e di reati nella nuovadisciplina dei reati tributari*, in Riv. it. dir. e proc. pen., 2001, p. 706, per cui si vede Antonio D'Avirro, Marco Giglioli e Michele D'Avirro, *Reati tributari e sistema normativo europeo*, Wolters Kluwer, 2017, p. 548.

② Cfr. Paolo Veneziani, *I rapporti fra l'art. 2 e l'art. 8 D. Lgs. 74/2000*, in *Onorarimilano. it*, il 21 febbraio 2011.

参与另一个主体的行为中。[①] 此外，如果一个主体同时参与第2条和第8条规定的犯罪，根据吸收犯的一般原则，鉴于第2条规定的逃税犯罪行为代表最严重的侵犯性，利用虚开发票的犯罪吸收虚开发票的犯罪。[②] 显然，2000年法第9条第(b)项的规定以立法形式更加明确了这一点。但是，对于第(b)项的适用，还需要对以下两种情形进一步阐释：

首先，受票方虽然通过协商或教唆让他人为自己虚开发票，但是没有利用该发票。对此，应当认为此时不适用第9条第(b)项的规定，这是因为该项规定仅仅适用于利用了虚开发票的情况。相对欺诈申报而言，教唆仅是预备行为，因此根据2000年法第2条的规定不具有处罚性。另外，从构成犯罪未遂的角度，根据2000年法第6条的规定，此时也不具有处罚性。但是，鉴于《刑法典》第110条的规定，此种情况从2000年法第8条的角度还是有意义的，即基于虚开发票行为共犯的名义，受票方可以与开票方构成共同犯罪。[③] 因此，意大利最高法院也曾认为，受票方教唆而后来未利用虚开发票，可能仅仅是因为意外，如税务警察的介入，此时如果受票方不构成与开票方的共犯，这种行为既不会基于第2条也不会基于第8条受到处罚，这将是不公平的。[④] 目前在意大利，还是认为受票方不构成共犯的观点是主流。用于说明2000年法制定情况的政府报告指出，[⑤]此时受票方也不能基于虚开发票罪的共犯被处罚，虽然这样加剧了开票方与受票方在刑事处罚待遇上的不平等，即鉴于逃税罪的构成要件，受票方入罪处罚的条件更严格，但是与第6条的立法宗旨相契合。换言之，避免了以间接方式恢复逃税预备行为犯罪。因此，当受票方没有利用发票进行

---

① Cfr. Antonio D'Avirro, Marco Giglioli e Michele D'Avirro, *Reati tributari e sistema normativo europeo*, Wolters Kluwer, 2017, p. 256.

② Cfr. Luigi Quercia, *I reati tributari*, Edizioni Giuridiche Simone, 2018, p. 103.

③ Cfr. Enzo Musco e Francesco Ardito, *Diritto penale tributario*, Zanichelli, 2016, p. 267.

④ Cfr. la sentenza di Corte di Cassazione del 26 maggio 2010, n. 35453.

⑤ Cfr. la Relazione ministeriale al D. Lgs. 74/2000.

欺诈申报时，如果没有第 9 条第(b)项的规定，受票方就可能会基于共同参与虚开发票犯罪的名义被处罚，也就间接地恢复了逃税预备行为犯罪。此外，上述政府报告还指出，此时受票方不构成与开票方的共同犯罪，也可以让受票方主动悔改，放弃利用虚开发票进行逃税，因为这样可以避免刑事责任。需要特别强调的是，受票方不能根据《刑法典》第 110 条的规定就被认为参与到开票方的犯罪中，这是因为在主观要件方面，受票方不具备虚开发票罪要求的为他人逃税之目的。[①]

其次，受票方虽然通过协商或教唆让他人为自己虚开发票，利用了发票但没有进行欺诈申报。此时，适用第 9 条第(b)项的规定并没有太大争议，因为该项规定就是针对利用了虚开发票的情况。需要说明的是，根据 2000 年法第 2 条第 2 款的规定，利用的内容特指为支持欺诈申报，在强制性会计账目中登记、计入或基于证据的目的保存虚开发票。因此，当受票方实施这样的利用虚开发票行为，就不能再基于共同参与虚开发票的犯罪被处罚。[②] 关于立法理由，需要补充的是：(1)如果构成虚开发票罪的共犯受到处罚，与第 6 条犯罪未遂不处罚的规定会形成矛盾，即受票方此时不以欺诈申报犯罪未遂的名义入刑，却需要以虚开发票罪共犯的名义被处罚；(2)让受票方主动悔改；(3)缺乏依据，因为受票方是为了自己逃税的目的，不是虚开发票罪规定的为他人逃税的目的。[③] 此外，意大利宪法法院也曾认为，根据 2000 年法的理念，虚开发票罪立法是一项例外，应当限制适用，如果没有第 9 条第(b)项的规定排除受票

---

① Cfr. Adriano Martini, *Reati in materia di finanze e tributi*, in *Trattato di diritto penale* diretto da Grosso, Padovani, Pagliaro, Vol. XVII, Milano, 2010, p. 511, per cui si vede Paolo Veneziani, *I rapporti fra l'art.* 2 *e l'art.* 8 *D. Lgs.* 74/2000, in *Onorarimilano. it*, il 21 febbraio 2011.

② Cfr. Luigi Quercia, *I reati tributari*, Edizioni Giuridiche Simone, 2018, p. 104.

③ Cfr. Antonio D'Avirro, Marco Giglioli e Michele D'Avirro, *Reati tributari e sistema normativo europeo*, Wolters Kluwer, 2017, p. 257 – 258.

方共同参与开票方的犯罪，予以虚开发票犯罪行为共犯处罚就会成为普遍现象。①

总之，无论受票方实施的第2条规定的犯罪是否实现，受票方在虚开发票罪中的共同犯罪都将被排除。此时，根据第9条第（b）项的规定，与受票方一同参与逃税犯罪行为的主体，如律师、会计师等，如果帮助受票方利用虚开发票实施欺诈申报，当然也不同时构成两项不同罪名的共犯，即不构成虚开发票罪的共犯，仅可能构成逃税罪的共犯。事实上，2000年法的理念是将对国库利益的刑法保护作用于税收利益受损的行为，而犯罪未遂是不具有处罚性的，因此，在评估第9条的适用范围时，需要考虑与第6条的协调。据此，虚开发票行为由于特殊的诡计性和危险性，其作为一种逃税预备行为定罪处罚，明显体现为刑法对国库利益保护的提前。然而，这一提前是仅针对开票方及其共同犯罪者的，不针对受票方及其共同犯罪者，因为后者的行为和导致的结果是第2条规定的处罚对象。②

3. 虚开发票罪和逃税罪同时构成的排除：其他特殊主体

首先，中间人，如会计师引诱自己的一个顾客虚开发票，为了自己另一个顾客，即该顾客被这个会计师教唆利用该发票进行欺诈申报。这样，中间人，即同一主体，表面上既共同参与到虚开发票犯罪中，也共同参与到逃税犯罪中。第9条基于它的条文表述阻止了对这两个共同参与行为进行独立意义上的考虑，这种考虑允许对两者都予以处罚。③ 根据第9条第（a）项和第（b）项关于“与该主体共同参与的主体……”的规定，开票方与受票方共犯的排除也适用于连

---

① Cfr. la sentenza di Corte costituzionale del 15 marzo 2002, n. 49.

② Cfr. Paolo Veneziani, *I rapporti fra l'art. 2 e l'art. 8 D. Lgs. 74/2000*, in *Onorarimilano. it*, il 21 febbraio 2011.

③ Cfr. Adriano Martini, *Reati in materia di finanze e tributi*, in *Trattato di diritto penale* diretto da Grosso, Padovani, Pagliaro, Vol. XVII, Milano, 2010, p. 525, per cui si vede Paolo Veneziani, *I rapporti fra l'art. 2 e l'art. 8 D. Lgs. 74/2000*, in *Onorarimilano. it*, il 21 febbraio 2011, p. 17.

接虚开发票和利用虚开发票实施逃税的中间人。换言之,作为虚开发票的安排或取得的媒介,中间人不能被认为同时构成虚开发票罪和逃税罪,根据不同的案件事实,仅能构成其中一项。[①] 但是,从第 9 条的规定中并不能得出应当符合哪项犯罪的内容,只能抽象地认为,中间人如果与开票方共同犯罪,就构成虚开发票罪,中间人如果与受票方共同犯罪,就构成逃税罪。在后者的情形中,如果受票方没有利用虚开发票或没有实施欺诈申报,如同忏悔的受票方,中间人虚开发票罪和逃税罪也都不构成,并不受刑事处罚。此外,也有观点认为,根据《刑法典》第 110 条的规定,中间人应基于更严重的犯罪受单一处罚,而更严重的犯罪通常是指对国库造成损失的犯罪。[②]

其次,为自己虚开发票并利用发票逃税的主体。在前文论述为自己虚开发票行为的定罪问题时,已经提到同时是开票方企业和受票方企业的法定代表人或管理人的情形,这常见于"空壳公司"的管理人同时是利用"空壳公司"虚开发票的企业管理人的情形。此时,问题在于,在开票方构成虚开发票罪、受票方构成逃税罪的情况下,管理人等为自己虚开发票并利用发票逃税的主体是否需要对这两个罪行负责?对此,意大利学界存在较大争议,如有学者主张,自然人就开具和利用两个阶段中的同一虚开发票,是可对两个犯罪都负责任的,如当其同时是开票方企业和受票方企业的管理人时。[③] 但是,也有学者认为,此时虚开发票罪和逃税罪并不共存,应当是更严重的犯罪行为吸收相对较轻的犯罪行为。[④]

---

① Cfr. Enzo Musco e Francesco Ardito, *Diritto penale tributario*, Zanichelli, 2016, p. 264.

② Cfr. Paolo Veneziani, *I rapporti fra l'art. 2 e l'art. 8 D. Lgs. 74/2000*, in *Onorarimilano. it*, il 21 febbraio 2011.

③ Cfr. Enzo Musco e Francesco Ardito, *Diritto penale tributario*, Zanichelli, 2016, p. 266.

④ Cfr. Perini Andrea, *Diritto penale tributario-la tutela penale della dichiarazione fiscale*, in *La disciplina penale dell'economia*, Santoriello C. (a cura di), Vol. Ⅱ Torino, 2008, p. 150 – 151, per cui si vede Antonio D'Avirro, Marco Giglioli e Michele D'Avirro, *Reati tributari e sistema normativo europeo*, Wolters Kluwer, 2017, p. 250.

意大利学者还特别指出，要考量逃税罪和虚开发票罪的主观要件，前者要求逃税的目的，后者则要求使他人逃税的目的。在该情形中，在虚开发票开具的时刻，对作为开具者企业和利用者企业的同一管理人来说，受票方企业是他人的企业吗？因为管理人的行为从形式上是为了开票方企业，但是实质上是为了受票方企业，因此是逃税的目的，不是使他人逃税的目的。因此，管理人不构成虚开发票罪，而是逃税罪，如果开票方企业没有欺诈申报，管理人虚开发票罪和逃税罪均不构成。这一结论是符合逻辑的，因为管理人在开票方企业虚开发票的时刻造成了一项危险，对于国库利益来说，作为开票方企业的管理人，这个危险能否成为现实，最终取决于其自己的意愿，随后其决定不在申报中利用虚开发票，正是管理人自己减除了对国库利益损害的危险。① 之后，意大利最高法院的判决也支持了上述观点，但理由不同，即开票方企业和受票方企业基于统一的行动方案实施相关犯罪行为，尤其是在为虚开发票而创立“空壳公司”的情形下，而这些企业都归属于同一行为人，又都为了逃税这个最终结果。②

第二节 隐匿或销毁会计资料罪

一、立法内容与保护法益

延续 1982 年法第 4 条第(b)项关于隐匿或销毁会计资料罪的规定，2000 年法第 10 条规定的隐匿或销毁会计资料罪只有 1 款，内容为：“除非事实构成更为严重的犯罪，任何人为逃避所得税或增值税的目的，或者为使他人逃税的目的，隐匿或销毁全部或部分必须强制性保存的会计账簿或资料，致使所得或

---

① Cfr. Antonio D'Avirro, Marco Giglioli e Michele D'Avirro, *Reati tributari e sistema normativo europeo*, Wolters Kluwer, 2017, p. 253.

② Cfr. la sentenza di Corte di Cassazione del 1 agosto 2013, n. 35729.

交易额无法重构,处3年至7年有期徒刑。"作为2000年法仅有的两项逃税预备行为犯罪,隐匿或销毁会计资料罪的争议要小于虚开发票罪,包括在罪行的引入上。事实上,将隐匿或销毁会计资料行为纳入税收犯罪行为体系之中,与意大利税款征收制度以会计分析查定(accertamento analitico-contabile)为基础这一原则密不可分。[①] 所谓会计分析查定,是指对税基(如所得或交易额)进行查定,税务机关通过求助纳税人会计资料上的结果,对每一项所得或交易额的重要组成因素进行精准地核实或补全。而与会计分析查定相对应的是归纳查定(accertamento induttivo),是指税务机关在实施税基查定时,不考虑纳税人会计资料上的结果,而是求助于与所得、交易额相关的线索,以归纳的方式计算出所得和交易额的数量。[②] 因此,归纳查定又被称为会计外查定(accertamento extracontabile),在会计资料缺失或遗漏的情况下才实施。此外,由于两者在查定方式上存在差异,不同于归纳查定下纳税人的负税能力是推测的,会计分析查定下纳税人的负税能力则是实际的,后者更符合意大利《宪法》所规定的量能课税原则下负税能力真实性这一要求。因此,会计分析查定作为现代税收征管的重要特征,即源于纳税人税收透明的要求,在确保国库利益的同时,也更有利于落实量能课税这一税法基本原则。毫无疑问,源于会计资料在确定所得和交易额方面证据证明的基本功能,需要强制性保存的会计资料在税款征收制度中处于中心地位。[③] 相应地,意大利1973年《所得税查定法》第39条第1款和1972年《增值税法》第54条明确规定税收查定要建立在会计分析的基础上,只有当会计资料没有保存(包括脱离税务机关的查定)或者遗失,以及会计资料上存在繁多、严重且反复的虚假或错误的记载,以至于整体上会计资料不再可

---

① Cfr. Enzo Musco e Francesco Ardito, *Diritto penale tributario*, Zanichelli, 2016, p. 270.

② Cfr. Gaspare Falsitta, *Manuale di diritto tributario-parte generale*, CEDAM, 2010, p. 427.

③ Cfr. Antonio D'Avirro, Marco Giglioli e Michele D'Avirro, *Reati tributari e sistema normativo europeo*, Wolters Kluwer, 2017, p. 263

信时,才可以实施会计外查定。

显然,为确保纳税人的税收透明以及税务机关会计分析查定职能的正确实施或正常开展,必须以会计资料的存在为前提。事实上,对于包括国库在内的债权人来说,会计资料具有基本的工具性功能,因为它们的保存能够或者便利揭示企业交易和所得的情况以及发现可能存在的税收犯罪踪迹。而隐匿或销毁会计资料行为,无疑会阻挠、妨碍税务机关的查定活动,并使对纳税人逃税行为的查实变得异常困难,正如用于说明2000年法制定情况的政府报告所指出的,[①]这构成了隐匿或销毁会计资料行为单独定罪并没有规定入罪门槛的原因。[②] 换言之,隐匿或销毁会计资料罪的立法旨在维护会计资料强制性保存义务,即维护税收透明、确保税收查定活动的正确开展。而考虑到会计分析查定的中心地位,即使税务机关可以启动推计课税,隐匿或销毁会计资料行为的危害性也并不因此消失。[③] 何况,对于逃税行为的处罚,尤其是刑事处罚,鉴于存在合法性问题,并不能建立在逃税数额推计的基础上。因此,纳税人在为掩盖罪迹隐匿或销毁会计资料的情况下实施逃税,如果难以逃税罪定罪处罚,保留以本罪的名义入罪处罚,有助于震慑逃税行为。为此,隐匿或销毁会计资料罪所保护的法益不仅体现为税收查定活动的正常开展,最终还体现为根据意大利《宪法》第53条量能课税原则下税款的足额、及时入库,即所谓保护法益的双层性,这一点与虚开发票罪是一致的。此外,由于本罪的构成不要求将税收利益实际造成损失作为条件,因此也属于危险犯,对税收利益造成危险就可以构成犯罪。但源于要求"致使所得或交易额无法重构",纳税人实际所逃税款数额无法确定,这也无法完全通过推计课税来解决,与虚开发票罪不同的是,隐匿

① Cfr. il par. 1 della Relazione ministeriale al D. Lgs. 74/2000.

② Cfr. Luigi Quercia, *I reati tributari*, Edizioni Giuridiche Simone, 2018, p. 107.

③ Cfr. Enrico Corucci, *Il delitto di occultamento o distruzione di documenti contabili*, in AA. VV., *La nuova giustizia penale tributaria*, Collana diretta da C. Conti etc., CEDAM, 2016, p. 341.

或销毁会计资料罪不属于推定危险犯,因为对最终法益的危险是内在于该罪行为之中的,因此本罪也不属于抽象危险犯,而是属于具体危险犯。[①] 此外,在意大利虚开发票罪的构成要求行为人为他人逃税的目的,因此属于间接危险犯,而隐匿或销毁会计资料罪不属于间接危险犯,因为行为人出于自己逃税的目的隐匿或销毁会计资料也构成本罪。据此,如同虚开发票罪,本罪也属于逃税预备行为犯罪,从纳入税收犯罪体系的角度,也甚为需要。

二、犯罪构成要件与处罚

(一)犯罪主体

根据2000年法第10条关于"任何人"以及"为使他人逃税的目的"的文字表述,显然本罪的犯罪主体可以是任何主体,包括对会计资料没有保存义务的主体,即属于典型的普通犯。根据意大利最高法院的判决,如果某一主体对会计资料有支配作用,即属于事实上的保管者,就可以构成本罪的犯罪主体。[②] 例如,企业雇员或会计师、律师等专业人员为雇主或顾客利益(实施逃税)而隐匿、销毁雇主或顾客的会计资料,即使雇主或顾客并不知情,也可以成为本罪的犯罪主体。又如,破产管理人为便利破产企业主或者其他相关纳税人逃税,同样可以构成本罪。[③]

(二)客观要件

1. 强制性保存的会计资料范围

关于纳税人需要强制性保存的会计资料范围,可分别在意大利相关税法和《民法典》中找到规定,主要包括:(1)《所得税查定法》第14条规定的日常账

---

① Cfr. Antonio D'Avirro, Marco Giglioli e Michele D'Avirro, *Reati tributari e sistema normativo europeo*, Wolters Kluwer, 2017, p. 275.

② Cfr. la sentenza di Corte di Cassazione del 26 marzo 2004, n. 28678.

③ Cfr. Enzo Musco e Francesco Ardito, *Diritto penale tributario*, Zanichelli, 2016, p. 271.

册、财产清单账册、基于增值税目的登记簿、辅助账簿以及仓库辅助账簿等。(2)《所得税查定法》第 22 条规定的涉及每一项交易内容的书信集、电报、收到发票的原件以及相关复印件。(3)意大利《增值税法》第 23 条规定的发票。(4)《民法典》第 2214 条第 1 款规定的日常账册和财产清单账册以及该条第 2 款规定的涉及每一项交易内容的书信集、电报、收到发票的原件以及相关复印件。(5)《民法典》第 2214 条第 2 款针对特定行业和规模的企业规定了“其他会计资料”。对此,意大利最高法院在一项判决中举例指出,房地产企业签订的预售合同(cotratti preliminary di compravendita stipulati)就属于这一类需要强制性保存的会计资料,理由是该资料内在于这类企业典型的活动之中,具有证明定金(为了最终合同的签署)款项支付的功能,该资料是真正、固有的收据凭证,具有税收上的意义,即证明卖方一项可征税的收益。① (6)《民法典》第 2423 条规定的经营负债表。从上述相关规定不难发现,无论是税法还是其他法律,但凡对纳税人税收债务的查定具有意义的资料,都在强制性保存的范围内,这一点也被意大利最高法院所确认。② 而对于重构纳税人所得和交易额没有意义的资料,如酒店的住宿登记簿、黄金进出登记簿等,则不在强制性保存的范围内,销毁、隐匿这些资料不构成本罪。③ 至于保存期限,意大利《民法典》第 2220 条规定了 10 年,而根据《所得税查定法》第 22 条的规定,会计资料的保存期限一直到关于相关资料所对应纳税年度的税收查定终结,因此会超过 10 年的限期。显然,如果超过保存期限,销毁、隐匿会计资料就不构成本罪。此外,关于是否属于本罪客体的会计资料,还需要明确以下两类特殊情况:

首先,“地下”会计资料(contabilità nera),多发生于小企业以及跨国企业之中,即交易记录没有记在企业正式的会计账本中。例如,通过专门的软件或

① Cfr. la sentenza di Corte di Cassazione del 18 luglio 2012, n. 36624.

② Cfr. la sentenza di Corte di Cassazione del 17 gennaio 2012, n. 1377.

③ Cfr. Luigi Quercia, *I reati tributari*, Edizioni Giuridiche Simone, 2018, p. 111.

者通过传统的笔记本进行记录，并可能藏于纳税人家里的抽屉中。虽然从文义上来看，“地下”会计资料并不是“必须强制性保存的会计账簿或资料”，但在很多情况下，“地下”会计资料是唯一可以用来重构纳税人所得或交易额的工具，销毁或隐匿“地下”会计资料也将导致无法重构所得或交易额。为此，在意大利有观点认为，“地下”会计资料也属于本罪客体。① 但是，认为不属于的观点还是占据主流，因为“地下”会计资料在法律上确实没有保存义务，否则将导致恶意类推（为法律上强制性保存的资料）的情形发生。② 此外，让纳税人将构成违法行为证据的“地下”会计资料置于税收查定部门的支配下，也有违不自证己罪原则之嫌。③

其次，跨国集团企业的特殊资料。跨国集团企业的特点在于将经营活动的不同功能，如研发、生产、销售等，在集团内部的不同企业间进行划分，而这些企业坐落于不同的国家。而为重构在意大利的集团成员企业的所得，事实上需要查实以下信息：该企业在集团内部承担的功能，转移定价形成的计算方法，以及其他不在意大利的成员企业承担的功能。只有掌握这些信息，税务机关才能查实该意大利企业申报的所得是否与其在集团内创造的价值相符。否则，意大利税基将面临因转移定价而受侵蚀的问题。但是，税务机关为掌握上述信息，需要取得的资料包括邮件、开会记录等一些特殊资料，但由于这些资料不属于法律规定的需要强制性保存的会计资料，并不在本罪指向的会计资料范围内。但是，那些需要强制性保存的会计资料却对意大利成员企业重构所得的意义并不大。因此，在现行2000年法的规定下，对跨国企业来说，隐匿或销毁上述相关特殊资料并不构成本罪而受到刑事处罚，反映了现行法律未能根据社会经济的

---

① Cfr. Luigi Quercia, *I reati tributari*, Edizioni Giuridiche Simone, 2018, p. 112.

② Cfr. Enrico Corucci, *Il delitto di occultamento o distruzione di documenti contabili*, in AA. VV., *La nuova giustizia penale tributaria*, Collana diretta da C. Conti etc., CEDAM, 2016, p. 348.

③ Cfr. Gian Luca Soana *I reati tributari*, Giuffrè, 2008, p. 308.

变化及时修订、存在陈腐的问题，需要通过修改2000年法第10条或者修改税法、《民法典》等其他相关非刑事法律来填补漏洞。[①]

2. 销毁和隐匿行为的认定

首先，如果纳税人仅仅是没有保存会计资料，或者说，纳税人并未对会计资料进行设置账目、建立档案，并不构成本罪。这是因为本罪的构成以纳税人已经保存会计资料或建账为前提，[②]否则不存在本罪所处罚的销毁或隐匿会计资料行为。换言之，根据意大利最高法院的观点，本罪保护的是面对税务机关会计资料的强制性保存行为（禁止销毁或隐匿），不是建账、建档，以避免抽象危险犯的产生。[③] 此外，未保存会计资料不入刑处罚，也是因为该行为的危害性较小，仅受行政处罚足矣。[④] 至于纳税人已经建账的证明，其中一种方式是：当企业未出示会计资料，企业开具的作为调查客体的发票在该企业的客户处被发现，即可以证明。[⑤]

其次，总体而言，无论是销毁行为还是隐匿行为，实质在于造成调查部门对资料的不可支配性（indisponibilità），无论是临时的还是永久的，或者无论是全部的还是部分的。根据意大利最高法院在一项判决中的意见，如果在受检查的主体处没有找到相关会计资料，并结合其他因素，如该主体提供的理由不可信，或者在其他主体处找到了会计资料，即可以证明销毁、隐匿行为的存在。[⑥] 但需要指出的是，行为人拒绝出示会计资料本身并不是销毁、隐匿行为，因为在多

---

① Cfr. Antonio D'Avirro, Marco Giglioli e Michele D'Avirro, *Reati tributari e sistema normativo europeo*, Wolters Kluwer, 2017, p. 285 - 287.

② Cfr. Luigi Quercia, *I reati tributari*, Edizioni Giuridiche Simone, 2018, p. 108.

③ Cfr. la sentenza di Corte di Cassazione del 28 maggio 2002, n. 16509.

④ Cfr. Enrico Corucci, *Il delitto di occultamento o distruzione di documenti contabili*, in AA. VV., *La nuova giustizia penale tributaria*, Collana diretta da C. Conti etc., CEDAM, 2016, p. 346.

⑤ Cfr. Antonio D'Avirro, Marco Giglioli e Michele D'Avirro, *Reati tributari e sistema normativo europeo*, Wolters Kluwer, 2017, p. 279.

⑥ Cfr. la sentenza di Corte di Cassazione del 26 giugno 2014, n. 11479.

数情况下,它并不意味着会计资料无法被发现,如通过行政部门的强制权力,会计资料是可以被发现的,因此该行为本身仅受到行政处罚。[①] 当然,拒绝出示会计资料可以是已经发生的隐匿行为的一项迹象。此时,鉴于搜寻的困难,如果迫使调查部门寻求一些法律规定的特定搜寻手段,即住宅、人身搜查、检查(perquisizione),如 1972 年《增值税法》第 52 条第 3 款、1973 年《所得税查定法》第 33 条第 1 款所规定的,在税务警察授权下实施的,可以构成本罪。[②]

最后,仅就销毁和隐匿行为来看,销毁行为是一种特殊且最终性的逃避义务形式,不仅是指会计资料物质上的毁灭,还包括通过涂改和删去、划掉相关内容,使会计资料无法阅读的情形。[③] 这样,对于电子发票来说,因为也涉及保存问题,也会涉及本罪,如果保存数据的硬盘或软盘被无法修复性地毁坏,也是本罪规定的"销毁"。[④] 事实上,在实践中问题主要集中于隐匿行为的认定上。需要明确的是,隐匿行为的实质并非是指特定会计资料物质上的隐藏,而是指会计资料的不可查寻性。[⑤] 换言之,会计资料被隐藏起来,使之无法被调查部门发现,也包括暂时无法发现的情形,才属于本罪的隐匿行为。为此,在任何情况下,会计资料如果实际上可以被调查部门取得或查寻到,就排除刑事责任,即使行为人原想隐藏这些资料。[⑥] 与此相关的一种情况是,行为人如果仅仅是将会计资料放置、保存在一个不是之前与税务机关确定的地点,如在一个不是纳税人居所地的地点,本身并不构成犯罪,因为这并不一定代表行为人想要逃脱查定。又如,行为人随后指出了保存的地点,会计资料随即被调查部门发现。这

---

① Cfr. Enrico Corucci, *Il delitto di occultamento o distruzione di documenti contabili*, in AA. VV., *La nuova giustizia penale tributaria*, Collana diretta da C. Conti etc., CEDAM, 2016, p. 344.

② Cfr. Enzo Musco e Francesco Ardito, *Diritto penale tributario*, Zanichelli, 2016, p. 274.

③ Cfr. Luigi Quercia, *I reati tributari*, Edizioni Giuridiche Simone, 2018, p. 109.

④ Cfr. Luigi Quercia, *I reati tributari*, Edizioni Giuridiche Simone, 2018, p. 112.

⑤ Cfr. la sentenza di Corte di Cassazione del 27 gennaio 2003, n. 1807.

⑥ Cfr. Enzo Musco e Francesco Ardito, *Diritto penale tributario*, Zanichelli, 2016, p. 274.

种情况必须根据合理性原则进行判断，如果保存的地点是一个不能被调查部门发现的地点，才能构成隐匿。[①] 事实上，行为人将会计资料保存在之前确定的地点，也可能构成隐匿，如放在抽屉的暗格里，这样调查部门就很难找到、发现。而对于以电子形式保存的会计资料，如果行为人将其保存于国外，而该国与意大利没有签署行政互助协议，也可以构成隐匿。[②] 关于隐匿，不难发现并非绝对意义上的隐匿，即对所有人的隐匿，而是相对意义上的隐匿，即对部分人（包括调查部门）的隐匿。

3. 所得或交易额无法重构的认定

根据2000年法第10条的规定，行为人实施隐匿、销毁行为，从构成本罪的角度，还需要导致所得或交易额无法重构这一事实。当然，隐匿或销毁会计资料罪还是一种行为犯，只不过是受一项损害事实（会计资料描述功能的丢失）限制的行为犯。[③]

这里所指的所得，是指根据所得税法，纳税人一个纳税年度内的总净所得，而交易额是指根据增值税法一个纳税年度内纳税人实施的商品转让、服务提供的总金额。对于这一结果的要求，本身没有异议，毕竟只有无法重构才产生侵害性，即对税收透明的侵害。有争议的问题是，如何理解无法重构，是指客观和绝对的无法重构，还是相对的无法重构？根据相对无法重构的观点，造成所得或交易额重构的困难增加也构成本罪。因此，相对的观点蕴含极大阻碍税收查定之意，调查部门如果根据从外部来源资料取得的数据进行所得或交易额的重构，如通过交叉核对、银行账户存款的查定或从其他主体处取得资料（相关资料的复印件等），也构成本罪。在该观点下，如果会计资料完全被销毁或隐匿，

---

① Cfr. Enrico Corucci, *Il delitto di occultamento o distruzione di documenti contabili*, in AA. VV., *La nuova giustizia penale tributaria*, Collana diretta da C. Conti etc., CEDAM, 2016, p. 344.

② Cfr. Antonio D'Avirro, Marco Giglioli e Michele D'Avirro, *Reati tributari e sistema normativo europeo*, Wolters Kluwer, 2017, p. 294.

③ Cfr. Luigi Quercia, *I reati tributari*, Edizioni Giuridiche Simone, 2018, p. 110.

本罪自动构成,如果是部分地被销毁或隐匿,仅仅在根据剩下没有被隐匿或销毁的资料,调查部门可以重构的情形下,犯罪才被排除。换言之,本罪仅仅是针对纳税人自身内部的资料,[①]不包括外部来源的资料,本罪不会因为存在允许重构的外部来源的非正式会计资料而被排除。[②] 事实上,在1982年法下,即采取相关无法重构的观点,而在2000年法下,这一观点也是大部分学者和司法判决所支持的。[③] 但也有持绝对无法重构的观点,即当调查部门还是能够实施基于会计分析查定的重构,即便是根据纳税人外部来源的资料,就不构成本罪。[④] 持这一观点的理由有两个方面:一方面,这样更符合刑法谦抑性原则,根据该原则,刑法的介入应当针对发生严重侵害的情形,即更好地体现对最终法益的保护;另一方面,2000年法第10条使用的表述是“无法重构”,而1982年法第4条使用的表述是“阻碍”(重构),显然目前的规定比之前的规定更加严格,即入罪条件更严,“无法”意味着绝对性,并不仅仅意味着困难增加。[⑤] 对于持绝对无法重构的观点,应当说无法重构本身就绝对不存在,因为税务机关可以实施归纳查定、推计课税进行重构。当然,从本罪旨在保护会计分析查定的功能来看,如果从无法重构是指无法通过会计分析查定进行重构的角度来理解绝对性,上述观点事实上并非不可接受,采取这一观点无疑会大大缩小本罪的打击面。

(三)主观要件

作为故意犯,为构成本罪,犯罪主体应当知晓并想要隐匿、销毁需要强制性

---

① 如果根据企业的内部会计资料(包括法律未规定的内部资料),调查部门可以重构纳税人所得或交易额,本罪就不构成。这一解释也更符合侵害严重性原则,否则就构成无法接受的刑事介入提前。

② Cfr. la sentenza di Corte di Cassazione del 3 aprile 2013, n. 20741.

③ Cfr. Antonio D'Avirro, Marco Giglioli e Michele D'Avirro, *Reati tributari e sistema normativo europeo*, Wolters Kluwer, 2017, p. 298; la sentenza di Corte di Cassazione del 6 febbraio 2008, n. 5791.

④ Cfr. Valerio Napoleoni, *I fondamenti del nuovo diritto penale tributario*, IPSOA, 2000, p. 181.

⑤ Cfr. Enzo Musco e Francesco Ardito, *Diritto penale tributario*, Zanichelli, 2016, p. 279.

保存的会计资料,且知道这个行为会导致税务机关对所得或交易额的无法重构。因此,一方面,根据意大利《刑法典》第 43 条第 3 款的规定,对刑法外的规则的错误理解,即行为人对会计资料保存的强制性理解错误而实施隐匿或销毁行为,因为不属于故意,就不构成本罪。另一方面,如果行为人对强制性保存义务是否存在以及保存时间的理解有错误,是源于税收规则适用范围的不确定性这一客观原因,还可以根据 2000 年法第 15 条的规定,排除行为人主观上的故意,从而不构成本罪。除属于故意犯外,犯罪主体必须为了特定的目的或利益实施隐匿或销毁会计资料行为才可以构成本罪,而这个目的即体现为逃税,如果不存在这个目的,也无法构成本罪,因此本罪也属于特定(逃税)目的犯。显然,逃税目的的规定,具有判断是否构成本罪的功能,也为此体现出对行为人的保护功能,即必须经过严格的查实来确定行为人是否存在逃税目的,而不能仅靠推测,因此限制了本罪的构成。当然,关于逃税目的,还需要明确以下三个方面的问题:(1)逃税分为两类:一类是固有的逃税,即通常理解的逃税;另一类则为其他的逃税,根据 2000 年法第 1 条第(d)项关于逃税目的的界定,是指纳税人取得一项不应有的退税或被认可一项不存在的税收债权。因此,为了其他的逃税目的,也可以构成本罪。① (2)作为逃税目的犯,如果逃税目的没有实现,不影响本罪的构成。同时,如果伴随逃税目的,行为人具有其他目的,也不影响本罪的构成。如果缺乏逃税目的,但为了逃税以外的其他目的,如为使雇主受到与逃税不相关的损害,雇员销毁或隐匿雇主的会计资料,就不构成本罪。② 又如,仅仅为了让业务看上去更好,让交易量比实际的更大,销毁或隐匿所得显示更小的会计资料,相比剩下的会计资料显示的,也不构成犯罪。③ (3)在通

---

① Cfr. Antonio D'Avirro, Marco Giglioli e Michele D'Avirro, *Reati tributari e sistema normativo europeo*, Wolters Kluwer, 2017, p. 306.

② Cfr. Enrico Corucci, *Il delitto di occultamento o distruzione di documenti contabili*, in AA. VV., *La nuova giustizia penale tributaria*, Collana diretta da C. Conti etc., CEDAM, 2016, p. 351.

③ Cfr. Enzo Musco e Francesco Ardito, *Diritto penale tributario*, Zanichelli, 2016, p. 281.

常情况下,行为人隐匿或销毁会计资料是为了未来的逃税,即发生于虚假申报或不申报(申报期限截止未申报)行为之前。存在争议的是,在虚假申报或不申报行为之后,行为人隐匿或销毁会计资料是否还存在逃税目的?对此,有观点认为,此时隐匿或销毁会计资料的目的是掩盖已经实施的逃税行为,即通过消除证据来阻碍税收查定,从文义上理解不属于为逃税的目的,这是因为根据2000年法第1条第(f)项对所逃税款概念的界定,逃税在虚假申报或不申报行为完成时就已经实现了。同时,对于已经实施的逃税行为,因为缺少证据,也仅仅属于怀疑,并未被证实,此时如果对隐匿或销毁会计资料行为进行刑事处罚,就是对早先、未被证实的非法行为的症状行为进行处罚,从而导致"自我共谋"(autofavoreggiamento)行为的处罚性,而这违反了不自证己罪原则。① 在意大利,大多数意见还是主张此时存在逃税目的:首先,关于逃税是否完成,只要税收查定期限还未过,税款就还没有最终性的逃脱,因此销毁、隐匿前几个纳税年度的会计资料,也可以认为是为了逃税;其次,2000年法第1条第(f)项关于所逃税款的界定与第1条第(d)项关于逃税目的的界定是相互独立的,并不保持一致,前者是针对入罪门槛(逃税数额)的确定而规定的,而后者关于逃税目的中的逃税概念应当更加宽泛,这也更加准确,应适用于本罪;最后,如果认为此时不存在逃税目的,就会造成不公平,因为隐匿或销毁行为发生于虚假申报或不申报行为之前或之后,是否构成本罪的结果是不同的,而无论是之前还是之后实施,实质上都是为了同一个目的,即不缴纳应缴纳的税款。②

(四)犯罪行为完成的时刻

关于犯罪行为在什么时候完成,涉及本罪属于瞬间犯还是持续犯(reato

---

① Cfr. Padovani, *La frode fiscale*, in AA. VV., *Responsabilita e processo penale nei reati tributari*, Milano, 1986, p. 198, per cui si vede Enzo Musco e Francesco Ardito, *Diritto penale tributario*, Zanichelli, 2016, p. 281.

② Cfr. Antonio D'Avirro, Marco Giglioli e Michele D'Avirro, *Reati tributari e sistema normativo europeo*, Wolters Kluwer, 2017, p. 308.

permannente)的问题,因此也涉及本罪追诉时效的起算时间。对此,意大利大多数学说认为,销毁会计资料行为属于瞬间犯,资料消失的那一刻,当即产生无法重构所得或交易额的结果,犯罪行为完成,而隐匿会计资料行为属于持续犯,不法状态持续结束的时刻即为犯罪行为完成的时刻。[①] 至于不法状态持续结束的时刻,通常体现为调查部门进行税收查定。这样,根据意大利《刑法典》第158条的规定,[②]此时开始起算追诉时效。当然,根据意大利最高法院的判决,如果在查定期限截止前,调查部门一直未实施查定,不法状态持续结束的时刻为查定期限截止之时,追诉时效从此时起算。[③] 还是有观点认为,隐匿行为也属于瞬间犯,不存在不法状态持续的情形。在该观点下,瞬间的意义是指只有在调查部门实施查定的时刻,产生所得或交易额无法重构的结果,犯罪行为或不法状态才存在并完成,即无法重构结果的查实与犯罪行为完成的时刻是一致的。相反,如果在实施查定之前,纳税人出示了资料,就不存在刑事意义的违法性,即不存在隐匿行为。[④] 当然,即使是认为隐匿行为属于瞬间犯,但是考虑到完成时刻的认定还是与持续犯下的认定是一致的,即追诉时效期限的起算时间与税收查定实施的时刻紧密关联。

(五)犯罪次数的确定

行为人先隐匿会计资料,随后又将其销毁,或者行为人多次实施隐匿或销毁会计资料行为,是构成一罪还是数罪?对此,与销毁、隐匿的会计资料是否涉及一个纳税年度有关。如果涉及一个纳税年度,由于意大利所得税、增值税的

---

① Cfr. Enrico Corucci, *Il delitto di occultamento o distruzione di documenti contabili*, in AA. VV., *La nuova giustizia penale tributaria*, Collana diretta da C. Conti etc., CEDAM, 2016, p. 345.

② 关于时效期限的计算,该条规定:“……对于持续或连续犯(罪),自持续或连续状态终止之日起开始计算。”

③ Cfr. la sentenza di Corte di Cassazione del 19 marzo 2001, n. 10873.

④ Cfr. Antonio D'Avirro, Marco Giglioli e Michele D'Avirro, *Reati tributari e sistema normativo europeo*, Wolters Kluwer, 2017, p. 311.

纳税周期为一个纳税年度，以一个纳税年度的所得或交易额来确定一项最终的纳税义务，因此在该种情况下，隐匿、销毁的会计资料涉及同一事实，即所得或交易额的无法重构，仅构成一罪。至于销毁或隐匿，则属于产生同一结果的两种方式，或属于涉及同一行为的两种不同执行方式，如果在一个纳税年度内，同时实施这两种方式仅构成一个犯罪行为。① 相反，如果涉及多个纳税年度，就构成数罪，但是受连续犯的限制。② 最高法院也曾提出过不同意见，认为旨在隐匿或销毁多个不同会计资料的多项行为，即使涉及同一纳税年度，也应该是多个犯罪，但受连续犯的限制。③ 理由是，不像针对虚开发票罪，2000 年法第 8 条第 2 款明确规定"基于适用本条第 1 款规定的目的，在同一纳税周期内，为不存在的交易多次开具发票或签发其他文件，视为一项犯罪行为"。针对本罪，2000 年法并没有规定这样的内容。对此，应当认为，关于税收犯罪次数的确定，意大利 2000 年法事实上确定了一项一般规则，不仅针对本罪，即在一定范围内（通常表现为一个纳税年度），多次实施不同的行为，仅构成一项唯一的犯罪行为。④ 显然，根据这一一般规则，对于本罪采取一罪的观点更正确。

（六）刑事处罚

根据 2000 年法第 10 条的规定，行为人犯本罪，处 3 年至 7 年有期徒刑。同时，根据 2000 年法第 12 条关于辅助刑罚的一般规定，本罪罪犯还将受被禁止在法人、企业担任领导职务 6 个月到 3 年，在 1 年至 3 年内不得与行政部门签订合同，或被禁止担任涉税的代理、协助职务 1 年到 5 年等资格刑。此外，根据意大利《刑法典》第 24 条的规定，本罪罪犯还可以被处罚金，最高为 25,000 欧元。关于 3 年至 7 年有期徒刑这一主刑，事实上是 2019 年修改提高的，2000

① Cfr. Antonio D'Avirro, Marco Giglioli e Michele D'Avirro, *Reati tributari e sistema normativo europeo*, Wolters Kluwer, 2017, p. 295.

② 即按照以最严重的违法行为应受的刑罚处罚，且可以在 3 倍幅度内增加刑罚。

③ Cfr. la sentenza di Corte di Cassazione del 9 ottobre 2002, n. 7518.

④ Cfr. Enzo Musco e Francesco Ardito, *Diritto penale tributario*, Zanichelli, 2016, p. 275.

年法出台之初,第10条规定的刑期是6个月至5年,之后2015年修改又将本罪的刑罚提高到1.5年至6年有期徒刑。其中,最高刑期提高后,带来了一些重要影响:首先,根据意大利《刑事诉讼法典》第266条的规定,最高刑期提高到6年后,调查部门可对本罪罪犯实施周边(ambientale)和电信监控。这是一种搜集证据的强力工具,特别适用于涉及税收欺诈罪行错综复杂的情形,尤其在虚假企业利用以及大量主体介入且其中一部分主体仅仅是"出面人"的情形下。事实上,对本罪罪犯实施周边和电信监控,客观上也有利于调查部门获得其他税收犯罪的证据,尤其是欺诈申报逃税犯罪和虚开发票犯罪。① 其次,本罪不再在意大利《刑法典》附加第131条规定的处罚排除适用范围。该条针对最高刑不超过5年的罪行,规定如果侵害特别轻微,犯罪行为的处罚性被排除。由于2015年立法修改提高了本罪的刑期以及由此带来的上述对罪犯更不利的影响,在意大利还是引起了一些争议。争议产生的原因是,隐匿、销毁会计资料犯罪无论是在行为方式上还是在损害(本身没有造成逃税)上,不是具有特别的侵害性,对国库利益也仅仅是造成损害危险。因此,对本罪的处罚以及相关不利后果提高到与欺诈申报等严重的税收犯罪一样的层面,虽然有助于改善税收犯罪调查的效果,但有违公平和比例原则并抑制企业投资。② 此外,由于本罪犯罪未遂也要受到处罚,更是加剧了这种不公平性和比例原则的背离。根据意大利《刑法典》第56条的规定,犯罪企图,即构成一项罪行所需要实施的行为尚未完成的时候,亦应当以未遂犯罪的名义受到刑事处罚。③ 而本罪存在构

---

① Cfr. Antonio D'Avirro, Marco Giglioli e Michele D'Avirro, *Reati tributari e sistema normativo europeo*, Wolters Kluwer, 2017, p. 264 – 265.

② Cfr. Antonio D'Avirro, Marco Giglioli e Michele D'Avirro, *Reati tributari e sistema normativo europeo*, Wolters Kluwer, 2017, p. 266.

③ 该条第1款规定:"任何人以适当的行为、无歧义地指向实施犯罪,如果行为未完成或结果未发生,构成犯罪未遂。"第2款则规定了处罚内容,通常情况下犯罪未遂的处罚是有关犯罪刑罚的1/3到2/3。

成未遂的情况,即行为人实施销毁或隐匿会计资料行为没有成功是因为税收查定介入的原因,或者在绝对无法重构的观点下,调查部门通过外部来源的资料实现了所得或交易额的重构。不同于作为抽象危险犯的虚开发票罪,为避免刑事处罚的过度提前,不对犯罪未遂进行处罚,本罪属于具体危险犯,犯罪未遂也需要受到处罚。①

(七)与其他相关犯罪的关系

由于隐匿、销毁会计资料行为本身在其他相关犯罪中也会涉及,因此有必要阐释一下本罪与这些相关犯罪的关系,即在本罪与其他相关犯罪之间应当如何定罪。

首先,与意大利《刑法典》第490条规定的消除、销毁和隐匿真实文书罪的关系。《刑法典》第490条规定:“任何人完全或部分销毁、消除或隐匿真实的公文,或者为使自己或他人获利或损害他人,销毁、消除或隐匿亲笔遗书、票据或其他可以转让或无记名的债权凭证,根据对有关文书的区别,分别处以第476条、第477条和第482条规定的刑罚。”②考虑到销毁或隐匿会计资料行为被包含在上述第490条规定的犯罪行为中,但是销毁或隐匿会计资料罪的构成还需要满足所得或交易额无法重构、为逃税目的等特别要件,因此销毁或隐匿会计资料罪与消除、销毁和隐匿真实文书罪属于特殊与一般的关系。就行为人的一项行为,如果销毁或隐匿会计资料罪规定的构成要件均满足,就构成该罪,如果有未满足的特别要件,就可以构成消除、销毁和隐匿真实文书罪。

其次,与意大利《破产法》③第216条规定的资料欺诈清算罪的关系。根据

---

① Cfr. Antonio D'Avirro, Marco Giglioli e Michele D'Avirro, *Reati tributari e sistema normativo europeo*, Wolters Kluwer, 2017, p. 312.

② 意大利《刑法典》第476条针对公务员在公文书上作假行为规定判处1年至6年的有期徒刑,第477条针对公务员在行政证明或批准文书上作假行为规定判处半年至3年的有期徒刑,第482条针对私人实施的作假行为规定判处第476条、第477条和第478条规定的刑罚,但减轻1/3。

③ Cfr. Legge Fallimentare(Regio Decreto 16 marzo 1942, n. 267).

《破产法》第 216 条的规定，如果宣布破产的企业主，为自己或其他人取得一项不正当收益，或者对债权人造成损害，抽走、销毁或隐匿会计资料，或者以某种方式保存这些会计资料，使财产的重构或交易活动情况的重构变得不可能，将被处 3 年到 10 年有期徒刑。显然，在该罪与销毁、隐匿会计资料罪之间存在重合，即在客观要件上，都旨在处罚销毁或隐匿需要强制性保存的会计资料行为，同时强调财产或交易活动（包括所得或交易额）情况重构的不可能；而在主观要件上，犯罪目的都包括给债权人造成损害，包括逃税，体现为国家税收利益的损害。因此，正如意大利最高法院所认为的，资料欺诈清算罪与本罪属于法条竞合。[①] 根据 2000 年法第 10 条关于"除非事实构成更为严重的犯罪"的规定，就行为人的一项行为，在同时构成以上两种犯罪的情况下，考虑到资料欺诈清算罪的处罚更严厉，适用资料欺诈清算罪。事实上，上述 2000 年法的规定，正是为结束 1982 年法以来有关资料欺诈清算罪与本罪的适用争议而专门引入的。

最后，与 2000 年法规定的逃税罪的关系。2000 年法规定了 4 项申报类逃税犯罪。虽然行为人销毁、隐匿会计资料是为了逃税目的，为了使相关逃税犯罪不被查实，但是考虑到本罪与这些逃税犯罪在构成要件上互不相同，不存在交叉，在行为人实施多项不同的行为且都满足相关要件的情况下，应当构成数罪。[②] 但是，就利用其他虚假手段欺诈申报罪与本罪的关系，事实上还存在一定的争议，需要进一步阐释。争议在于销毁、隐匿会计资料是否属于利用其他虚假手段，如果属于，由于存在数个不同行为，应当适用吸收原则，因为销毁、隐匿会计资料成为利用其他虚假手段欺诈申报罪的实行方法。而根据吸收原则，即损害犯吸收危险犯，仅构成利用其他虚假手段欺诈申报罪，因为该逃税犯罪作为损害犯（以税收利益受损为要件），属于 2000 年法第 10 条规定的"更严重

---

① Cfr. la sentenza di Corte di Cassazione del 7 giugno 2000, n. 765.

② Cfr. Enzo Musco e Francesco Ardito, *Diritto penale tributario*, Zanichelli, 2016, p. 284.

的犯罪”。[①] 当然,如果不属于利用其他虚假手段,就构成数罪。在2000年法2015年修改后,上述争议基本上就停止了。这是因为,根据修改后的2000年法第1条第(g)项的规定,虚假手段作为一种欺诈手段,是指积极的虚假行为以及在违反一项特定的法律义务下的不作为,形成一项事实的虚假呈现。而销毁或隐匿会计资料行为仅仅是掩盖事实,阻碍税务机关的查定,但并没有呈现虚假事实,欺骗税务机关使其犯错,因此不具有利用其他虚假手段欺诈申报罪所要求的欺诈性。[②] 因此,销毁、隐匿会计资料并不属于利用其他虚假手段。

① Cfr. Enzo Musco e Francesco Ardito, *Diritto penale tributario*, Zanichelli, 2016, p. 285.

② Cfr. Enrico Corucci, *Il delitto di occultamento o distruzione di documenti contabili*, in AA. VV., *La nuova giustizia penale tributaria*, Collana diretta da C. Conti etc., CEDAM, 2016, p. 355.

第四章 意大利税款缴纳类犯罪立法

第一节 3类税款不缴纳犯罪

一、立法内容与保护法益

（一）3类税款不缴纳犯罪在2000年法中的引入

在2000年法之初，作为该法的规范基础，税收犯罪主要关注税收债务自我确定的阶段，即税款申报阶段，表现为逃税的4项申报类犯罪。除第11条规定的欺诈逃避缴纳税款罪外，并没有规定其他税款缴纳类犯罪。目前2000年法第10条附加第1条规定的扣缴税款不缴纳罪是在2004年引入的，第10条附加第2条规定的增值税税款不缴纳罪和第10条附加第3条规定的不正当的税款抵销罪则是在2006年引入的。同时，除扣缴税款不缴纳罪1982年法曾规定外，其他两类税款不缴纳罪都是全新引入的。而之所以在2000年法之初未引入，是因为对简单的税款不缴纳行为入刑并不符合指引2000年法的刑法谦抑性原则。但是，面对当时越发频繁发生且成普遍现象的相关税款不缴纳行为，以及由此给国库利益带来的巨大损失，立法者改变了当初的立法选择，对税款征收阶段的特殊逃避税款行为也引入了刑事处罚，加强了在税款征收阶段税收收入的刑法保护。具体而言，扣缴税款不缴纳罪旨在应对扣缴义务人不缴纳扣下税款的非法行为，增值税税款不缴纳罪旨在有效打击"旋转木马"增值税欺诈行为，其中，税款不缴纳是整个欺诈行为的最后一环。[①] 不正当的税款抵销罪则旨在应对纳税人在税款统一缴纳环节利用非法抵销不缴纳税款行为，该行为严重损害了国家对纳税人税款自我清算正确性的信任。

尽管不同于逃税预备行为犯罪，上述3类罪行打击的是直接有损国库利益的行为，但在遵循2000年法理念方面，3类不缴纳税款罪行的引入还是受到了意大利学界的批评。事实上，2000年法最初的立法旨在刑事打击具有欺诈性的行为，因此主要注意力都集中在对国库利益侵害最大的申报类犯罪，然后是会计资料类犯罪和欺诈逃避税款罪，后两者也具有较大的侵害性。相反，并没有考虑刑事打击单纯的不缴纳税款行为，主要是因为这类行为不太具有诡计性或欺诈性，纳税人、扣缴义务人又被税务机关所知晓，且面临税务机关的强制执行。[②] 此外，在主观要件上，不同于其他税收犯罪，3类税款不缴纳犯罪立法并没有规定特定的逃避税款目的。这样，当某一主体在按照规定申报税基和清算要缴纳的税额之后，如果处于不可能就申报的税款进行缴纳的状态，也包括因为不可预见的、在应税行为发生之后的事件，就存在构成相关犯罪的可能性。[③] 换言之，立法者为了偶然的和纯粹收入的政策目的，无论是否有欺诈行为，无论行为人追求什么目的，都将刑事打击税款不缴纳行为，加之3类罪行最初规定的入罪门槛均为5万欧元，不仅与2000年法的理念有所背离，还与仅处罚有损于值得保护的法益并具有特殊无价值的行为的刑法理念相偏离。遗憾的是，2000年法2015年修改也没有予以修正，将对刑事工具的利用限制于少数真正危险的以及能够立即被理解认识的不同于普通税收违法行为（如税款不缴纳

---

① Cfr. Luigi Quercia, *I reati tributari*, Edizioni Giuridiche Simone, 2018, p. 34. 在"旋转木马"增值税欺诈中，相关主体履行了所有的申报义务，但介入主体没有缴纳增值税，而发票在大多数情况下是虚假的。

② Cfr. Enzo Musco e Francesco Ardito, *Diritto penale tributario*, Zanichelli, 2016, p. 288.

③ Cfr. Enzo Musco e Francesco Ardito, *Diritto penale tributario*, Zanichelli, 2016, p. 289.

行为)的行为。[1] 鉴于不缴纳行为的侵害性不大,因为税务机关拥有的现代税收征管手段,可以方便地识别未缴纳的税款,取消这些不缴纳税款的犯罪行为,会符合刑事处罚的比例性原则。[2] 换言之,仅仅处以行政处罚足矣。当然,2015 年修改大幅提高了前两类税款不缴纳犯罪的入罪门槛,分别提高到了 15 万欧元和 25 万欧元,也可以认为是对上述批评的一个回应,至少使这两项犯罪立法更接近 2000 年法的理念了,即在刑事打击直接有损国库利益以及经济上重大意义的行为方面。此外,针对第 10 条附加第 1 条、第 2 条和第 3 条第 1 款规定的罪行,2000 年法第 13 条第 1 款明确规定,犯罪构成后在特定时间内缴纳未缴纳相关税款的,不进行处罚,实际上有效限缩了刑事处罚的范围,有助于缓解不缴纳税款罪刑法立法来自上述批评的压力。

(二)现行条文内容与保护法益

首先,2000 年法第 10 条附加第 1 条"扣缴税款不缴纳罪"规定:"任何人未在就提交扣缴税款年度申报规定的期限内缴纳根据上述申报应当扣缴的税款或在开具给被扣缴人的证明中显示的所扣税款,就一个纳税周期,数额超过 15 万欧元,处半年至 2 年有期徒刑。"

其次,2000 年法第 10 条附加第 2 条"增值税税款不缴纳罪"规定:"任何人未在关于下一个纳税年度的预付税款缴纳期限内缴纳根据年度申报应当缴纳的增值税,如果数额超过 25 万欧元,处半年至 2 年有期徒刑。"

最后,2000 年法第 10 条附加第 3 条"不正当的税款抵销罪"共两款,第 1 款规定:"任何人通过利用不所属的债权、根据 1997 年 7 月 9 日第 241 号立法令第 17 条的规定进行抵销,不缴纳应当缴纳的税款,如果年数额超过 5 万欧

---

① Cfr. Giuseppe Cernuto e Fabrizio D'Arcangelo, *I reati omissivi e di indebita compensazione*, in AA. VV., *La nuova giustizia penale tributaria*, Collana diretta da C. Conti etc., CEDAM, 2016, p. 363.

② Cfr. Giuseppe Cernuto e Fabrizio D'Arcangelo, *I reati omissivi e di indebita compensazione*, in AA. VV., *La nuova giustizia penale tributaria*, Collana diretta da C. Conti etc., CEDAM, 2016, p. 373.

元,处半年至2年有期徒刑。"第2款规定:"任何人通过利用不存在的债权、根据1997年7月9日第241号立法令第17条的规定进行抵销,不缴纳应当缴纳的税款,如果年数额超过5万欧元,处1.5年至6年有期徒刑。"其中,1997年7月9日第241号立法令(《纳税人履行所得税、增值税义务简化规则以及申报管理制度现代化规则》,以下简称1997年立法令)第17条第1款规定:"纳税人可以实施税、捐贡以及支付给国家、大区和社会保障机构的款项(债务)的统一缴纳,并可以利用同一时期的面对上述主体的债权实施可能的抵销……"第2款则列举了债务、债权的具体类型,包括所得税、增值税、大区生产活动税、社会保障捐贡等。①

鉴于都旨在打击税款不缴纳的违法行为,上述3类罪行的保护法益都体现为税款征收的国库利益,即及时、正确、完整地征收税款。② 从属于税收犯罪的角度,上述3类罪行的保护法益进一步体现为意大利《宪法》第53条规定的国库利益。

二、犯罪构成要件与处罚

(一)犯罪主体

虽然2000年法第10条附加第1条、第2条和第3条在规定税款不缴纳犯罪的主体时都使用了"任何人"一词,但是并不能据此认定不缴纳罪是普通犯;相反,其都属于身份犯。首先,扣缴税款不缴纳罪针对的是税款扣缴义务人的违法行为,犯罪主体只能是所得税法或增值税法上的扣缴义务人。当然,能够成为扣缴义务人的主体类型具有广泛性,包括企业,团队,协会,实施经营活动

---

① Cfr. l'art. 17, D. Lgs. 9 luglio 1997, n. 241 – Norme di semplificazione degli adempimenti dei contribuenti in sede di dichiarazione dei redditi e dell'imposta sul valore aggiunto, nonche' di modernizzazione del sistema di gestione delle dichiarazioni.

② Cfr. Cfr. Enzo Musco e Francesco Ardito, *Diritto penale tributario*, Zanichelli, 2016, p. 293.

的自然人,大区、省、市镇政府等公共机关等。其次,根据罪状的描述,涉及年度申报中显示的增值税债务不履行,增值税税款不缴纳罪的犯罪主体只能是根据法律有义务履行增值税年度纳税义务的主体,即增值税纳税人。仅仅从事增值税免税交易的主体以及所有免于增值税年度申报提交义务的主体不构成该罪的犯罪主体。[①] 最后,由于罪状描述中特别要求根据 1997 年立法令第 17 条的规定进行抵销,不正当的税款抵销罪的犯罪主体只能是根据第 17 条编辑和提交特定申报表实施抵销的纳税人。[②] 当然,虽然 3 类税款不缴纳罪都属于身份犯,但是其他主体可以与上述特定的犯罪主体构成相关犯罪的共犯。事实上,在"旋转木马"增值税欺诈中,没有缴纳增值税的虚假介入主体(其从最后一个货物受让人处取得了增值税税款)构成增值税税款不缴纳罪,当然也可能构成不正当的抵销罪。问题是,其他参与"旋转木马"增值税欺诈的主体是否以共犯的名义构成该罪?这是因为,这些主体为了不缴纳增值税税款而达成协议、实施一系列交易,并知晓未缴纳税款。对此,有学者认为应当构成,即使这些主体实际上没有违反缴纳义务,仅仅是取得了部分未缴纳税款的收入,甚至没有享受未缴纳税款的收入分配利益。[③]

就 3 类税款不缴纳犯罪的主体,还需要明确以下三个方面的内容:其一,在相关犯罪主体是法人的情形下,该法人的管理人(包括事实管理人)或代表人也构成相关犯罪。其二,犯罪主体还包括代替扣缴义务人、纳税人履行税款缴纳义务的主体,如破产管理人、企业清算人。需要特别指出的是,破产管理人、企业清算人原本不在扣缴税款不缴纳罪的犯罪主体范围内,因为意大利 1973 年《所得税查定法》第 23 条关于扣缴义务主体的范围并没有列举上述两类主

---

① Cfr. Luigi Quercia, *I reati tributari*, Edizioni Giuridiche Simone, 2018, p. 131.

② Cfr. Enzo Musco e Francesco Ardito, *Diritto penale tributario*, Zanichelli, 2016, p. 322.

③ Cfr. Ivo Caraccioli, *Omesso versamento IVA*, "*frodi carosello*" *e concorso di persone*, in *Il Fisco*, n. 31, 2006.

体。但自2006年后,这两类主体被明确列举在扣缴义务主体的范围内,①据此也需要承担扣缴义务,即以预缴税款的名义先扣后缴,因此也成为扣缴税款不缴纳罪的犯罪主体。其三,当扣缴义务人、纳税人授权他人缴纳其应当缴纳的税款,如委托律师、会计师等,如果后者没有缴纳税款,此时扣缴义务人或纳税人是否构成相关税款不缴纳罪?对此,存在不同的观点。例如,意大利最高法院曾指出,作为外人的受托人是唯一的犯罪主体,委托人(扣缴义务人)作为不履行行为的间接主体,根据《刑法典》第48条的规定,基于别人欺骗导致的错误,不构成犯罪。② 也有意大利学者认为,已经授权给他人缴纳增值税税款的纳税人不构成本罪。③ 另外,如同在申报类犯罪中指出,申报义务为人身义务且不能转移,意大利最高法院在多数判决中还是认为缴纳扣下的税款的义务是人身义务和不可委托的义务,④授权仅仅影响犯罪的主观要件,委托方有义务监督税款的实际缴纳,其依然是缴纳义务的承担者。⑤

(二)客观要件

1. 扣缴税款不缴纳罪

(1)税法上的扣缴制度

鉴于扣缴税款不缴纳罪针对的是扣款义务人不缴纳扣下税款的行为,为正确理解该罪的客观行为构成,有必要简单介绍一下意大利税法上的扣缴制度。首先,从制度内容的角度,扣缴义务人就扣下的税款,可能基于最终性税收债务的名义缴纳给税务机关,此时被扣缴人所对应收入的税款缴纳义务就不存在了。但在意大利个人所得税综合所得制度以及累进税率下,扣缴义务人扣下的税款更多的是基于预付款的名义缴纳给税务机关,此时被扣缴人要在年度申报

---

① Cfr. l'art. 37, comma 1, del D. L. 4 luglio 2006, n. 223.

② Cfr. la sentenza di Corte di Cassazione del 4 aprile 2012, n. 27720.

③ Cfr. Luigi Quercia, *I reati tributari*, Edizioni Giuridiche Simone, 2018, p. 132.

④ Cfr. la sentenza di Corte di Cassazione del 9 giugno 2015, n. 4621.

⑤ Cfr. la sentenza di Corte di Cassazione del 2 giugno 1998, n. 8821.

中申报相关所得，实行税款的多退少补。其次，从相关程序时限的角度，根据1973年《所得税查定法》第23条的规定，扣缴义务人需要履行的相关义务包括：①在支付所得给被扣缴人的下一个月16日以内缴纳扣下的税款；②在第二年的3月31日前，向被扣缴人等相关主体开具统一证明，即说明其扣下的税款等内容；③在第二年3月7日前，向税务机关电传上述的统一证明，以及其他对税务机关监控来说是必要的信息，这就相当于扣缴义务人年度申报中的信息；④在第二年的7月31日前，提交统一的年度申报。但是，根据1998年《所得税、增值税申报提交程序条例》第4条的规定，扣缴义务人提交扣缴税款年度申报的期限延长到了第二年的10月31日之前。

（2）扣缴税款不缴纳犯罪行为的构成

就本罪客观行为的构成，有一种观点指出，扣缴义务人需要先将税款扣下，并开具证明显示或提交申报并在申报中记载扣下的税款，然后不向税务机关缴纳扣下的税款，即本罪的客观行为属于混合行为。换言之，属于一部分作为加一部分不作为。[①] 但这一观点并不能被认同，首先，因为上述作为这部分的行为并没有明确规定在第10条附加第1条的罪状中。其次，这部分作为行为或是先行存在的事实，即证明的开具，或是与不作为那部分行为相伴随存在的事实，提交申报的截止日期即为犯罪完成的时刻。其中，扣缴义务人不提交年度申报要根据2000年法第5条的规定受到刑事处罚。为此，本罪仅仅是不作为犯。例如，企业及其管理人先是正确地扣下了税款并向被扣缴人开具了扣下税款的证明，但是随后该管理人辞职了，而接任的管理人没有在10月31日前缴纳扣下的税款。此时，从管理人构成本罪的角度，仅仅是接任的管理人构成。[②]

---

① Cfr. Giuseppe Cernuto e Fabrizio D'Arcangelo, *I reati omissivi e di indebita compensazione*, in AA. VV., *La nuova giustizia penale tributaria*, Collana diretta da C. Conti etc., CEDAM, 2016, 379.

② Cfr. Antonio D'Avirro, Marco Giglioli e Michele D'Avirro, *Reati tributari e sistema normativo europeo*, Wolters Kluwer, 2017, p. 382.

当然,如果扣缴义务人没有扣下税款,对扣缴义务人就仅仅是行政处罚了。

目前,本罪规定的不缴纳税款涉及两种不同情况的税款,即分别作为两类不同文件的客体:一种是开具给被扣缴人的证明中显示的扣下税款;另一种是申报中记载的应当扣缴的税款。事实上,2000 年法在引入扣缴税款不缴纳罪时仅仅规定了开具给被扣缴人的证明中显示的扣下税款不缴纳一种情形,其中特别强调不缴纳的税款是证明中显示的税款,乃是因为扣缴义务人开具给被扣缴人的这一证明产生一项对税务机关征税的限制,即被扣缴义务人被允许扣除证明中显示的扣下税款。换言之,在证明开具之后,被扣缴人就从自身的纳税义务中解放了。这样,如果扣缴义务人不缴纳扣下的税款,就会对国库利益造成损害。但是,由于 2000 年法一开始仅仅规定这一种情形,产生了一项疑问,即如果无法直接从税务机关或被扣缴义务人处取得证明已经开具的证据,即使扣下了税款,是否本罪就无法定罪?换言之,是否存在替代这一证明的文件,在能够实际证明扣缴义务人扣下税款的情况下,从而对扣缴义务人适用本罪?对此,最高法院起先认为,证明开具的证明义务可以通过其他文件来履行,尤其是扣缴义务人提交的年度申报,因为在这个申报中记载了所有支付给雇员、受托方的薪俸、报酬以及相关扣下的税款及税率。[①] 但是,最高法院随后改变了观点,认为年度申报的提交不足以证明已经发生的关于扣下税款的证明开具了,而仅仅是薪俸、报酬已经支付和税款已经扣下的充足迹象或证据。[②] 开具给被扣缴人的证明与年度申报的差异和相互独立性已经被刑法规则本身所承认,因为 2000 年第 10 条附加第 1 条一开始仅仅处罚开具的证明中显示的扣下税款不缴纳行为,年度申报中记载的扣下税款不缴纳行为仅仅是行政违法行为。[③]

---

① Cfr. la sentenza di Corte di Cassazione del 15 novembre 2012, n. 1443.

② Cfr. la sentenza di Corte di Cassazione del 15 ottobre 2014, n. 11335.

③ Cfr. Giuseppe Cernuto e Fabrizio D'Arcangelo, *I reati omissivi e di indebita compensazione*, in AA. VV., *La nuova giustizia penale tributaria*, Collana diretta da C. Conti etc., CEDAM, 2016, p. 380.

最高法院这一新观点，实际上就让调查机关承担起繁重的举证责任，尤其是在被扣缴义务人数量庞大的情况下，这一举证很难完成，这可能会让许多客观存在、无可争议的税款不缴纳行为逃脱刑事制裁。为此，2015 年修改将不缴纳申报中记载的扣下税款行为也纳入本罪的处罚范围是立法者有意的回应，以此来简化本罪犯罪行为构成的举证。在现有规则下，扣缴义务人在年度申报中签字就具有供认已经开具给被扣缴人扣下税款证明的价值。[①] 从另一角度也说明，扣缴义务人申报中记载的应当扣下的税款等同于证明证实的扣下税款，实质上扩大了本罪犯罪行为的范围。

关于新引入的不缴纳申报中记载的扣下税款犯罪行为，其合理性也受到了质疑。首先，由于新的犯罪行为处罚的不是不缴纳扣下税款行为或不缴纳基于法律规定的扣下税款行为，而是不缴纳根据申报中应当扣缴税款的行为。这样，如果扣缴义务人正确地缴纳了扣下的税款，但在申报中记载了更大的（错误）数额，可能将面临刑事处罚，而该行为缺乏对国库利益的危害性。[②] 其次，由于目前 2000 年法规定的欺诈申报罪和不诚信申报罪的犯罪主体不包括扣缴义务人，这会激励扣缴义务人实施欺诈申报或不诚信申报，记载虚假的扣下的税款数额，即低于 15 万欧元，如此一来，在扣缴义务人没有开具证明的情况下，将不会受到本罪的处罚。[③] 相反，扣缴义务人没有开具证明，但是提交了真实的申报，没有缴纳超过门槛数额的所扣税款，尽管行为的无价值更小，却需要受到本罪的处罚，导致了不公平。最后，在扣缴义务人开具虚假证明、提交虚假申报的情况下，实际未缴纳的所扣税款超过入罪门槛的举证责任也并不容易实现，举证问题依然存在。显然，为消除上述合理性质疑，似乎还需要对欺诈申报

---

① Cfr. Giuseppe Cernuto e Fabrizio D'Arcangelo, *I reati omissivi e di indebita compensazione*, in AA. VV., *La nuova giustizia penale tributaria*, Collana diretta da C. Conti etc., CEDAM, 2016, p. 381.

② Cfr. Antonio D'Avirro, Marco Giglioli e Michele D'Avirro, *Reati tributari e sistema normativo europeo*, Wolters Kluwer, 2017, p. 377.

③ Cfr. Enzo Musco e Francesco Ardito, *Diritto penale tributario*, Zanichelli, 2016, p. 300.

罪、不诚信申报罪在犯罪主体方面的立法进行完善,并将扣缴义务人也纳入进来。

2. 增值税税款不缴纳罪

本罪犯罪客观行为的构成相对简单,以纳税人已经提交纳税申报为前提,体现为纳税人面对增值税缴纳的履行义务采取不作为姿态,超过期限不履行缴纳义务,属于真正的不作为犯,并伴随损害结果的发生。反之,如果纳税人在本罪规定的期限内缴纳了税款,就不构成本罪。需要注意的是,是否缴纳因为延期缴纳而产生的利息和行政处罚,对是否构成本罪来说并不相关,即在本罪规定期限内缴纳税款,但是没有缴纳相关的利息和行政处罚,也不构成本罪。此外,根据本罪"根据年度申报应当缴纳的增值税"的规定,本罪的构成也不要求纳税申报(内容)必须是真实的,如果纳税人提交了虚假申报,记载的增值税税额又低于本罪规定的入罪门槛,可以按照欺诈申报罪或不诚信申报罪予以处罚。同时,本罪的构成还不要求申报在形式上是完整或规范的,正如2000年法第5条不申报罪所规定的,"……提交的申报未签字,或提交的申报未在符合规定模板的表格上填写,不属于本条第1款和附加第1款规定的不申报",即不完整或不规范的申报还是可以允许税务机关识别纳税人和确定税额的,属于提交了纳税申报。[①] 当然,根据意大利1972年《增值税法》第21条第7款的规定,"如果行为人为不存在的交易开具发票,或者记载的交易对价超过实际的数额,发票上记载的全部金额所对应的税都是应当缴纳的",纳税人不缴纳基于虚开发票提交的纳税申报中的增值税税款,也构成本罪。事实上,本罪的引入与上述不缴纳行为密切相关。相反,纳税人不缴纳年度申报中的所得税税款并不受刑事处罚。

至于本罪所规定的期限,即"在关于下一个纳税年度的预付税款缴纳期

---

① Cfr. Antonio D'Avirro, Marco Giglioli e Michele D'Avirro, *Reati tributari e sistema normativo europeo*, Wolters Kluwer, 2017, p. 419.

限”,与第10条附加第1条的犯罪一样,从犯罪构成排除的角度,税款最迟应当缴纳的截止日期,刑法的规定不同于税法关于税款缴纳期限的规定。后者是增值税债务产生的下个月16日内缴纳,然后在第二年的3月18日之前,①缴纳上一个纳税年度的增值税,即年度增值税额减去在上个纳税年度中已经周期性(按月或季度)缴纳的税款的差额。刑事立法者没有选择税法中的上述日期,而是选择了一个更长期限,即所涉增值税债务年度的下一年的12月27日。其中,12月27日即为当年增值税预付款最迟应当缴纳的日期。其中,增值税预付款缴纳是增值税纳税人必须履行的一项强制性义务,由1991年财政法案(Legge Finanziaria)所引入,②即缴纳关于当年12月增值税的预付款或关于第4个季度增值税的预付款,前者是对按月缴纳增值税的纳税人来说的,后者是对于按季度缴纳增值税的纳税人来说的。这是因为,上述12月增值税或第4个季度的增值税不能像其他月份或季度的增值税那样,在确定后于当年缴纳,在当年缴纳只能以预缴方式实施。③ 这样,如果所涉增值税债务是2018年的,那么刑事意义上税款缴纳期限是2019年的12月27日,即2019年度增值税预付款的缴纳期限。显然,如同不申报罪规定的不申报延缓期,不缴纳罪也规定了不缴纳延缓期,即税款不缴纳罪的构成要求纳税人体现出一个更长的不缴纳税款状态,以体现刑事制裁介入的审慎。

3. 不正当的税款抵销罪

不正当抵销,是指通过债权抵销税收债务来实现税款的不缴纳结果,表现为记载不所属或不存在的债权,带有欺诈性,税务机关并不会及时知晓税款没

---

① 这是2019年的规定。Cfr. Marco Corti, *Saldo IVA entro il 18 marzo: guida al versamento*, in *Fiscomania. com*, il 2 marzo 2019, disponibile nel sito seguente: https://fiscomania. com/saldo-iva-versamento/.

② Cfr. l'art. 6, comma 2, del L. 29 dicembre 1990, n. 405.

③ Cfr. Andrea Baldini, *Calcolo acconto IVA 2019 e versamento*, in *Fiscomania. com*, il 10 dicembre, 2019, disponibile nel sito seguente: https://fiscomania. com/acconto-iva-calcolo-versamento/.

有缴纳。因此,不同于第 10 条附加第 1 条和附加第 2 条规定的犯罪,本罪属于作为犯。目前规定的两个条款是在 2015 年修改之后分开独立的,实质上对应了两个独立的犯罪行为。为此,如果纳税人既通过利用不所属的债权,又通过利用不存在的债权进行抵销,可以同时构成两项犯罪。而本罪立法的主要问题在于相关概念缺乏清晰解释,涉及抵销的范围、不所属债权和不存在债权的差异以及应当缴纳的税款范围。其中,区分不所属债权和不存在债权的意义在于,两项条款规定的处罚力度是不一样的,同时也仅仅是通过利用不所属债权进行抵销的犯罪行为才可以适用 2000 年法第 13 条规定的关于税款缴纳的不处罚事由。

(1)抵销的范围

由于不正当的抵销是本罪犯罪行为的核心,正确理解抵销的范围对于判断本罪的构成至关重要。另外,由于本罪条文明确规定,“根据 1997 年 7 月 9 日第 241 号立法令第 17 条的规定进行抵销”,这就产生了本罪规定的抵销是否包括所有上述第 17 条规定的抵销的疑问,而第 17 条规定的抵销范围非常宽泛。总体而言,抵销发生在属于国库的金额与纳税人声称的债权之间,包括纵向抵销和横向抵销,前者涉及同一个税种之间的债务和债权,后者涉及不同税种或捐贡之间的债权和债务。

首先,虽然 1997 年立法令第 17 条规范了用债权与所得税、增值税、大区生产活动税和社会保障捐贡等债务的抵销,但是由于 2000 年法仅仅保护所得税和增值税的税收利益,纳税人旨在抵销的税收债务仅仅涉及所得税和增值税。换言之,最终旨在实现不缴纳的税款仅仅是所得税和增值税税款。这样,本罪条文所规定的应当缴纳的税款也就仅仅是指所得税或/和增值税税款。为此,不能通过扩张解释也适用于其他税债务的抵销。[①] 当然,为抵销可以利用的债

---

① Cfr. Luigi Quercia, *I reati tributari*, Edizioni Giuridiche Simone, 2018, p. 137.

权不局限于所得税、增值税债权，也包括其他税的债权。从这个角度，横向抵销肯定在本罪犯罪行为构成的范围内。

其次，争议在于纵向抵销。在所得税和增值税之间，显然典型的纵向抵销发生在增值税领域，这是因为进项增值税有可能超过销售增值税，从而形成留抵增值税税款（债权）。根据1997年立法令第17条的规定，横向抵销必须通过填报特定的表格，即关于税的统一缴纳表格，且有一个最高可抵销的数额限制，从2020年开始为每年100万欧元。① 而增值税方面的纵向抵销可以直接在增值税申报中实现，也不存在一个最高可抵销的数额限制。为此，有学者提出，纵向抵销涉及的不是税款缴纳环节，而是纳税申报环节，因此不在本罪的适用范围内。② 这样，不正当的纵向抵销可以通过欺诈申报罪来处罚。此外，意大利税务总局（Agenzia delle Entrate）也发过税收通告，③认为1997年立法令第17条被立法者引入就是为了允许和规范横向抵销，而纵向抵销是由其他法规规范的。具体而言，增值税抵销是由1972年《增值税法》第19条和第30条所规范的，涉及抵扣权的实施，不是税收债权债务的抵销。抵扣权的实施允许增值税税收债权向之后年度结转，这与在一个年度内销项税减进项税的抵扣权实施是一样的。④ 综上，就本罪规定的抵销范围，仅仅针对横向抵销的观点目前在意大利占据主流地位。

---

① Cfr. Francesco Oliva, *Compensazione modello F24 2020: novità, limiti e regole*, in *Informazione Fiscale*, il 20 ottobre 2020, disponibile nel sito seguente: https://www.informazionefiscale.it/Compensazione-modello-F24-regole-novita-importi.

② Cfr. Chiara Todino, *L'equivoco sulla compensazione mette a rischio il meccanismo della detrazione?*, in *Rassegna Tributaria*, n. 4, 2011.

③ Cfr. la circolare 11 marzo 2011, n. 13/E.

④ Cfr. Antonio D'Avirro, Marco Giglioli e Michele D'Avirro, *Reati tributari e sistema normativo europeo*, Wolters Kluwer, 2017, p. 448.

(2)不存在的债权

不存在的债权,是指缺乏债权的正当化构成要件,也就是说,对纳税人来说在现实中没有存在的债权;或者说,相关债权完全脱离于纳税人的税收情势,无论是否有虚假的文件作为支持。具体而言,这里所称的不存在债权产生于在填报特定申报表时新创设的债权,如果纳税人利用虚开发票产生的增值税债权并在纳税申报中记载,则根据2000年法第2条规定的罪行予以处罚。[①] 事实上,不存在的债权并不难理解,但还需要说明以下两种特殊的情形:①如果存在一项税收债权,但是归属于另外一个主体,如果纳税人对它进行了扣除,还是构成通过利用不存在的债权进行抵销,因为针对实施抵销这个主体而言,这项税收债权是不存在的;②如果债权附生效条件,在生效条件成就前,纳税人扣除这项附条件的债权也属于利用不存在的债权进行抵销,因为债权还没有产生,即不存在的。相反,如果债权附解除条件,一旦解除条件成就,债权就不存在了。[②]

(3)不所属的债权

不所属的债权,是指尽管债权在现实中存在,因为源于实际的交易,但是不能归于纳税人支配。[③] 相比不存在的债权,不所属的债权概念更复杂。根据最高法院的观点,不所属债权存在于以下情形中:尽管债权是存在的,且金额是确定的,但是根据一项规范理由,(还)不可以在抵销的操作中利用,或者不可以再利用。[④] 具体不所属债权的情况包括:①基于时间的限制,还不能被纳税人利用的税收债权,如需要等到下一个纳税年度抵销的债权;②基于非相关或不得抵扣的成本产生的债权,此时因为成本是实际存在的,只不过在税收层面不

---

① Cfr. Enzo Musco e Francesco Ardito, *Diritto penale tributario*, Zanichelli, 2016, p. 323.

② Cfr. Giuseppe Cernuto e Fabrizio D'Arcangelo, *I reati omissivi e di indebita compensazione*, in AA. VV., *La nuova giustizia penale tributaria*, Collana diretta da C. Conti etc., CEDAM, 2016, p. 389.

③ Cfr. Luigi Quercia, *I reati tributari*, Edizioni Giuridiche Simone, 2018, p. 138.

④ Cfr. la sentenza di Corte di Cassazione del 26 giugno 2014, n. 3367.

被认可;③已将税款退还的税收债权。[①] 此外,根据最高法院,还包括未遵守抵销程序和方式的债权。例如,对于数额超过 1.5 万欧元的债权,未附有符合规定的签署或会计审核人员的签字。又如,基于投资而取得的税收债权,没有在规定期限内使用。[②]

根据上述对不所属债权情形的分析,显然,相比利用不存在的债权进行抵销,利用不所属的债权进行抵销的危害性更小。当然,如果是被税务机关否定的债权,并不必然是不存在或不所属的债权,这是因为税务机关的否定可能是错的,因此从刑事犯罪查定的角度,还需要对抵销的债权的存在或所属与否进行评估。[③] 此外,如果因为适用条件或范围客观的不确定,纳税人误以为存在一项所属的税收债权并利用其进行抵销,应当基于对规则的理解错误而不予处罚。

(三)入罪门槛

首先,在 2015 年修改之前,3 项不缴纳税款罪的入罪门槛都是 5 万欧元,2015 年修改将扣缴税款不缴纳罪的门槛提高到 15 万欧元,将增值税税款不缴纳罪的门槛提高到 25 万欧元,而不正当的税款抵销罪的门槛没有变化,这样,目前 3 类罪的门槛呈现差异化。为此,也引起了差异化合理性的问题,主要是集中于后两项不缴纳税款罪之间的差异,鉴于犯罪主体都是纳税人。具体而言,纳税人如果不缴纳增值税税款,如果数额没有超过 25 万欧元,就不受处罚,但是如果纳税人利用不所属或不存在的债权进行不正当抵销其增值税债务,数额超过 5 万欧元,就需要受处罚,这种差别对待似乎缺乏正当性理由。[④] 但是,

---

① Cfr. Antonio D'Avirro, Marco Giglioli e Michele D'Avirro, *Reati tributari e sistema normativo europeo*, Wolters Kluwer, 2017, p. 456.

② Cfr. la sentenza di Corte di Cassazione del 26 gennaio 2015, n. 3367.

③ Cfr. Enzo Musco e Francesco Ardito, *Diritto penale tributario*, Zanichelli, 2016, p. 324.

④ Cfr. Giuseppe Cernuto e Fabrizio D'Arcangelo, *I reati omissivi e di indebita compensazione*, in AA. VV., *La nuova giustizia penale tributaria*, Collana diretta da C. Conti etc., CEDAM, 2016, p. 376.

客观的情况是,通过不正当抵销实现的税款不缴纳行为总体而言更严重,毕竟不同于单纯的不缴纳,其有积极的作为行为,即提交不正当抵销申报,且不正当抵销下的未缴纳税款不会被税务机关及时知晓,只有当发现抵销用的债权不存在或不所属时才会知晓,[①]尤其是利用不存在的债权进行抵销,具有一定的欺诈性。因此,至少对利用不存在的债权不正当抵销罪规定较低的门槛是合理的。

其次,还需要解释的是,为何扣缴税款不缴纳罪和增值税税款不缴纳罪在门槛上也存在差异,即提高后的门槛,前者要低于后者。对此,应当认为这并非属于不合理的差异,区别对待这两项犯罪行为有合理理由:(1)从历史的角度,扣缴税款不缴纳罪存在于 1982 年法之中,仅仅在 2000 年法后短暂地消失了 4 年,而增值税税款不缴纳罪并没有在 1982 年法中被规定,且 2006 年才在 2000 年法中被引入。因此在大概 20 年中,当扣下税款不缴纳被处以刑事处罚时,增值税税款不缴纳仅仅是行政违法行为,即立法者长期区别这两类违法行为,且认为增值税税款不缴纳行为的危害更轻。(2)从法律规定的角度,两罪在构成要件方面存在诸多差异,如一个实质上就是针对所得税的不缴纳,犯罪主体是扣缴义务人,2000 年法中唯一针对扣缴义务人的身份犯,一个针对增值税的不缴纳,犯罪主体是纳税人,同时也是 2000 年法规定的其他各类税收犯罪的犯罪主体。换言之,纳税人已经面临很多其他税收犯罪处罚的可能。另外,除不缴纳申报中的税款外,扣缴税款不缴纳罪的犯罪客观行为中还特别包括不缴纳显示于开具给被扣缴人的证明中的扣下税款。基于这个证明,在以最终性税收债务的名义扣下税款的情形下,税务机关就只能向扣缴人征税,在以预付款的名义扣下税款的情形下,被扣缴人就可以从其申报的税收债务中减去对应扣下税款数额的税收债务。[②] 为此,对扣下税款不缴纳行为的刑事处罚显得更必要。

---

① Cfr. Enzo Musco e Francesco Ardito, *Diritto penale tributario*, Zanichelli, 2016, p. 322.

② Cfr. Giuseppe Cernuto e Fabrizio D'Arcangelo, *I reati omissivi e di indebita compensazione*, in AA. VV., *La nuova giustizia penale tributaria*, Collana diretta da C. Conti etc., CEDAM, 2016, p. 386.

综上,对增值税税款不缴纳罪规定一个更高的入罪门槛具有合理性。

再次,同样是税收实害行为犯罪,总体而言,税款不缴纳罪比申报类罪的门槛要高,因为申报类罪是针对税收查定的,其危害性更大。总之,2015 年修改提高了税款不缴纳罪的门槛,符合刑事处罚的比例性要求,即处罚的力度与犯罪行为的危害严重性相称。① 同时,客观上也使税款不缴纳罪适用的对象集中于大中规模的企业。

最后,关于入罪门槛的查实、计算,刑事法官需要承担这项确定所逃避的税款数额的任务,刑事法官可以请求与税务机关合作,但是刑事法官实施的查定与税务机关实施的查定是不同的,毕竟在税收征管程序中,证言证据被排除,同时可以使用推定工具。相关犯罪门槛的计算如下:(1)关于扣缴税款不缴纳罪,根据该罪条文的明确规定,15 万欧元的门槛,是指一个纳税年度内所有未缴纳的所扣税款的总和,包括针对所有不同的被扣缴义务人以及各种不同类型的所得;②(2)关于增值税税款不缴纳罪,25 万欧元门槛的计算要减去已经周期性实际缴纳的税款,即在税款发生当年已经按月或按季度缴纳的税款;(3)关于不正当的税款抵销罪,5 万欧元的门槛,是指在一个纳税年度内所得税、增值税不缴纳的数额的加总,不过要分别计算利用不存在债权和利用不所属债权抵销下的不缴纳税款的数额。因此,如果利用不存在债权和不归属债权抵销少缴纳的税款分别低于 5 万欧元,就不构成犯罪。

(四)主观要件

3 类税款不缴纳犯罪都属于故意犯,即行为人知晓和意图不缴纳相关的所扣税款(包括申报中应当扣缴的税款),或者知晓和意图不缴纳增值税税款,或者知晓和意图通过利用不所属、不存在的债权抵销来不缴纳应当缴纳的税款。

---

① Cfr. Giuseppe Cernuto e Fabrizio D'Arcangelo, *I reati omissivi e di indebita compensazione*, in AA. VV., *La nuova giustizia penale tributaria*, Collana diretta da C. Conti etc., CEDAM, 2016, p. 375.

② Cfr. Luigi Quercia, *I reati tributari*, Edizioni Giuridiche Simone, 2018, p. 127.

此外，根据入罪门槛属于相关犯罪的构成要件，行为人应当知晓和意图的内容还包括不缴纳的税款超过相关门槛。这样，如果行为人对税款的未缴纳是无意的，或者仅仅是遗忘缴纳税款，即仅仅是过失就不构成相关犯罪。这一点对于扣缴税款不缴纳罪和增值税税款不缴纳罪这两项真正的不作为犯尤为重要。当然，由于3类税款不缴纳罪立法都没有规定特定的逃避税款目的，甚至在扣缴税款不缴纳罪中都没有要求占有扣下税款的目的，这样，因其他可能的目的或阴谋(dolo eventuale)而不缴纳税款，如为了克服企业的流动性危机或为了实施其他犯罪准备必要的不正当的可支配性资金，[①]也可以构成相关犯罪。换言之，对于税款不缴纳罪的构成来说，行为人不缴纳税款所追求的目的并不重要。例如，为了避免债权人对行为人的破产申请或为了支付员工的工资、避免工人的减少等。[②] 显然，构成要件缺乏特定目的的要求扩大了税款不缴纳罪的适用范围，也引起了关于流动性危机(因而不缴纳税款)是否可用以排除犯罪构成的争议，尤其是对于扣缴税款不缴纳罪和增值税税款不缴纳罪来说。

首先，在学理上，上述争议与对不缴纳税款犯罪行为的无价值内涵的不同理解有关。一种观点认为，无价值不仅体现在行为人有意地在规定期限内不缴纳税款，更多地还体现在行为人没有留出储备资金，以致随后引向税收债务的不履行，即对履行税收债务来说，打赌必要的财力支配性可以在规定期限内恢复，但结果却输了。对行为人的斥责性是基于其没有留出资金，那么流动性危机就不能被援引，因为行为人本来应组织好其财产，即要预先留出资金用以缴税。[③] 故意的内

---

① Cfr. Gian Luca Soana, *I reati tributari*, Giuffrè, 2018, p. 417.

② Cfr. Luigi Quercia, *I reati tributari*, Edizioni Giuridiche Simone, 2018, p. 133.

③ Cfr. Gian Luca Soana, *Crisi di liquidità del contribuente e omesso versamento di ritenute certificate e di IVA (artt. 10 bis e 10 ter d. lgs. n. 74/2000)*, nota a tribunale di roma (sent.) del 7 maggio 2013, disponibile nel sito seguente: https://archiviodpc. dirittopenaleuomo. org/upload/1381126428SOANA%202013a. pdf.

容就还包括行为人意图不留出资金。[①] 另一种观点则认为，无价值在于行为人在规定期限内不缴纳增值税税款或扣下税款，与之前的未留出资金的行为不相关，如果对于行为人来说，不可能缴纳税款是源于流动性危机，即流动性危机造成了行为人在规定期限内实际履行税收债务的不可能性，就可以排除犯罪的故意。[②] 其次，司法判决也存在分歧。总体而言，最高法院以下的法院更多地主张上述第二种观点，认为需要根据不履行税收债务行为是否可以归属于行为人的意愿来判断，如果在严重的流动性危机下，不履行行为无法归属于行为人的意愿，就应当排除主观要件的构成，尤其是2008年世界经济危机之后，面对大量企业没有缴纳扣下税款或增值税，刑事责任需要被排除。[③] 而最高法院则采纳了上述第一种观点，采取了更严厉的立场，不缴纳税款行为的无价值在于企业没有履行留出满足缴纳税款需要的资金和管理好自己财源使其不违反缴纳税款义务的义务。[④] 例如，扣缴义务人在向报酬取得者支付报酬时，就产生了留出资金、向税务机关缴纳扣下税款的义务。为此，违反这项义务就不能援引流动性危机以排除主观过错。在2008年世界经济危机之后，最高法院仍坚持这一观点。[⑤]

综上，通常而言，行为人处于经济困难或无支付能力支付状态并不足以排除行为人税款不缴纳的刑事责任，这一观点在意大利还是更占优势，也是合理的。尤其是对于不正当的税款抵销罪来说，犯罪构成的排除更不能援引财务危

---

① Cfr. Enzo Musco e Francesco Ardito, *Diritto penale tributario*, Zanichelli, 2016, p. 311.

② Cfr. L. Troyer e A. Ingrassia, *I delitti di omesso versamento ai tempi della crisi e le(as) soluzioni giurisprudenziali "tout comprendre c'est tout pardonner?"*, in *Rivista Dottori Commercialisti*, n. 3, 2013, p. 962.

③ Cfr. Antonio D'Avirro, Marco Giglioli e Michele D'Avirro, *Reati tributari e sistema normativo europeo*, Wolters Kluwer, 2017, p. 393.

④ Cfr. la sentenza di Corte di Cassazione del 12 settembre 2013, n. 37425.

⑤ Cfr. Antonio D'Avirro, Marco Giglioli e Michele D'Avirro, *Reati tributari e sistema normativo europeo*, Wolters Kluwer, 2017, p. 394.

机或无清偿能力状态，何况还存在一些用于缓和与另一种观点对立的修正措施。首先，在当行为人处于经济困难或无支付能力支付状态中，刑事法官可以根据《刑法典》第132条规定在刑罚适用进行裁量时考虑这一减轻情节。[①] 其次，最高法院也承认，在满足特定条件下，即在所谓绝对的流动性危机下，可以排除税款不缴纳罪的构成。具体而言，包括以下条件：(1)流动性危机导致的不仅是企业税款缴纳的不可能性，企业的其他需求也不能得以满足；(2)为了能够证明以上的不可能性，一般性地提出国家经济形势差是不足够的，需要证明企业已经实施了所有可能的手段和措施来寻获必要的财源以缴纳税款，但是因为不取决于其和不归属于其的原因或逃脱其意志可以控制的原因而没有成功。[②] 总之，在一个绝对的流动性危机下，因为财源不足导致的不缴纳税款，行为人如果处于无过错的情形，更谈不上构成故意，也不应当构成犯罪而受到处罚。

(五)犯罪行为完成的时刻

首先，关于扣缴税款不缴纳罪，如果扣缴义务人一直没有缴纳扣下的税款，作为真正的不作为犯，扣下税款不缴纳犯罪行为完成的时刻就是提交扣缴税款年度申报规定期限截止的时候。具体而言，就前一个纳税年度的税款扣缴而言，扣缴义务人年度申报的提交期限是第二年的10月31日。[③] 同样，关于增值税不缴纳罪，作为真正的不作为犯，增值税不缴纳犯罪行为完成的时刻也是相关期限截止的时候，即“在关于下一个纳税年度的预付税款缴纳期限”，亦即第二年的12月27日。鉴于都属于真正的不作为犯，以上两项罪行都不存在犯罪

---

① Cfr. Luigi Quercia, *I reati tributari*, Edizioni Giuridiche Simone, 2018, p. 133.

② Cfr. Giuseppe Cernuto e Fabrizio D'Arcangelo, *I reati omissivi e di indebita compensazione*, in AA. VV., *La nuova giustizia penale tributaria*, Collana diretta da C. Conti etc., CEDAM, 2016, p. 362.

③ Cfr. Andrea Baldini, *Modello 770/2020: scadenza e obbligo di presentazione*, in *Fiscomania. com*, il 20 ottobre 2020, disponibile nel sito seguente: https://fiscomania.com/modello-770-2020/.

未遂的状态,[①]尽管在意大利对此亦有争议。

其次,关于不正当的税款抵销罪,如果在一个纳税年度内通过利用不正当抵销导致超过5万欧元的税款不缴纳时,犯罪行为就完成了。这样,犯罪可能通过一项不正当抵销行为来完成,也可能通过多项不正当抵销行为来完成。在后者的情形中,犯罪行为完成的时刻是最后一项不正当抵销行为完成之时,即加上之前的抵销行为,不缴纳的税款数额此时超过了5万欧元。[②] 为此,不同于前两项税款不缴纳行为犯罪,本罪可以在所涉纳税年度内发生,从某种意义上导致了本罪犯罪行为刑事意义的提前,与2000年法避免入刑提前的刑事政策选择有所矛盾。[③] 另外,本罪存在犯罪未遂状态。此外,如果多项不正当抵销行为都导致超过入罪门槛,则应当根据《刑法典》第81条规定的连续犯进行处罚。

(六)处罚

首先,在刑事处罚力度上,扣缴税款不缴纳罪、增值税税款不缴纳罪和利用不所属债权的不正当抵销罪是一样的,都是处6个月至2年有期徒刑。这是因为,或是单纯的不缴纳税款,或是为不缴纳税款而采取的手段并不具有足够的欺诈性,从犯罪行为的危害性角度,3类罪基本是相同的。同时,总体而言,相比申报类犯罪和会计资料类犯罪,上述3类税款不缴纳罪的危害性显然更小。因此刑罚要低于申报类犯罪和会计资料类犯罪的刑罚。但是,利用不存在债权的不正当抵销罪,鉴于具有一定的欺诈性,犯罪行为的危害性比其他3类不缴纳税款罪要大,因此处1.5年至6年有期徒刑。其次,根据2000年法第13条第1款的规定,对于扣缴税款不缴纳罪、增值税税款不缴纳罪和利用不所属债

---

① Cfr. Antonio D'Avirro, Marco Giglioli e Michele D'Avirro, *Reati tributari e sistema normativo europeo*, Wolters Kluwer, 2017, p. 406 e p. 430.

② Cfr. la circolare dell'Agenzia delle entrate del 4 agosto 2006, n. 28/E.

③ Cfr. Enzo Musco e Francesco Ardito, *Diritto penale tributario*, Zanichelli, 2016, p. 325.

权的不正当抵销罪，在犯罪行为完成后，如果行为人在一审开庭审理之前，税收债务以及相关的行政处罚和利息已经通过完整缴纳应支付款项而消灭，相关罪行就不具有处罚性。根据2000年法第13条附加第1条的规定，对于利用不存在债权的不正当抵销罪，在犯罪行为完成后，如果行为人按照相关条件履行税收债务，则减半适用处罚。由于上述减免处罚的规定，3类不缴纳税款罪的处罚范围被大大缩小了。显然，对不缴纳税款罪总体上采取轻刑的处罚力度，加之减免处罚的规定，有助于减少对立法上引入这类犯罪的质疑，对2000年法的理念的偏离也保持在一个可接受的范围内。

（七）与其他相关犯罪的适用关系

首先，关于扣缴税款不缴纳罪，需要明确其与2000年法第5条附加第1款规定的税款扣缴不申报罪的适用关系，因为犯罪主体都是扣缴义务人。对此，扣缴义务人没有提交税款扣缴申报，如果也没有向被扣缴义务人开具税款扣下的证明，那就仅可以构成第5条规定的不申报罪，如果开具了证明，两罪就会产生竞合。当然，如果扣缴义务人提交了税款扣缴申报，则仅可以构成扣下税款不缴纳罪。[①] 其次，关于增值税税款不缴纳罪，涉及与更多的申报类逃税罪的适用关系。增值税税款不缴纳罪的存在必须以一项有效的纳税申报为前提，因此，如果没有提交纳税申报，则仅可以构成不申报罪。相反，如果纳税人提交了纳税申报，但是不缴纳申报上记载的税款，就可以同时构成欺诈申报或不诚信申报罪与增值税税款不缴纳罪。[②] 最后，关于不正当的税款抵销罪，纳税人在实施欺诈申报或不诚信申报之后，再就应缴纳的税款利用不存在或不所属的债权进行抵销，可以同时构成欺诈申报或不诚信申报罪与不正当的税款抵销罪。此外，由于不正当抵销犯罪行为具有欺诈性，与《刑法典》第640

---

① Cfr. Antonio D'Avirro, Marco Giglioli e Michele D'Avirro, *Reati tributari e sistema normativo europeo*, Wolters Kluwer, 2017, p. 406.

② Cfr. Enzo Musco e Francesco Ardito, *Diritto penale tributario*, Zanichelli, 2016, p. 309.

条第2款规定的诈骗罪(针对国家或公共机构实施诈骗)的关系,应当认定不正当的税款抵销罪构成上述诈骗罪的一种特殊情形,并适用不正当的税款抵销罪。[①]

第二节　欺诈逃避缴纳税款罪

一、立法内容与保护法益

(一)欺诈逃避缴纳税款罪立法的演变

2000年法遵循谦抑性原则,极大限制了对逃税预备行为的刑事处罚,并主要对直接有损国库利益的行为予以刑事处罚。为此,相比申报类犯罪,欺诈逃避缴纳税款罪是第二位符合2000年法理念的税收犯罪,作为对税收实害犯罪打击范围的重要补充或漏洞填补,该罪立法特别处罚蓄意破坏财产保全(逃脱税款的征收)的行为,在税款的执行阶段,对税收收入的取得提供了间接的刑法保护。

对欺诈逃避缴纳税款行为的刑事处罚在2000年法之前就已经存在。1973年第602号共和国总统令(《所得法征收条款》,以下简称1973年《所得税征收法》)第97条就规定了欺诈逃避缴纳税款犯罪行为,[②]该条规定:"为逃避缴纳应当缴纳的税款、利息、附加税和罚款,在税务检查已经开启之后或者查定文书或征收文书已经告知之后,纳税人就自身或他人的财产实施了已经让强制执行程序完全或部分无效的欺诈行为,最高处以3年有期徒刑。如果没有缴纳的总

---

① Cfr. Antonio D'Avirro, Marco Giglioli e Michele D'Avirro, *Reati tributari e sistema normativo europeo*, Wolters Kluwer, 2017, p. 471.

② Cfr. l'art. 97 del D. P. R. 29 settembre 1973, n. 602 – Disposizioni sulla riscossione delle imposte sul reddito.

金额不超过1000万里拉(大概4870欧元),不适用本条规定。"事实上,这一规定是经过1991年第413号法律第15条修改后的结果,[1]相比原来的规定,犯罪构成要件的主要变化体现在,不再要求纳税人已经处于拖延缴纳税款的状态,同时增加了入罪门槛和征税已经介入两个条件。但是,这一规定存在明显的不足。首先,在税务检查已经开启之前或者查定文书或征收文书告知之前的欺诈行为被排除在刑事处罚的适用范围外;其次,要求已经让强制执行程序完全或部分无效,使刑事处罚局限于强制执行结果受挫的情形,也严重妨碍了刑事打击的介入。[2] 此外,因为规定的是逃避缴纳应当缴纳的税款,使税收债务已经被实际地查定也成为本罪刑罚介入的条件。显然,之前立法对要件的规定过于苛刻,导致条款的应用极端困难。为有效、全面地打击欺诈逃避缴纳税款行为,2000年法引入了第11条并对欺诈逃避缴纳税款罪立法进行了诸多修改。根据修改后的立法,欺诈逃避缴纳的税款不再要求是应当缴纳的税款,税务机关已经实施税务检查或税款查定、征收等不再是客观要件,即纳税人已经获知征税介入的迹象不再是客观要件,同时不再要求欺诈行为已经实际使强制执行程序无效,即不再要求已经造成国库利益受损。[3] 本罪也从损害结果犯变成了危险犯,但也产生了本罪条款应用无差别、过度的风险。换言之,纳税人任何会使财产(作为可能的强制执行的对象)减损的处分行为都可能受到本罪的处罚。而这就要求对本罪的相关构成要件进行严格解释,以避免将一些没有无价值的行为纳入本罪受处罚。

(二)现行立法内容与保护法益

基于上述立法的修改,2000年法第11条规定:"任何人为逃避缴纳所得

---

① Cfr. l'art. 15 del L. 30 dicembre 1991, n. 413.

② Cfr. Enzo Musco e Francesco Ardito, *Diritto penale tributario*, Zanichelli, 2016, p. 330.

③ Cfr. Antonio D'Avirro, Marco Giglioli e Michele D'Avirro, *Reati tributari e sistema normativo europeo*, Wolters Kluwer, 2017, p. 475.

税、增值税或者与上述税款相关的利息或者罚款,总额超过5万欧元,就自身或他人的财产,实施虚假转让或其他欺诈行为,能使强制执行程序完全或部分地失去实效,处半年至4年有期徒刑。如果税额、罚款和利息的总金额超过20万欧元,处1年至6年有期徒刑。"该条文规定的逃避客体包括税款、利息和罚款,为便利论述,下文简称为逃避税款或仅提及税收债权。基于本罪的立法内容,对于本罪的构成来说,通过税收强制执行来实际满足税收债权受到危险就足矣。因此,欺诈逃避缴纳税款罪的保护法益从根本上还是《宪法》第53条规定的取得税收的利益。同时,也有观点认为,该罪的保护法益是税收强制执行程序的正常开展,旨在说明2000年法制定情况的政府报告就主张这一观点。①当然,相对取得税收利益而言,税收强制执行程序的正常开展可以说是一种工具或手段的法益。此外,也有少数观点指出,本罪保护的法益在于税款征收的需要,面向税务机关的纳税人财产保全。②

二、犯罪构成要件与处罚

(一)犯罪主体

虽然2000年法第11条在规定欺诈逃避缴纳税款罪的主体时都使用了"任何人"一词,但是并不能据此认定本罪是普通犯;相反,其属于身份犯,因为该条规定犯罪主体需要具有逃避缴纳税款的目的,这样,只有需要缴纳所得税、增值税的纳税人才可以成为本罪的犯罪主体。同时,源于2000法第1条第(e)项的规定,在本罪犯罪主体是法人的情形中,该法人的管理人(包括事实管理人)、清算人或代表人也构成本罪。当然,如果其他主体不仅参与了犯罪行为,还知晓纳税人实施这个行为是旨在以欺诈的方式逃避税款缴纳,纳税人以外的

---

① Cfr. la Relazione ministeriale al D. Lgs. 74/2000.

② Cfr. Antonio D'Avirro, Marco Giglioli e Michele D'Avirro, *Reati tributari e sistema normativo europeo*, Wolters Kluwer, 2017, p. 479.

其他主体可以与纳税人构成共犯。有争议的是,扣缴义务人是否可以成为本罪独立的犯罪主体。有观点认为,扣缴义务人在税款扣下和缴纳方面是独立的消极主体,并有义务以自己的名义向税务机关缴纳所扣下的税款,因此,扣缴义务人也会损害本罪的保护法益,[①]且本罪立法旨在打击任何置税收强制执行程序于危险的欺诈行为,况且不缴纳扣下的税款也入刑。[②] 另一种观点则认为,扣缴义务人不能构成本罪的主体,因为立法者在规定本罪逃避缴纳的客体时使用了"税款"(imposte)一词,不是"所扣税款"(ritenute)一词,而后者才是扣缴义务人应当缴纳的。如果想将本罪扩大适用到扣缴义务人,就应当在规定特定目的时明确规定这个词,因为在刑事领域不允许将刑罚类推适用于一个没有明确规定的行为。[③] 事实上,考察2000年法规定的其他税收犯罪,只有不申报罪和扣缴税款不缴纳罪明确规定了扣缴义务人是相关犯罪的主体,否则,立法者针对扣缴义务人明确规定这两项罪行就显得多余了。

(二)客观要件

总体而言,本罪的客观行为表现为纳税人实施财产的虚假转让或其他欺诈行为,使税收强制执行程序完全或部分地失去实效,以逃避履行税收债务以及源于不遵守税收规则导致的罚款、利息。因此,本罪属于危险犯,即刑事介入发生在纳税人实施了能使强制执行程序受挫的相关欺诈行动时,不需要强制执行程序或税收检查行为已经启动,因而,征税利益已经实际遭受损失不是必要条件。其中,能使强制执行程序受挫的判断需要由刑事法官根据个案进行事前的分析和判断,受挫无须实际查实,因此本罪可以进一步认为属于具体危险犯。[④] 另外,虚假转让或其他欺诈行为构成了本罪犯罪行为的核心,毫无疑问,本罪属

① Cfr. Enrico Mastrogiacomo, *Il delitto di sottrazione fraudolenta al pagamento di imposte*, in *Il Fisco*, n. 33, 2000.

② Cfr. Enzo Musco e Francesco Ardito, *Diritto penale tributario*, Zanichelli, 2016, p. 333.

③ Cfr. Gian Luca Soana, *I reati tributari*, Giuffrè, 2018, p. 432.

④ Cfr. Luigi Quercia, *I reati tributari*, Edizioni Giuridiche Simone, 2018, p. 143.

于行为犯。纳税人的不作为,如没有修缮一幢危房,任由其倒塌,即使损害了国库利益,也不具有处罚性。[①] 但是,即使排除了纳税人不作为的刑事意义,还是需要考虑避免纳税人任何会使财产减损的处分行为都纳入本罪的风险,如没有按照正常的市场、商业规则进行交易。这主要应当通过解释虚假转让或其他欺诈行为来实现,即应当局限于那些具有特殊诡计性的行为,此外,还包括其他具有特别内容的要求。为此,就本罪客观行为的构成,以下从六个方面进行详细阐释。

1. 纳税义务的存在

由于第 11 条并没有明确规定所涉纳税义务要在虚假转让或其他欺诈行为发生之前就已经存在,似乎可以认为纳税人在纳税义务产生之前的欺诈行为也具有刑事意义。例如,纳税人因为近期将实施一项经济活动,预见到会产生纳税义务,在此之前纳税人就先抛弃财产,使该纳税人财产保全的效果完全丧失或削弱。但是,如果立法者要将逃避未来的纳税义务(税款缴纳)也纳入本罪予以处罚,应当明确地写明,同时本罪也规定了一个明确的由逃避缴纳的税款等构成的入罪门槛,因此,上述观点并没有被认同。[②] 事实上,在纳税人实施欺诈行动时,缴纳超过入罪门槛的税收债务义务已经产生,也正是这个义务的存在限定了本罪的犯罪主体,即承担该义务的纳税人。具体而言,该义务在拥有所得或商品转让或服务提供时产生,早于这个时间的欺诈行为不具有刑事意义。[③] 虽然纳税义务应当先于本罪的客观行为而存在,但是由于第 11 条并没有要求是应当缴纳税款的逃避,本罪在纳税义务尚未被以最终的方式查定的情况下也是可以存在的。换言之,如果纳税义务是否存在以及在数额上仍存在争

---

① Cfr. Antonio D'Avirro, Marco Giglioli e Michele D'Avirro, *Reati tributari e sistema normativo europeo*, Wolters Kluwer, 2017, p. 488.

② Cfr. Enzo Musco e Francesco Ardito, *Diritto penale tributario*, Zanichelli, 2016, p. 335.

③ Cfr. Antonio D'Avirro, Marco Giglioli e Michele D'Avirro, *Reati tributari e sistema normativo europeo*, Wolters Kluwer, 2017, p. 481.

议的,纳税人实施欺诈行为也可以构成本罪,这是因为纳税义务是根据法律产生的,税务机关实施的税收查定行为仅在于宣示纳税义务,而不是创设纳税义务。①

2. 虚假转让

作为典型的欺诈行为,虚假转让特指虚假交易中涉及所有权转移的行为,包括虚假的买卖、交换、赠与、入股等行为。总体而言,虚假转让发生在以下情形中:在一项财产的所有权转移中,对外展现的意图并不符合当事方实际的意图。虚假转让包括绝对的虚假转让交易和相对的虚假转让交易,前者是指当事方实际并不想实施这个交易,后者是指当事方想要一个不同于虚假交易的交易。相对虚假涉及交易的名义、对价或交易方。例如,用于掩盖赠与的买卖合同;又如,销售行为表面上基于市场价格,但是实际销售价格低于市场价格;再如,表面上财产转让给某主体,但是实际上是转让给另外一个主体。其中,最后一种情况属于主体的虚假。当然,从本罪犯罪行为的角度,相关的虚假转让需要使纳税人的财产减损,从而失去财产保全的意义。换言之,本罪立法者并不想打击所有虚假交易的情形,仅仅限于以下情形:因为虚假协议,关于作为交易客体的财产的所有权,向税务机关展现了一个不同于实际情况的假象,这样就阻止了税务机关寻求到这个财产,采取强制执行措施来满足税收债权,而事实上这个财产依然受到税收债务人的实际支配。② 事实上,本罪行为的无价值也体现在造成税务机关受骗。例如,纳税人对外虚假转让其不动产、企业(或企业的一个部门)、公司股权等,但是实质上转让在当事方内部关系间被排除了。又如,纳税人将其不动产虚假赠与其直系亲属,或不动产在表面上捐赠给第三人,但是纳税人还是会取得源自该不动产的租赁收入。再如,纳税人以市场价

① Cfr. Enzo Musco e Francesco Ardito, *Diritto penale tributario*, Zanichelli, 2016, p. 344.

② Cfr. Antonio D'Avirro, Marco Giglioli e Michele D'Avirro, *Reati tributari e sistema normativo europeo*, Wolters Kluwer, 2017, p. 491.

格签订了买卖合同,但是没有让购买方支付对价,或者收到对价后又立马归还了,或者仅取得了非常小的一部分对价,因为交易当事方事实上没有想实施这个转让行为。[①] 此外,最高法院也曾通过判决认定了一些虚假转让的案例。例如,某自然人纳税人将自己的一处地产转让给某企业,该企业的法定代表人是该纳税人的妻子。纳税人在取得销售的对价后,以股东提供融资的名义又将对价交回给上述购买地产的企业;[②]又如,关于主体虚假介入的例子,甲某是企业纳税人事实上的管理人,向一家金融公司转让该纳税人的一处不动产,通过约定,金融公司又以融资租赁的方式将不动产转移(伴随购买权)给另一家企业,而该企业也是由甲某管理的。其中,第一次不动产转让的对价以支票的方式支付,具体是由甲某直接兑现的。[③]

3. 其他欺诈行为

首先,需要明确的是,并非所有的使纳税人财产减损的行为都具有刑事意义,否则就会与2000年法的理念相违背。只有那些伴随欺诈或诡计并旨在阻碍税务机关在税款执行上的反应或使税务机关的反应"误入歧途"的行为才构成本罪的客观行为。[④] 为此,第11条规定了"其他欺诈行为"这一兜底规定,并特别强调虚假转让以外的其他行为也应当具有欺诈特征。相应地,如果纳税人实施的财产转让是真实的,即使也会造成税收债权的无法满足,如一项财产的赠与,即使价值巨大,或低价转让,也并不构成欺诈行为,因而不具有刑事意义。虽然此时刑事制裁无法介入,但是税务机关尚可以根据意大利《民法典》第2901条的规定实施撤销权,来维护国库利益。而一旦伴随欺诈或诡计,如用买卖来掩盖赠与,就唯有通过刑事处罚才能发挥震慑作用并有效遏制严重侵害税

---

① Cfr. Antonio D'Avirro, Marco Giglioli e Michele D'Avirro, *Reati tributari e sistema normativo europeo*, Wolters Kluwer, 2017, p. 490 – 491.

② Cfr. Enzo Musco e Francesco Ardito, *Diritto penale tributario*, Zanichelli, 2016, p. 335.

③ Cfr. la sentenza di Corte di Cassazione del 29 settembre 2011, n. 35310.

④ Cfr. la sentenza di Corte di Cassazione del 1 aprile 2006, n. 13233.

收利益的欺诈行为。[①]

其次,关于不同于虚假转让的其他欺诈行为,总体上应当具备这样的特征:使纳税人财产变"贫瘠",但所显示的纳税人财富与实际情况并不同。具体而言,包括在财产上虚假创设使用权等用益物权或者虚假创设抵押权等担保权,或者承认不存在的成本、费用或损失,或者虚假设立一个财产基金等。[②] 此外,意大利最高法院在判决中认为,以下这种情形与其说是虚假转让中的主体虚假介入,倒不如说是其他欺诈行为:甲某是企业法定代表人,在收到一笔巨额税收债务查定通知后,与一家租赁企业签订了金融租赁合同,将该企业的两处不动产出租给后者,但是后者需要将不动产再出租给第三家企业,而这第三家企业的法定代表人是甲某的孩子。由于是甲某而不是租赁企业决定了不动产再出租的对象,以及甲某与该对象的特殊关系,使租赁交易仅仅是表面上的交易,甲某通过自己孩子依然支配着不动产。[③]

最后,还需要明确第 11 条所规定的欺诈行为(atti)是否仅仅是指法律交易,抑或是还包括事实活动(attivita materiali)。例如,简单地隐藏、毁损财产。对此,应当认为在意大利刑法规定中,行为也经常包括非法律交易的情形,同时,纳税人隐藏财产的活动完全可以呈现相同的欺诈效果,阻碍税务机关的反应或使税务机关的反应"误入歧途",也能实现逃避缴纳税款。[④] 考虑到隐藏、毁损财产是纳税人经常实施的欺诈活动,如果将事实活动排除在本罪处罚的范围之外,就会背离本罪刑事处罚的缘由。事实上,由于法律条文并没有明确是否包括事实活动,那么在解释时就应当以刑事处罚的缘由为依据,这样事实活动也包括在内,只要其具有欺诈的特征。因此,隐藏财产属于本罪规定的其他

---

① Cfr. Luigi Quercia, *I reati tributari*, Edizioni Giuridiche Simone, 2018, p. 148.

② Cfr. Antonio D'Avirro, Marco Giglioli e Michele D'Avirro, *Reati tributari e sistema normativo europeo*, Wolters Kluwer, 2017, p. 495.

③ Cfr. la sentenza di Corte di Cassazione del 6 marzo 2008, n. 14720.

④ Cfr. Enzo Musco e Francesco Ardito, *Diritto penale tributario*, Zanichelli, 2016, p. 338.

欺诈行为,因为虚假呈现了财富状况,而毁损财产导致纳税人财富实际的“贫瘠”,而不是表面上的“贫瘠”,不构成本罪规定的其他欺诈行为。①

4. 他人的财产

在正常情况下,纳税人通过实施欺诈行为使自己的财产变“贫瘠”来逃避缴纳自身的税款,税务机关也不能就他人的财产实施强制执行来满足对纳税人的税收债权。但是,本罪在规定纳税人欺诈行为作用的对象时,却规定了“就自身或他人的财产”,为此,需要解释一下他人财产的情况。根据2000年法第1条第(e)项的规定,“他人财产”是指以下这种情况:为了企业、机构或自然人逃避缴纳税款的目的,纳税人的管理人、清算人或代表人实施欺诈行为;此时,他人的财产是指被代表的主体(纳税人)的财产,而不是管理人、清算人或代表人的财产。②

5. 能使性的理解

根据本罪的规定,能使性,是指纳税人的欺诈行为能使税收强制执行程序完全或部分地失去实效,其中,部分地失效,是指纳税人有剩余财产可供强制执行,但是无法满足全部的税收债权。也正是基于能使性这一具体内容,本罪的构成与税收强制执行程序的实际结果没有关联。换言之,并不要求执行程序已经实际启动。事实上,能使性的要求预示一项具体危险的存在,即可能损害基于执行程序正常开展的国库利益,这需要由刑事法官基于个案予以查实。根据意大利最高法院的意见,也正是鉴于能使性的要求或者具体危险犯的属性,即使事后税务机关识别出纳税人行为的欺诈性,通过强制执行满足了税收债权,本罪也可构成。③ 但在能使性的判断过程中,如果存在以下几种情形,能使性

---

① Cfr. Antonio D'Avirro, Marco Giglioli e Michele D'Avirro, *Reati tributari e sistema normativo europeo*, Wolters Kluwer, 2017, p. 509.

② Cfr. Enzo Musco e Francesco Ardito, *Diritto penale tributario*, Zanichelli, 2016, p. 338.

③ Cfr. la sentenza di Corte di Cassazione del 27 ottobre 2010, n. 40481.

就应当被排除:(1)纳税人的其他财产足以使执行有效,即能够满足税收债权的需要;(2)作为纳税人欺诈行为客体的财产,即旨在逃避的财产,对于执行程序没有实际意义或者执行程序完全不会涉及,如因为财产的不可扣押、查封的属性,或者因为先于税收执行程序的受优先权保护的其他债务已经耗尽该财产。此外,考虑到本罪存在入罪门槛,在能使性的判断中,还需要考量纳税人欺诈行为是否会给国库利益带来超过门槛数额的损失,只有超过能使性才会存在。①

6. 税款缴纳的意义

在纳税人实施虚假转让或其他欺诈行为之后,伴随能使性肯定的判断,本罪就已经构成了。但是,如果纳税人之后缴纳了税款,犯罪是否就不再存在了?尤其是当欺诈行为在税款缴纳期限截止前实施,这也是欺诈行为通常实施的时间,在截止前纳税人缴纳了税款,是否就不构成本罪?对此,有一种观点认为,本罪处罚的客观行为源于在欺诈行为完成的时刻或者之后(但缴纳期限截止前)存在一项尚未履行的税款缴纳义务。② 支持这一观点的一些可能的依据包括:(1)本罪条文强调税收强制执行,而在缴纳截止期限前缴纳税款,强制执行程序就不存在了;(2)2000 年法第 10 条附加第 1 条、第 2 条和第 3 条规定的是不履行税款缴纳的犯罪行为,第 11 条规定的犯罪行为应当由不履行税款缴纳加上欺诈行为所构成;(3)2000 年法旨在打击严重侵害国库利益的行为;(4)避免在税款缴纳情况下行为的欺诈性和逃避税款缴纳意图的举证困难。③ 但这些依据要改变现有条文体现的立法选择还不够充分,尽管可以作为未来修改现有规则的依据。这是因为本罪属于具体危险犯,同时,根据第 11 条明确规

① Cfr. Antonio D'Avirro, Marco Giglioli e Michele D'Avirro, *Reati tributari e sistema normativo europeo*, Wolters Kluwer, 2017, p. 512.

② Cfr. la Relazione ministeriale al D. Lgs. 74/2000.

③ Cfr. Enzo Musco e Francesco Ardito, *Diritto penale tributario*, Zanichelli, 2016, p. 341.

定的罪状,纳税人为逃避缴纳税款等,总额超过 5 万欧元,实施虚假转让或其他欺诈行为,当具体地能使税收强制执行程序完全或部分失效,犯罪就构成了。第 11 条并没有提及税款缴纳或不缴纳,无论是在缴纳期限截止前还是截止后,解释者不可以加入与税款缴纳相关的构成要件或处罚条件或排除处罚的事由。这样,从条文规定的角度,事实上税款的缴纳与否对本罪的存在或行为可处罚性没有什么意义。[①] 因此,对本罪的构成来说,不仅与税收强制执行程序是否已经启动(包括从未启动)没有关系,与税款是否缴纳也没有关系。当然,作为期望,立法者本应当规定本罪只存在于税款不缴纳的情形,而根据现在规定,税款缴纳仅仅发挥第 13 条附加第 1 条规定的处罚减轻的效果。[②] 但是,在实践层面,及时地缴纳税款应当足以阻碍本罪刑事追究程序的发起,尤其是足以证明本罪主观要件中不存在逃避缴纳税款的特定目的。

(三)入罪门槛

2000 年法第 11 条就本罪规定了 5 万欧元的入罪门槛,旨在将刑事打击局限于经济上重要的非法行为,并限制本罪的应用范围。关于门槛的确定,需要明确的是,因为第 11 条没有像相关申报类犯罪那样规定"就单一的税种",逃避缴纳的税款是所得税和增值税税款的加总。同时,需要加总的还包括与上述税款相关的利息、罚款。此外,需要加总的还包括不同纳税周期的逃避缴纳的税款、利息和罚款,这是因为从立法缘由的角度本罪立法保护的不再是单一的纳税申报,如年度申报,而是在申报之后归集的税款征收。在这个阶段,作为征

---

① Cfr. Enzo Musco e Francesco Ardito, *Diritto penale tributario*, Zanichelli, 2016, p. 343.

② Cfr. Romano M., *il delitto di sottrazione fraudolenta di imposte*, in Riv. It. *Dir. Proc. Pen.*, n. 3, 2009, p. 1005 e p. 1008, per cui cfr. Francesco Matteo Magnelli, *Sottrazione fraudolenta al pagamento delle imposte: con la sentenza "Corona" la Cassazione marca i confini della fattispecie*, in *Giurisprudenza Penale*, il 25 giugno 2020, disponibile nel sito seguente: https://www.giurisprudenzapenale.com/wp-content/uploads/2020/06/Magnelli_gp_2020_6.pdf.

收客体的税款是总体性的,不再区分不同的税种款项。①

(四)主观要件

在2000年法下,欺诈逃避缴纳税款行为的入罪已经变得容易许多,尤其体现在客观要件方面。为此,从限制本罪应用的角度,主观要件的内容就变得至关重要,而立法者确实也在主观要件层面强调了本罪行为的无价值,以避免本罪无差别的应用。首先,本罪毫无疑问是故意犯,纳税人知晓并意图实施虚假转让或其他欺诈行为,以创造一个拥有低于实际价值的财富的表象。同时,纳税人还应当知晓欺诈行为能妨碍税收的强制执行,表现为不再"拥有"可用于保全需要缴纳的税款、利息或者罚款(以下简称税款)的财产,价值超过5万欧元。其次,本罪是目的犯,特别要求是为了逃避缴纳价值超过5万欧元的税款,当然,如果纳税人同时还具有其他目的,也可以构成本罪。这样,纳税人实施欺诈行为的同时,还是为了避免实现其他债权人的债权,不妨碍本罪特定目的的构成。但是,如果纳税人仅仅为了一个其他目的,如虚假转让只是为虚假地增加购买方的财富,以便让购买方能够取得一项银行贷款或赢得投标竞争,就不构成本罪。② 但是,从举证的角度,关于纳税人逃避缴纳价值超过5万欧元税款的目的,并不容易证明,尤其是在税务机关调查启动之前纳税人已实施欺诈行为的情况下,纳税人的目的事实上是非常不确定的。根据最高法院的意见,至少对于专业的经营者来说,因为其知晓纳税的重要性、所得税或增值税应税行为的要件以及税收查定并伴随之后税务机关征收行为的可能性,有利于证明本罪要求的特定目的。③

(五)犯罪行为完成的时刻

本罪属于瞬间犯,犯罪行为在置税收强制执行程序于危险的欺诈行为完成

---

① Cfr. Enzo Musco e Francesco Ardito, *Diritto penale tributario*, Zanichelli, 2016, p. 344.

② Cfr. Enzo Musco e Francesco Ardito, *Diritto penale tributario*, Zanichelli, 2016, p. 345.

③ Cfr. la sentenza di Corte di Cassazione del 9 aprile 2013, n. 39079.

的时刻完成。当然,考虑到入罪门槛 5 万欧元的规定,上述欺诈行为所涉及的财产价值要超过 5 万欧元,同时无论是否有剩余财产,最终超过 5 万欧元的税收债务未满足。为此,本罪犯罪行为的完成可以发生于纳税人实施一个欺诈行为的情形,也可以存在于纳税人实施数个欺诈行为的情形。在后者的情形中,虽然单个的欺诈行为还未达到本罪要求的能使性,每一项欺诈行为涉及的财产价值不足 5 万欧元,但是加总起来达成了能使性的程度,就可以构成本罪。犯罪行为的完成时刻是最后一个欺诈行为完成的时刻,此时逃避缴纳的税款超过了 5 万欧元。此外,本罪存在未遂的情况。例如,纳税人刚签完虚假的不动产买卖合同或者正要通过将财产藏匿于第三人来减损财产时就被控制住了,未能继续实施欺诈行为。①

(六)刑事处罚

目前,欺诈逃避缴纳税款罪的刑事处罚分为两档,除处 6 个月至 4 年有期徒刑外,对于逃避缴纳的税额、罚款和利息总金额超过 20 万欧元的情况,作为加重情节,处 1 年至 6 年有期徒刑。显然,鉴于犯罪行为具有欺诈性,本罪的处罚力度与犯罪行为的危害性是相称的。此外,根据 2000 年法第 13 条附加第 1 条的规定,纳税人如果能及时缴纳逃避缴纳的税款等,上述处罚将减半适用。

(七)与其他犯罪的关系

鉴于犯罪行为以及构成要件的差异性,本罪与 2000 年法规定的其他税收犯罪都不存在竞合。但是,本罪与意大利《刑法典》第 388 条规定的故意不执行法官的决定罪和第 388 条附加第 2 条规定的故意不执行财产罚罪仍存在竞合,前者针对的是行为人通过实施欺诈行为来减损自己的财产以逃避民事债务的履行,后者针对的是行为人通过实施欺诈行为来减损自己的财产以逃避罚金、罚款的缴纳。显然,纳税人实施欺诈行为、减损自己的财产可以同时构成上

---

① Cfr. Enzo Musco e Francesco Ardito, *Diritto penale tributario*, Zanichelli, 2016, p. 346.

述几项罪行。但是,考虑到本罪主观要件特别要求是为了逃避税款以及与之相关的利息、罚款的缴纳,根据《刑法典》第 15 条规定的特殊性原则,在这一特别目的下,应当适用本罪。①

① Cfr. Enzo Musco e Francesco Ardito, *Diritto penale tributario*, Zanichelli, 2016, p. 347 - 378.

第五章　我国税收犯罪立法改革与完善

第一节　税收犯罪立法变迁与改革展望

一、税收犯罪立法变迁与特点

从新中国成立至1978年我国实施改革开放，在此期间由于国家财政收入的主要来源并非税收，打击税收犯罪的需求并不紧迫，这也使这一期间的我国税收犯罪立法极不够完备，且以政府制定的行政法规、部门规章等法源为主，具有很强的政策性。事实上，我国税收刑法伴随1979年《刑法》的颁布步入正轨，并发展至今，可以2009年《刑法修正案（七）》为分界点，将税收刑法的变迁分为两个阶段。

（一）第一阶段：1979～2009年

关于税收犯罪，1979年《刑法》最初仅在第121条和第124条分别规定了偷税、抗税罪和伪造税票罪。第121条规定："违反税收法规，偷税、抗税，情节严重的，除按照税收法规补税并且可以罚款外，对直接责任人员，处3年以下有期徒刑或者拘役。"第124条规定，对伪造税票行为，处2年以下有期徒刑、拘役或者罚金，情节严重的，处2年以上7年以下有期徒刑，可以并处罚金。但是，伴随社会经济的发展，上述税收犯罪条款规定的罪行较少，无法打击所有税收违法行为，尤其是新出现的一些涉税违法行为，如骗取出口退税行为、虚开增值税专用发票等行为。同时,刑罚较轻,也不足以震慑税收犯罪。为此,以修改补充《刑法》为目的,1992 年和 1995 年全国人大常委会分别制定了两部税收犯罪单行刑法,即《关于惩治偷税、抗税犯罪的补充规定》和《关于惩治虚开、伪造和非法出售增值税专用发票犯罪的决定》(以下分别简称 1992 年《补充规定》和 1995 年《决定》),相关变化如下:(1)增加税收犯罪行为。1992 年《补充规定》增加了逃避追缴欠税罪和骗取出口退税罪两项新罪,1995 年《决定》增加了增值税专用发票的虚开罪,伪造(或者出售伪造)罪,非法出售罪和非法购买(或购买伪造)罪以及用于骗取出口退税、抵扣税款的其他发票的虚开罪,伪造、擅自制造(或者出售伪造、擅自制造)罪和非法出售罪。而增值税专用发票等具有退税、抵扣税款凭证功能的发票以外的发票,相关违法行为适用《刑法》第 124 条的规定。(2)明确罪状。如此,犯罪行为客观要件得以明确。例如,对于偷税罪,1992 年《补充规定》规定,偷税,是指纳税人采取伪造、变造、隐匿、擅自销毁账簿、记账凭证,在账簿上多列支出或者不列、少列收入,或者进行虚假的纳税申报的手段,不缴或者少缴应纳税款。再如,对于抗税罪,1992 年《补充规定》规定,抗税,是指"以暴力、威胁方法拒不缴纳税款"。(3)扩大犯罪主体范围。1992 年《补充规定》在偷税罪中增加扣缴义务人为犯罪主体,同时规定单位能够构成偷税罪等犯罪的主体。而 1995 年《决定》亦明确规定相关发票犯罪的主体包括单位。(4)提高处罚力度。1992 年《补充规定》对于偷税罪和抗税罪的最高刑提高至 7 年有期徒刑,同时增加罚金处罚。而 1995 年《决定》对相关犯罪行为规定罚金的同时,大大提高了主刑处罚力度,如虚开罪的最高刑为死刑,非法出售增值税专用发票罪最高刑为无期徒刑。(5)体现一事不二罚理念。对于同时构成行政违法行为的税收犯罪行为来说,1979 年《刑法》虽然没有规定罚金,但在处以自由刑的同时,第 121 条明确允许对其处以罚款这一行政处罚,存在一事二罚(刑事处罚加行政处罚)的嫌疑。为此,1992 年《补充规定》在增加罚金的情况下,第 7 条仅规定税务机关追缴税款,没有规定可以同时处以罚款(除非免予刑事处罚),体现出对一事不二罚理念的遵循。

需要特别指出的是,在1997年实施的《刑法》全面修订对上述分散于相关法律中的税收犯罪立法进行了汇总和重新编排,并置于《刑法》第二编第三章第六节“危害税收征管罪”之中。这样,上述1992年《补充规定》和1995年《决定》中有关刑事犯罪和处罚的规定都纳入了1997年《刑法》。但是,在重新编排的过程中,1997年《刑法》作了少数几处的调整和修改:(1)在偷税罪的客观行为中,增加“经税务机关通知申报而拒不申报”这一新类型;(2)合并两类虚开罪,统一为“虚开增值税专用发票或者虚开用于骗取出口退税、抵扣税款的其他发票”罪;(3)关于骗取出口退税罪的处罚,最高刑3年有期徒刑提高到无期徒刑。

(二)第二阶段:2009年至今

2000年以来,尤其是加入WTO以后,我国法治建设突飞猛进,国家对公民权利的保护也日益加强,而2004年的宪法修正案特别强调“公民的合法的私有财产不受侵犯”以及增加“国家尊重和保障人权”。同时,在课税领域,伴随税收法定原则(蕴含公民的课税同意权)以及税收债权债务关系理论逐渐被接纳、应用,关于税收法律关系,单方面强调公民纳税义务、过于偏重国库利益维护的权力关系逐步淡化,注重纳税人主体地位、兼顾纳税人权利保护的债权债务关系逐步强化。在这样的背景下,伴随2009年《刑法修正案(七)》和2011年《刑法修正案(八)》的颁布,税收犯罪立法也迎来了一些变化:(1)优化逃税犯罪行为条款。根据《刑法修正案(七)》,首先,将纳税人不缴纳税款的行为不再定性为偷税,而是逃税,罪名也改为逃税罪,这是因为纳税人从自身财产中缴纳税款,在这之前相关财产并非归国家所有。[①] 其次,对逃税手段的规定,由列举式改为概括式,即将原来列举的多种具体逃税手段概括为“欺骗、隐瞒”手

---

① 参见刘荣:《我国税收犯罪主体定位之思考》,载《法商研究》2015年第4期。

段,以覆盖更多可能的逃税手段,同时将“经税务机关通知申报而拒不申报”改为“不申报”,体现纳税人申报的主动性。最后,在入罪门槛(逃税数额)上,由1992年《补充规定》规定的“一万元以上”改为“数额较大”,并通过司法解释确定具体数额(目前为5万元以上)。[①] (2)增加发票类犯罪。根据《刑法修正案(八)》,在第205条之一增加虚开发票罪,即虚开不具有退税、抵扣税款凭证功能的发票罪,同时在第210条之一增加持有伪造发票罪,扩大发票违法行为的打击范围,体现出我国税收犯罪刑事法网严密的特点。[②] (3)降低处罚力度。为体现刑事处罚的谦抑性以及实行“宽严相济”的刑事政策,《刑法修正案(七)》就逃税罪引入了“初次违法”免予处罚制度,如果经税务机关依法下达追缴通知后,纳税人补缴应纳税款、缴纳滞纳金并已受行政处罚。另外,为严格限制死刑的适用范围,在取消经济类犯罪死刑的过程中,《刑法修正案(八)》一并废除了第205条虚开发票罪与第206条伪造(并出售伪造)发票罪的死刑处罚。

(三)我国税收犯罪立法变化趋势与特点

综上,不难发现,我国对于税收犯罪实施相当严苛的刑事立法政策。首先,自1979年以来,打击税收犯罪的刑事法网不断扩大:(1)税收犯罪行为的数量不断增加,从最初的3项到目前的14项,分别规定在《刑法》第201条至第210条中,包括逃税罪,抗税罪,逃避追缴欠税罪,骗取出口退税罪,虚开增值税专用发票、用于骗取出口退税、抵扣税款发票罪(通常称为虚开增值税专用发票罪),虚开发票罪,伪造、出售伪造的增值税专用发票罪,非法出售增值税专用发票罪,非法购买增值税专用发票、购买伪造的增值税专用发票罪,非法制造、出售非法制造的用于骗取出口退税、抵扣税款发票罪,非法制造、出售非法制造的发票罪,非法出售用于骗取出口退税、抵扣税款发票罪,非法出售发票罪以及

① 参见最高人民检察院、公安部于2010年5月发布的《关于公安机关管辖的刑事案件立案追诉标准的规定(二)》。

② 参见徐光华、艾诗羽:《论我国税收犯罪的刑事政策》,载《税务研究》2014年第11期。

持有伪造的发票罪。(2)税收利益的刑法保护大幅提前,即妨害发票管理的犯罪行为在全部税收犯罪行为中占据主体地位,从数量上就明显体现出这一点。这些发票类税收犯罪行为数量多,主要不是源于当前我国发票类型的多样化,而是源于以发票为客体的入罪行为的多样化,包括虚开、伪造、非法制造、非法出售、非法购买以及持有伪造发票等行为。而之所以称为提前保护,乃是因为这些行为本身并不会直接造成税收利益的损害,仅仅产生使税收利益受损的危险。(3)入罪门槛偏低。如逃税罪,虽然从1992年的1万元提高到目前的5万元,但是考虑到人均GDP从1992年的2334元到2020年 的72,447元,[①]以及税收收入从1992年的3296.91亿元到2020年的154,310亿元,[②]达到入罪门槛事实上变得相对容易。再如,虚开增值税专用发票罪,目前入罪门槛仅为1万元(虚开税款数额),[③]虚开发票罪目前也仅为100份(虚开发票数量)或40万元(虚开累计金额),[④]在不同程度上都非常容易达到。(4)其他方面,如犯罪主体范围的扩张。[⑤] 再如,在各个犯罪行为主观要件方面缺乏对逃税故意的明确规定,尤其是对于虚开等发票类犯罪行为来说,条款上缺乏这方面的规定予以限制,更容易入罪。

其次,处罚力度逐步趋重,虽然在2009年以后有所轻缓,但目前整体上依然维持在重刑水平,尤其是对发票类犯罪行为:(1)自由刑刑期高,目前对于骗取出口退税罪以及虚开增值税专用发票罪,伪造、出售伪造的增值税专用发票

---

① 参见《国家数据——人均国内生产总值》,载国家统计局官网2021年2月28日,http://data.stats.gov.cn/search.htm。

② 参见《国家数据——税收收入》,载国家统计局官网2021年2月28日,http://data.stats.gov.cn/search.htm。

③ 参见最高人民检察院、公安部《关于公安机关管辖的刑事案件立案追诉标准的规定(二)》。

④ 参见最高人民检察院、公安部于2011年11月发布的《关于公安机关管辖的刑事案件立案追诉标准的规定(二)的补充规定》。

⑤ 参见张书琴、赵羚男:《税收犯罪刑事立法的宏观透视——对我国刑法修正案的释读》,载《江西社会科学》2013年第3期。

罪,非法出售增值税专用发票罪,自由刑可处10年以上有期徒刑或者无期徒刑。(2)处罚减免适用范围有限。一方面,虽然《刑法》第37条规定,“对于犯罪情节轻微不需要判处刑罚的,可以免予刑事处罚”,作为一般规则,也适用于税收犯罪,但是仅局限于犯罪情节轻微的违法行为。此外,税收犯罪立法针对逃税罪规定了免予处罚制度,而且仅仅针对初次违法的情况,其他税收犯罪行为以及非初次逃税行为不在免予处罚的适用范围内。另一方面,《刑法》虽然规定了诸多法定减轻情节,如自首、立功等,作为一般规则,也适用于税收犯罪,但缺乏针对税收犯罪的特别减轻情节规定。(3)一事不二罚理念未贯彻彻底,即在刑事处罚增加罚金附加刑之后,1992年《补充规定》虽然没有规定税务机关可以处以罚款,但这并不意味着税收违法行为在构成犯罪的情况下,税务机关就不能处以罚款等行政处罚。事实上,《税收征收管理法》第77条仅规定,税收违法行为涉嫌犯罪的,税务机关应当移送司法机关追究刑事责任,但并没有排除先行作出行政处罚后再移送的情况。为此,为避免重复处罚,作为补救措施,《行政处罚法》第35条规定了罚款折抵罚金制度。但是,考虑到通常罚款数额要大于罚金,折抵并不能完全消除行政处罚与刑事处罚同时存在的可能。

二、新时期下改革现行税收犯罪立法的必要性

在对我国税收犯罪立法发展以及现行立法特点进行梳理之后,无法回避的一项问题是,我国是否应当对现行立法进行改革,即是否存在大的问题以及在存在问题的情况下应当如何完善?对此,如果基于新时期我国社会、经济、法治等相关领域的最新发展,检视我国现行立法,答案无疑是肯定的。整体而言,需要检视目前对税收犯罪所采取的严苛的刑事立法政策。换言之,是否可以采取相对宽松的刑事立法政策。那么,新时期下哪些因素有助于促成这样一种刑事立法政策的转变?

首先,党的十八大以来,法治中国建设的新时代已经到来,相比 10 多年前,当前民主法治建设和纳税人权利保护已经达到了一个新的高度,国库利益的片面维护有所转变,有助于降低纳税人对税收的抵触心理,从根源上减少税收违法行为。对于纳税人来说,伴随税收法定原则即将全面落实以及税收债权债务关系理论被更广泛地接纳,课税不再仅仅意味着被动履行纳税义务,而更多地蕴含了主动参与和共治的意义。换言之,在新的税收法律关系下,纳税人与税务机关地位平等,纳税不仅是义务,也是权利,简单地将纳税人视为被管理的对象已不再适合,而应当同时视为合作者和被服务的对象。显然,严苛的税收刑事立法政策更适合于简单地将纳税人视为被管理对象以及服从者并强调纳税义务的旧税收法律关系。此外,需要特别指出的是,《刑法修正案(七)》和《刑法修正案(八)》在刑事介入轻缓化方面对税收犯罪立法所作的修改,在当时也是不充分的。其次,从实体税法的角度,当前正在进行的新一轮税收法制改革将使未来我国税制结构以直接税为主,或至少使直接税的比重不断提高。这样,增值税的税收收入贡献度会逐渐下降,而所得税(尤其是个人所得税)以及房地产税等直接税会逐步提高。同时,不同于间接税,以票控税在直接税领域的强度相对较小。例如,所得税成本费用税前扣除并不完全依靠发票。因此,妨害发票(尤其是增值税专用发票)管理违法行为入罪处罚的必要性正在下降。此外,税收实体法改革更加注重公平价值,同时更加注重纳税人权利保护,如个人所得税综合计征制度改革之于纳税人公平课税权、生计费用扣除权,增值税改革之于纳税人抵扣权,都将提高纳税人对税法的认同度和遵从度,主动减少税收违法行为。再次,从税收程序法的角度,当前我国正在进行的《税收征收管理法》修订将加强税收征管确定为目标之一。为此,将建立包括自然人在内的纳税人识别号制度,完善自主纳税申报制度,推进税收风险管理、纳税人分类管理和税源专业化管理,健全税收确定(查定)制度,以建立纳税评定制度为重点,加强税收征管信息化建设,健全涉税信息提供制度,以及扩大税收行政强制和税务检查的适用范围等。此外，“金税”工程三期已经上线，第四期也已开发部署，增值税防伪税控系统已然成熟，在发票监控环节中发挥重要作用。同时，伴随大数据在税收征管中的应用水平逐步提高，税收征管方式也正从以票控税逐步向信息管税转变，而在经济数字化背景下，将进一步向以数治税转变，①发票在控制税源、堵塞税收漏洞等方面的作用已经开始下降。显然，大数据时代下，我国税收征管制度正在变得更加完善，尤其是人工智能、区块链技术应用于税收征管，更有助于税务机关有效监管、规范征税行为、提高工作效率并降低征税成本，②税务机关征管能力正在大幅提高，能够有效地遏制发票管理违法行为等税收违法行为的发生，通过刑事制裁予以遏制的意义正在弱化。最后，经济发展是保证税源的基础，而严苛的税收犯罪立法并不利于经济发展。③换言之，过大的税收犯罪打击面将使更多的经营者陷入被刑事追责的风险之中，影响经营的积极性和稳定性，而过重的刑事处罚将使经营者继续或重新经营的可能性大大降低。事实上，为维护税收利益，防范税收犯罪行为最好的措施绝不是刑事制裁，严苛的刑事制裁可能适得其反。

综上，我国税收犯罪领域应当贯彻刑法的谦抑性，④改变现有的税收刑事立法政策，而采取相对宽松的政策，至少应当逐步向宽松的政策靠拢。事实上，基于相对宽松的刑事立法政策，我国现行税收犯罪立法存在的问题，在未来修改中应作相应完善，以逐步减少刑事介入和降低处罚力度。

---

① 中共中央办公厅、国务院办公厅 2021 年 3 月下旬印发的《关于进一步深化税收征管改革的意见》已经提出，推进税收征管数字化升级和智能化改造，实现从以票控税向以数治税转变。

② 参见翁武耀、倪淑萍：《人工智能促进税收征管现代化的方式与影响》，载《税务研究》2018 年第 6 期。

③ 参见徐光华、艾诗羽：《论我国税收犯罪的刑事政策》，载《税务研究》2014 年第 11 期。

④ 根据刑法的谦抑性，“刑法应依据一定的规则控制处罚范围与处罚程度，即凡是适用其他法律足以抑止某种违法行为、足以保护合法权益时，就不要将其规定为犯罪；凡是适用较轻的制裁方法足以抑止某种犯罪行为、足以保护合法权益时，就不要规定较重的制裁方法”。参见张明楷：《论刑法的谦抑性》，载《法商研究（中南政法学院学报）》1995 年第 4 期。

三、税收犯罪立法改革展望

(一)税收犯罪行为体系的重构

税收实害行为,是指直接引起国库利益损害的税收违法行为,如逃税、骗税、逃避缴纳税款以及抗税等行为,即这些行为直接导致国家税款取得的减少。与之相对应的是,那些使国库利益陷入受损危险的行为。例如,虚开、伪造、购买、持有伪造发票等行为,即意大利税收刑法所称的逃税预备行为,这是因为这些行为通常为逃税的实施创造了更好的、带有欺诈性的条件或手段,本身并不导致国库利益受损,同时也并不必然(间接地)导致国库利益受损。而我国《刑法》"危害税收征管罪"一节规定的14项税收犯罪行为中,只有逃税、骗税、抗税、逃税追缴欠税4项税收实害行为,其余10项都可以说是所谓的逃、骗税预备行为犯罪。因此,我国现行税收犯罪行为体系以逃骗税预备行为犯罪为主,对于国库利益,我国刑法提供的保护特别注重"防患于未然"。换言之,我国现行《刑法》对国库利益的提前保护存在过度的问题。我国刑法对国库利益的提前保护作为一种常规的重要手段而存在,税收犯罪入罪处罚的打击范围大也就不足为奇了,但是这样的税收犯罪网就严密过度了。事实上,税收犯罪立法最终所要保护的国库利益是确保税款的及时、足额入库,1995年《决定》引入虚开、伪造、非法出售发票等犯罪,《决定》说明的理由即为"为了惩治虚开、伪造和非法出售增值税专用发票和其他发票进行偷税、骗税等犯罪活动,保障国家税收"。因此,根据刑法谦抑性原则,对国库利益直接造成损害的行为才应当入罪处罚。当然,对于虚开发票等妨碍税收查定职能正确履行的行为,并非绝对不可以入罪处罚,毕竟这些行为将间接导致国库利益的受损。从国库利益保护的角度,适度的刑法提前保护可以更好地发挥刑法的一般性预防功能,这样所形成的法益(国库利益)的双层性也可以被接受。为此,我国税收刑法应当以直接造成国库利益损失的行为入刑定罪作为一般原则,逃、骗税预备行为的入罪处罚仅作为例外而存在。此外,还需要阐释我国税收刑法的属性,即应当属于特殊刑法还是普通刑法。我国从1979年《刑法》开始,税收犯罪立法即规定于《刑法》之中,应当说我国税收刑法一开始就定位于普通刑法。为此,除非税收犯罪立法对于定罪处罚有特别规定,《刑法》的一般规则适用于涉税犯罪行为。考虑到国库利益这一需要保护的特殊法益,以及税法作为一门相对独立的学科的认识,有关特别规定的税收刑法本身有存在的必要性。但是,考虑到国库利益并不必然比刑法保护的其他法益更重要,同时税法的特殊性也存在于一定范围内,需要警惕税收刑法中背离普通刑法一般原则或规则的特别规定过多,避免税收刑法转变为特殊刑法。对于这一问题,我国需要审视,这是因为在严苛的税收刑事立法政策下,出于特别保护国库利益的需要,我国将一些原本可以通过刑法其他条款定罪处罚的涉税行为,纳入税收犯罪行为体系予以单独定罪,并处以更重刑罚。因此,如果将税收刑事立法政策调整得相对宽松后,就需要从税收刑法属于普通刑法的角度对相关税收犯罪行为进行取舍。根据上述两点,除《刑法》第二编第三章第六节的名称适合改为"危害国家税收利益罪"外,我国有关税收犯罪体系的立法需要从以下三方面进行完善:

其一,逃、骗税预备行为犯罪应当受到限制,保留少数几类预备行为犯罪,以避免对一般原则的过度背离。为此,应优先考虑保留虚开发票犯罪。这是因为虚开的发票属于观念上(ideologicamente)虚假的发票,发票、签章本身是真实的,不是物质上(materialmente)虚假的发票,如伪造的发票。① 显然,虚开发票作为典型的逃、骗税预备行为,尤其是对受票方实施逃、骗税来说,具有最显著的诡计性和损害的潜在性,相比其他预备行为,更容易欺瞒税务机关,使国库利益陷入损失的危险性最大。同时,鉴于虚开发票行为属于税法制度典型的特殊内容,作为税收刑法中的特别规定,对其定罪处罚应当予以保留。事实上,从

① Cfr. la sentenza di Corte di Cassazione del 25 giugno 2001, n. 30896.

2019年7月31日公安部公布的涉税违法犯罪打击整治工作情况来看，当前虚开增值税专用发票犯罪是我国重点整治的对象，但也仅限于虚开发票犯罪行为，不包括其他预备行为犯罪。① 因此，从尽可能有效打击逃、骗税的角度，刑法对国库利益适度的提前保护可以体现在对虚开发票行为单独定罪处罚上，即保留目前规定的虚开增值税专用发票罪和虚开普通发票罪。关于非法出售发票行为，该行为作出到最后国库利益受损之间还存在很多环节，购买方利用这些真实的发票实施扣除或抵扣，危害性小，相关犯罪可以在最后逐步取消，即先取消非法出售普通发票犯罪，再取消非法出售增值税专用发票等类似凭证犯罪。至于伪造（包括非法制造）发票行为，由于防伪税控系统等发票监控制度的完善，欺瞒税务机关已经变得越发困难，危害性自然也在逐步降低，伪造发票行为可以从税收犯罪体系中逐步取消，即先取消伪造普通发票犯罪，再取消伪造增值税专用发票等类似凭证犯罪。当然，在这一过程中，相应的出售、购买以及持有伪造发票犯罪自然一并取消。需要补充的是，上述相关犯罪的取消也可以从税收刑法属于普通刑法的角度得以论证，这是因为对于上述相关违法行为以及非法出售发票行为，可以非保护税收利益的名义，考虑纳入《刑法》规定的其他一般犯罪条款中。例如，通过修改第280条的伪造、变造、买卖国家机关公文、证件、印章罪，将上述行为入罪并处更轻的处罚。对于购买、持有伪造发票行为，当行为人随后据此实施逃、骗税行为，通常被吸收于逃、骗税犯罪中并接受处罚，因此单独定罪处罚的必要性更低。事实上，出于对国库利益的特别保护，我国立法者将部分涉税违法行为纳入税收刑法并配以重刑，在一定程度上是将税收刑法视为特殊刑法的产物，因此，遵循普通刑法的视角有助于改变这一现状。此外，相关发票违法行为即使不再构成税收犯罪，但是作为行政违法行为（妨害发票管理制度）的属性自然不变，从惩戒的角度对其施加严厉的行

---

① 参见《重拳打击涉税违法犯罪》，载公安部官网2019年7月31日，http://www.mps.gov.cn/n2253534/n2253535/c6631955/content.html。

政处罚足矣。至于意大利2000年法规定的另一项逃税预备行为犯罪,即隐匿或销毁会计资料罪,事实上我国刑法也规定了这一犯罪,即《刑法》第162条之一规定的隐匿、故意销毁会计凭证、会计账簿、财务会计报告罪,只不过没有规定在“税收犯罪”这一章节中。对此,虽然隐匿或销毁会计资料也是典型的逃税预备行为,因为会计资料是证明纳税人所得、交易额等涉税信息的重要证据,但考虑到这一违法行为也侵害其他重要法益,如有效实施国家经济管理活动、查证有关违法犯罪活动,该罪在章节安排上无须改动,这也有助于提高税收刑法普通刑法的属性。

其二,逃税犯罪应当细化,即根据不同的逃税方式确定不同的逃税罪名。目前我国《刑法》第201条规定的逃税罪条款,包含“以欺骗、隐瞒手段进行虚假申报”和“不申报”两种逃税方式。除去不申报这一类型以外,我国刑法的笼统规定,犯罪行为确定性要求的遵循稍显不足。此外,不同的逃税方式,如利用虚开发票欺诈申报,利用其他虚假手段的欺诈申报,除上述两类欺诈申报外的不诚信申报以及不申报,对税收利益的侵害性也是不一样的,因此,入罪门槛、处罚力度也应当存在差异。因此,我国刑法逃税罪条款的完善,并不是沿循《刑法修正案(七)》之前将相关逃税方式,即伪造、变造、隐匿、擅自销毁账簿、记账凭证,在账簿上多列支出或者不列、少列收入,一并列举、同等对待的路径。具体而言,除不申报逃税罪名外,再分别设置几类申报逃税罪名,并根据逃税方式从特殊到一般的变化,[①]危害性从重到轻,入罪条件从简单到严格,刑罚从严厉到轻缓,编排相关逃税罪名。据此,就申报类逃税而言,根据对税务机关欺诈性的大小,可以分为用证明文件或手段欺骗和不用证明文件或手段欺骗税务机关两大类方式。至于前者,是否还需要根据不同证明文件或手段的欺骗性大小,再区分为两类方式,即区分为利用虚开发票和利用其他虚假手段两类逃税

① 即相对于在前面编排的逃税方式,编排在后面的逃税方式在外延上是以兜底的方式来确定的。

方式,可以进一步讨论。事实上,虚开发票作为不申报或少申报所得或交易额的证据,欺诈性、税务机关监控难度最大,同时也与虚开发票犯罪相对应,体现其特殊性,对利用虚开发票实施逃税单独定罪处罚并非不可行。这样,我国刑法逃税犯罪可以将目前的“虚假申报”分为“利用欺骗手段虚假申报”“虚假申报”两种类型,再加上“不申报”,对应3项逃税罪名,或者在逃税罪名下设置相应的3个条款,规定不同的刑罚,既解决《刑法修正案(七)》之前逃税罪逃税方式列举不周全的问题,如未明确利用虚开发票的方式,也解决了目前逃税罪逃税方式概括得过于笼统的问题(导致确定性不足)。

其三,逃避缴纳税款犯罪应以逃避手段具有欺诈性为特征。就已经产生的税收债务,即欠缴税款,纳税人逃避缴纳会造成国库利益受损,但并非所有的逃避缴纳行为都应当入罪处罚。税收犯罪通常应当体现出欺诈性的特征,以贯彻刑法谦抑性原则,对这类行为入罪处罚应当仅限于具有欺诈性的行为。据此,一方面,我国刑法目前规定的逃避追缴欠税罪应当保留,但是需要明确欺诈或欺骗性的特征。另一方面,我国刑法目前规定的抗税罪,因为要求以暴力、威胁方法拒不缴纳税款,显然不具有欺诈性,但这并不意味着对这类行为无须入罪处罚,因为行为的暴力性、威胁性也能够符合刑法谦抑性原则。但是,由于这类行为可以归为以暴力、威胁方法阻碍国家机关工作人员执行职务这一一般行为,因此,从税收刑法属于普通刑法的角度,可以将抗税罪从税收犯罪体系中取消,并将抗税行为纳入《刑法》第277条规定的妨害公务罪中进行处罚。但是,考虑到妨害公务罪的刑罚要低很多,抗税罪构成要件增加了逃避缴纳税款这一特殊目的,为维护国库利益,保留抗税罪也是可以接受的。

(二)税收犯罪主观、客观要件构成的限制

1. 主观要件:明确基于逃税的目的

我国现行刑法对于税收犯罪应当定位于目的犯还是行为犯尚处于争议之中。目前,规定的各项税收犯罪条款都没有规定或明确规定相关犯罪的构成是

否以行为人具有特定目的为条件。为此,如果根据条款的文义解释,税收犯罪就属于行为犯,即只要行为人实施的行为符合相关条款所规定的罪状,相关犯罪就构成了,尤其是关于虚开发票等妨害发票管理的税收犯罪。[①] 换言之,由于在主观要件上缺乏明确限定,行为人无论是基于逃税的目的还是其他目的,都将可能入罪处罚,税收犯罪打击面明显过大,刑事立法政策明显过严。事实上,税收犯罪作为典型的故意犯,为限制犯罪的构成,在主观要件的限定上应当明确特定的故意内容。至于具体的故意内容,根据税收犯罪以保护国库利益为最终目的,应当体现为逃税。这就可以与漏税区别开来,以符合税收犯罪的税收欺诈性特征。

在确定我国税收犯罪也应当定位于逃税目的犯之后,结合未来我国完善后的税收犯罪体系,还需要明确逃税的外延。首先,这里所称的逃税是指广义的逃税,即包括逃避缴纳欠税的情形。因此,就《刑法》第 203 条规定的逃避追缴欠税罪,条文上在“采取转移或者隐匿财产的手段”之前增加“为逃避缴纳欠税的目的”的内容。其次,从蓄谋逃避应缴纳税款的角度逃税还应当包括意图获得一笔不应有的退税或者意图得到一项不存在的税的债权的情形。因此,就《刑法》第 204 条规定的骗取出口退税罪,条文上在“以假报出口或者其他欺骗手段”之前增加“为骗取出口退税的目的”的内容。当然,在严格意义上,骗取出口退税行为分为税后骗税行为(纳税人缴纳税款后骗取所缴纳的税款)和纯粹骗税行为(纳税人未缴纳税款或超出所缴纳的税款而骗取税款)。[②] 而属于逃税的上述情形无疑是税后骗税行为,《刑法》第 204 条第 2 款也明确了这一点。[③] 但是,增加的“为骗取出口退税的目的”之内容当然亦适用于纯粹骗税行

---

① 参见高铭暄、马克昌主编:《刑法学》(第 8 版),北京大学出版社 2017 年版,第 431 ~ 433 页。

② 参见陈建清:《论骗取出口退税行为的刑法适用及处罚》,载《暨南学报(哲学社会科学版)》2016 年第 11 期。

③ 该款规定:“纳税人缴纳税款后,采取前款规定的欺骗方法,骗取所缴纳的税款的,依照本法第二百零一条的规定定罪处罚……”其中,第 201 条规定了逃税罪。

为的情形。再次,从逃税主体的角度,还应当包括其他主体逃税的情形,即为他人逃税的目的也包括在内。因此,就《刑法》第205条以及第205条之一规定的两项虚开发票罪,条文上开头增加"为逃税或他人逃税的目的"的内容。最后,除上述税收犯罪外,狭义的逃税犯罪也应当明确规定逃税目的这一主观要件,尤其是对细化后的逃税犯罪之不申报逃税罪来说,必须强调不申报行为人的逃税故意,也就是说,纳税人是基于逃避缴纳税款的目的而不为申报行为,以将那些因纳税人疏忽而遗忘申报的行为排除在刑事处罚的范围外。虽然逃税犯罪整体上要求具备逃税主观故意,但是对于不申报这种不作为犯罪行为来说,强调逃税主观故意显然更加重要,事实上对逃税主观故意的查证是确定不申报犯罪行为的关键。

2. 客观要件:提高入罪门槛

正如前文已经指出的,目前我国刑法关于税收犯罪客观要件所规定的入罪门槛偏低。首先,从绝对值来看,我国逃税罪的入罪门槛为5万元和逃税追缴欠税罪的入罪门槛为1万元。这里需要补充的是,虽然意大利虚开发票罪没有规定入罪门槛,一方面,是因为这类犯罪的手段本身具有严重危害性;另一方面,是因为该罪行其他方面的构成要件很严格,打击面有限,如仅限于为他人虚开一种行为,同时强调为他人逃税的目的。为此,如果我国相关虚开发票犯罪没有在其他方面的构成要件上进行限制,目前规定的入罪门槛标准显然偏低。其次,在门槛数额的计算上,虽然在时间(加总在这个时间范围内的数额)确定方面,我国和意大利是一致的,如逃税犯罪在正常情况下于一个纳税年度内,①逃税追缴欠税犯罪则没有限定时间范围,但在是否加总各个税种的数额方面,即在纳税人实施了涉及多个税种的犯罪行为情况下,我国和意大利的逃税犯罪存在不同。意大利是按照每个税种(所得税或增值税)单独计算,即纳税人所

① 参见最高人民法院《关于审理偷税抗税刑事案件具体应用法律若干问题的解释》(法释〔2002〕33号)。

逃的所得税数额和增值税数额不能加总计算，必须某一税种所逃数额超过门槛才可定罪，这是因为逃税行为通过欺诈申报、不诚信申报或不申报来实现的，而每一项纳税申报对应一个特定税种。换言之，不同税种的逃税行为是相互独立的。但是，我国实行各个税种加总计算，[①]如此，我国入罪门槛无疑更容易超过。总之，我国税收违法行为入罪门槛偏低，加强了刑法介入的力度，这也会模糊刑事与行政责任的界限，弱化刑法的应然功能。[②] 为此，一方面，我国税收刑法需要进一步提高各项税收犯罪的门槛，即提高相关数额的绝对值，如逃税数额、虚开税款数额、骗取出口退税数额、逃避欠缴税款等。另一方面，对于逃税犯罪，我国税收刑法也可以修改为原则上单独计算各个税种的逃税数额，这样，考虑到在一个纳税年度内，部分小税种纳税金额有限，纳税人逃税犯罪的构成将得到进一步的限制。当然，在这种情况下，逃税数额绝对值门槛的提高幅度可以适当降低。此外，违法行为如果涉及所得税、增值税以外的小税种，还可能以走私罪，伪造变造、买卖国家机关的公文、证件、印章罪等非税收犯罪的名义入罪处罚。

对于我国逃税罪入罪门槛的规定，还存在一个问题，即目前采取的“数额 + 比例”的双重标准。为此，需要思考的是，在任何情况下逃税罪的构成都要求比例这个标准，是否在大企业和中小企业之间造成了不公平问题。[③] 这是因为在通常情况下前者逃的税款（绝对值）要大于后者，这样对国库利益的损害也更大，但在存在比例这个标准的情况下，大企业如果未达到这个比例就不入罪处罚。需要注意的是，大企业负税能力更大，逃税的手段也会更加隐蔽、欺诈性更大，筹划逃税不超过比例标准的能力、空间也越大。因此，我国虽然对于

---

① 参见最高人民法院《关于审理偷税抗税刑事案件具体应用法律若干问题的解释》（法释〔2002〕33 号）。

② 参见张书琴：《税收犯罪刑事立法的反思》，载《学海》2016 年第 2 期。

③ 参见郭昌盛：《逃税罪的解构与重构——基于税收制度的整体考量和技术性规范》，载《政治与法律》2018 年第 8 期。

逃税犯罪入罪门槛还应当保留"数额 + 比例"的双重标准,毕竟比例这个标准有助于降低对逃税行为的刑事介入,但是在逃税数额巨大的情况下不计算逃税比例。换言之,未来逃税犯罪立法不应将逃税比例绝对化,对于那些逃税数额巨大的,应当规定不考虑逃税比例。

(三)刑事处罚的轻缓化

1. 降低部分税收犯罪的自由刑

目前,我国刑法对税收犯罪规定的自由刑处罚,存在两个问题:一是部分税收犯罪自由刑过重;二是各项税收犯罪之间的自由刑处罚不均衡。首先,自由刑过重的税收犯罪包括骗取出口退税罪以及虚开、伪造、非法出售增值税专用发票等犯罪,这些犯罪的最高刑是10年以上有期徒刑或者无期徒刑。其次,与第一项问题相关,部分税收犯罪自由刑过重也引起了与其他税收犯罪间处罚不均衡的问题。例如,目前逃税罪、抗税罪和逃税追缴欠税罪最高刑是7年有期徒刑,这样与上述虚开增值税专用发票罪等税收犯罪产生不均衡。再如,逃税罪与骗取出口退税罪间的不均衡。这种不均衡不仅是源于处罚量刑上的表面差异,更源于不同税收犯罪间的危害性异同。具体而言,考虑到发票管理类犯罪的社会危害性最终要从逃税的下游犯罪中体现出来,其社会危害性也自然轻于逃税罪,①但是目前部分这类逃、骗税预备行为犯罪的刑期反而要远高于税收实害行为犯罪。而关于逃税罪与骗取出口退税罪间的不均衡,是因为两者的危害性虽然有差异,即纯粹骗税行为要大于逃税行为,但并没有像目前两项罪名刑罚上体现得差异那么大。此外,不均衡还存在于上述自由刑过重的税收犯罪与强奸、杀人、放火等其他非税收犯罪之间。这是因为税收犯罪是行政犯,其危害性源于行政法规的禁止而非行为本身,其应受责难的程度,即刑罚应轻于自然犯。② 而我国目前上述相关犯罪之间的刑罚却较接近。

---

① 参见徐光华、艾诗羽:《论我国税收犯罪的刑事政策》,载《税务研究》2014年第11期。

② 参见刘荣:《论我国税收犯罪的刑罚配置》,载《税务研究》2009年第5期。

基于上述内容,未来我国税收刑法应当逐步降低虚开、伪造、非法出售增值税专用发票等犯罪的自由刑,使最高刑的水平向逃税罪(7年有期徒刑)靠拢。而对于骗取出口退税罪的自由刑,针对纯粹骗税行为,也应当逐步降低,使最高刑的水平向逃税罪靠拢,但可以保持在稍高于逃税罪的水平上。刑事处罚力度的降低,事实上也是税收刑法体现普通刑法属性的重要内容。当然,结合未来我国完善后的税收犯罪体系,还需要根据危害性(包括手段的欺诈性)差异对各种税收犯罪的刑罚保留轻重相宜的差异化,最高刑不能都规定为7年。在意大利,根据2000年法,目前两项欺诈申报逃税罪最高刑期都是8年,不诚信申报逃税罪是4.5年,不申报逃税罪是5年,虚开发票罪是8年,而欺诈逃避缴纳税款罪是6年。据此,除上述提到的虚开发票、骗税等犯罪量刑外,一方面,未来我国逃税追缴欠税罪的刑罚也应当略轻于逃税犯罪,自由刑最高刑期可以降低到5年;另一方面,逃税犯罪中欺诈申报逃税罪也应当略高于其他申报类逃税罪,这样后者的最高刑也可以规定为5年。

2. 弱化财产刑、丰富资格刑

自由刑作为主刑,在降低刑期之后,为有效打击、抑制税收犯罪,需要在附加刑方面进行完善。而在附加刑的选择上,目前我国税收刑法着重于财产刑,主要表现为罚金,对每一项税收犯罪都规定了罚金的处罚。事实上,从1992年《补充规定》以来,我国以财产刑适用为特点的附加刑呈现趋重化的趋势。[①] 为此,可以印证的是,财产刑固然有其存在的意义,但是罚金作为附加刑并不是理想选择,而财产罚作为行政处罚的主要手段,在行政处罚领域自然有其适用的空间,也是更理想的空间。与此相关,对轻微的税收犯罪单处罚金或选处罚金(关于处罚规则修改)的观点不能认同,根据上文限缩税收犯罪法网的观点,应该改为不入罪,处以行政处罚(罚款)即可。因此,我国税收刑法附加刑应当弱

① 参见徐光华、艾诗羽:《论我国税收犯罪的刑事政策》,载《税务研究》2014年第11期。

化罚金这一财产刑,即扭转趋重化趋势。那么,我国应当选择何种附加刑?对此,资格刑无疑是理想选择。目前,我国刑法规定的资格刑限于剥夺政治权利,且在通常情况下税收犯罪并不适用,为此需要丰富资格刑的类型,尤其是体现税收犯罪特点的资格刑。在一定年限内,禁止税收犯罪实施者在法人、企业担任领导职务,不得担任涉税的代理、协助职务,禁止与公共机构从事交易活动,以及不得担任公职等,这些资格刑都可以被我国税收刑法所采用,在对犯罪实施者处以自由刑的同时,并处相关的资格刑。当然,针对危害性不同的税收犯罪,资格刑也应当像自由刑那样有所区别,这种区别主要体现在资格刑的种类上,即对于欺诈申报类逃税犯罪、骗税犯罪以及虚开发票犯罪,规定可适用的资格刑种类可以比其他税收犯罪多。

3. 加大刑事处罚减免的力度

不同于其他一些犯罪行为,税收犯罪行为所造成的损害(国库利益的损失)是可以弥补并挽回损失的。对此,对犯罪行为人刑事处罚的减免无疑是促成损害弥补、损失挽回的重要手段,在税收刑法中必须作为一项重要制度而存在。对于平衡刑事法律、处罚适用的严肃性和给予税收犯罪行为人改过自新机会两方面来说,合理的刑事处罚减免制度至关重要。但是,目前我国税收刑法仅对逃税罪规定了"初次违法"处罚免除制度,在保障税款及时、有效入库,赋予犯罪行为人改过自新机会方面不充分,同时也存在不公平的问题。首先,《刑法》规定的自首、立功一般处罚减轻情节,仅仅是可以减轻,并非应当减轻。其次,逃税罪以外的税收犯罪,包括那些危害性比逃税罪小的税收犯罪,缺乏特别的减免处罚制度。最后,在逃税罪下,非"初次违法"的逃税行为也没有减免制度司法适用。那么,我国税收刑法应当如何加大处罚减免的力度?结合未来我国完善后的税收犯罪体系,根据犯罪行为人不同的补救行为,处罚减免制度可以进行如下完善:首先如果犯罪行为人能够在违法行为被发现之前主动披露、纠正违法行为,缴纳或归还相关税款和利息并已受行政处罚(如果有),或者税收利益并未损失或损失已经挽回,应当免予刑事处罚,包括附加刑。这是因为,此时税收利益损失已经得到挽回,可以认为最终没有造成实际损害,免予处罚符合打击税收实害行为的刑事立法理念,同时也可最大限度地激励犯罪行为人主动补报、补缴税款,降低征管成本和节省司法资源。为此,这种刑事处罚免除的适用范围通常限于逃、骗税以及逃避缴纳税款犯罪。[1] 其次,针对上述税收犯罪,如果犯罪行为人在违法行为被发现之后,能够积极悔改,缴纳或归还相关税款和利息并已受行政处罚(如果有),或者税收利益并未损失或损失已经挽回,虽然不属于主动补报补缴税款,还是应该给予处罚上的"惠顾",在保留刑罚震慑力的同时更好地保障国库利益。除不适用附加刑外,自由刑减轻的幅度,减半或减轻一定刑期均在可接受范围之内。当然,这种减轻处罚的制度也适用于所有税收犯罪。最后,对于抗税罪、虚开发票犯罪等其他税收犯罪,行为人积极采取缴纳税款等补救措施,可以赋予减轻刑事处罚的待遇。这样,在上述刑事处罚免除、减轻制度引入之后,目前适用于逃税罪的"初次违法"处罚免除制度就应当取消。需要特别指出的是,以上构建的税收刑事处罚减免制度,虽然将区别于刑法的一般规则,但并不有违税收刑法应当秉持普通刑法属性的精神。相比特殊刑法,普通刑法意味着更加宽松、缓和的税收刑事立法政策,而刑事处罚减免力度的加大符合这一政策。

(四)行政、刑事二罚的避免

由于税收行政违法行为与犯罪行为之间的差异主要体现在量上,即包括逃税、虚开发票等在内的大部分税收行政违法行为只要在逃税数额、虚开金额等数量上超过入罪门槛,都将同时成为犯罪行为,因此,纳税人的一项税收违法行为很有可能同时面临行政和刑事处罚。这样一种一事二罚的存在,无疑会使我

---

① 事实上,对于逃税等不缴、少缴税款违法行为,如果纳税人能够主动补报补缴税款,基于同样的理由,行政处罚也应当减免。参见翁武耀、刘浪:《论我国税务行政处罚减免制度的完善——以逃税等不缴、少缴税款违法行为为视角》,载《税务研究》2020 年第 8 期。

国未来相对宽松的刑事立法政策效果大打折扣，因此需要在制度设计上予以避免。但是，目前我国现行制度并未有效解决这一问题。我国税收行政程序（包括征管和复议、诉讼争议解决程序）与刑事程序也是相互独立的，针对纳税人同一涉税事实，税收刑事程序的启动和进行并不导致税收行政程序的中止，纳税人此时依然可以针对税务机关的征税、处罚决定通过行政复议、诉讼程序寻求救济。事实上，由于两者程序在证据规则、证据证明标准等方面存在差异，刑事司法对事实的认定和裁决并不必然作为行政执法、司法认定和裁决的依据。[①] 同时，刑事司法也不应当基于税收特殊主义而拘束于税务机关行政处理的结果，这也便于司法机关及时打击税收犯罪活动。[②] 源于上述两者程序的相互独立性，税务机关对纳税人犯罪行为作出行政处罚本身不存在问题，我国现行相关规定也没有绝对禁止。首先，根据《行政处罚法》第 27 条和《税收征收管理法》第 77 条的规定，税收违法行为构成或涉嫌犯罪的，税务机关必须将案件移送司法机关，依法追究刑事责任。该规则旨在避免税务机关以行政处罚代替刑事处罚，并没有规定税务机关对于移送的案件不得作出行政处罚，无论是在移送前还是在移送后。事实上，目前的争议在于，税务机关移送后能否再次作出处罚。对此，最高人民法院提出过一项指导性意见，认为“行政机关将案件移送司法机关追究刑事责任后，不宜再就当事人的同一违法事实作出与刑事处理性质相同的行政处罚”。[③] 此外，中共中央办公厅、国务院办公厅《关于加强行政执法与刑事司法衔接工作的意见》（中办发〔2011〕8 号）第 1 条第 3 款又规定：“……未作出行政处罚决定的，原则上应当在公安机关决定不予立案或

---

① 参见刘天永：《涉税犯罪刑事判决能否决定相关行政处罚的合法性?》，载《中国税务报》2014 年 6 月 25 日，B 版。

② 当然，对于我国来说，这也特别要求司法机关办案人员，尤其是刑事法官，需要掌握足够的税法知识。随着税收法治建设的不断前进，这方面正逐步取得成效。

③ 参见最高人民法院 2010 年通过的《行政审判办案指南（一）》第 14 号指导案例：“枣庄永帮橡胶有限公司诉山东省枣庄市国家税务局税务行政处罚案”。

者撤销案件、人民检察院作出不起诉决定、人民法院作出无罪判决或者免予刑事处罚后,再决定是否给予行政处罚。"上述两项意见虽然倾向否定移送后能再作出行政处罚,以避免一事二罚,但是从使用的"不宜"和"原则上"字词来看,显然都没有绝对禁止。其次,根据《行政处罚法》第35条的规定,人民法院判处罚金时,税务机关已经给予犯罪行为人罚款的,应当折抵相应罚金。这一规则是对已经作出行政处罚的情况,为避免一事二罚所引入的补救措施。但是,考虑到罚金数额往往小于罚款数额,补救效果也是非常有限,一事二罚并不能完全被避免。

为有效解决行政、刑事处罚共存的问题,我国税收刑法需要从以下路径进行完善:首先,针对纳税人同一违法行为,明确税务机关需要作出行政处罚,无论税务机关是否将案件移送司法机关。这样的规定,一方面无疑更符合行政、刑事程序相关独立的制度设计,另一方面也具有客观的必要性。例如,为适用刑事处罚减免制度,由于已经接受行政处罚(或履行行政处罚相关义务)是前提条件,无论现行针对逃税罪的"初次违法"处罚免除制度还是未来我国刑事处罚减免制度,税务机关都应当先行作出行政处罚。此时,在刑事程序独立性的前提下,是否给予刑事处罚减免也应当由司法机关来认定,尤其是在免除刑事处罚的情形下。[①] 其次,在同时存在行政处罚和刑事处罚的情况下,为避免一事二罚,应当仅适用其中一种处罚。对此,无须像意大利税收刑法那样引入特殊性原则,直接明确规定适用刑事处罚即可,这是因为刑事处罚比行政处罚惩戒力度更大,代表对危害性更大的违法行为的处罚。当然,为确保这一结果,在程序上就应当规定在刑事程序终结前行政处罚停止执行,且只有在公安机关决定不予立案或者撤销案件、人民检察院作出不起诉决定或人民法院作出无罪

---

① 事实上,在当前逃税罪的"初次违法"处罚免除制度下,就需要警惕税务机关对"初次违法"行为直接行使"免予刑事处罚"的司法认定权。参见孙立平:《"营改增"背景下税收犯罪的法经济学分析》,载《湖南社会科学》2015年第5期。

判决后,税务机关才可以执行行政处罚。这样的规定也可以与刑事处罚减免制度相协调,因为此时并不妨碍犯罪行为人主动承担相关行政处罚的责任,以满足刑事处罚减免的条件。

(五)立法模式的选择

就实现一项相对宽松的刑事立法政策而言,相关制度是否妥当取决于其内容的合理规定,至于规定在《刑法》中抑或是其他法源并非核心问题。尽管如此,作为刑事立法形式意义上的重要问题,考虑到未来税收犯罪相关制度的完善和变化以及不同的经验,还是有必要对未来我国税收犯罪立法模式的选择进行讨论,即维持现行的刑法典(章节)模式还是采取单行刑法模式。[①] 对比以上两种模式,通常认为,刑法典模式的主要优势在于统一性、集中性以及权威性。其中,统一性,是指国家刑法(关于各类犯罪)的统一实施;集中性,是指关于犯罪与处罚的刑法规范被规定在一部法源中,有序、一目了然,权威性则源于法典规范的稳定性、体系性、基础性以及适用广泛性。但是,刑法典模式的劣势也较明显,主要有两点:首先,源于保持稳定性的需要,刑法典的修改程序更严格、修改频率相对较低,因此相比社会经济的发展和变化,刑法典规范往往体现出滞后性。其次,刑法典关于部分犯罪构成要件的规定,如关于经济犯罪或行政犯,往往比较简单,需要借助相关行政法规对违法行为进行界定,因此法定原则所要求的明确性较差。而刑法典这两项劣势在我国税收犯罪领域无疑体现得更明显,这是因为:一方面,税收犯罪是一种行政犯,刑事立法具有易变性,以适应社会经济的发展和变化。对此,正如前文已经阐释的,新时期下我国社会、经济、法治等相关领域已有并还将有重要发展,伴随税收刑事立法政策的改变,未来我国税收犯罪立法面临改革并需要进行大幅修改。现行《刑法》已经体现出

---

① 关于刑法立法模式,事实上还存在第三类,即附属刑法模式,即在其他法律(如税收实体法或程序法)中附带地规定那些具有专业性或者特殊性的刑法规范。但是,在下文阐释的其他两种模式优势、劣势方面,由于附属刑法模式的优势和劣势都过于显著,不宜单独采用,为此下文不再赘述。

滞后性,而在刑法典模式下,未来这种滞后性的增大也将很有可能发生。另一方面,除税收犯罪是行政犯外,税法还具有专业性和技术性的特点,为此,刑法典对税收犯罪构成要件的规定往往不会涉及税收的具体规则,使税收犯罪构成要件的认定十分依赖税法的相关具体规定。例如,在逃税罪下,关于所逃税款的确定,就需要借助所得税、增值税等不同税收实体法关于纳税义务确定的具体规定。再如,关于虚开发票罪,就需要借助增值税以及发票管理方面的税收实体法、程序法关于虚开认定的具体规则。现行《刑法》关于税收犯罪的规定即是如此。而在刑法典模式下,未来税收犯罪构成要件明确性不足的问题也很难改善,尤其是未来逃税犯罪立法需要进行细化,即根据不同的逃税方式确定不同的逃税罪。此外,现行《刑法》关于税收犯罪构成要件简单、抽象的描述,在一定程度上也造成了刑事法官对税法相关具体规则认识的欠缺,从而在税收案件的裁判上过于依靠或尊重税务机关的意见。

那么,我国是否应当采取税收单行刑法的模式?首先需要肯定的是,单行刑法不存在上述刑法典的两项劣势,相反,单行刑法模式可以将这两方面转化为优势,即能够及时进行修改,以回应社会经济发展需要;同时,也可以更细致地规范税收犯罪构成要件的内容,以满足法定原则的确定性要求,并降低借助税法明确构成要件内容的程度。此外,关于一些构成要件的涉税内容,税收单行刑法还可以基于刑法适用的角度、以不同于税法的方式予以规定,以体现税收刑法的独立性。以上这些特点,还不能就此认定我国也应当采取单行刑法模式。一方面,虽然我国税收刑法变迁过程中曾出现过单行刑法,以对刑法典进行补充、修改,但1997年《刑法》以后就没有再出现过。事实上,1997年《刑法》以后,对刑法典的补充和修改就以修正案立法方式进行了,目前生效的单行刑法仅剩下一部。① 显然,我国十分注重法典的编纂,至

① 1998年全国人民代表大会常务委员会《关于惩治骗购外汇、逃汇和非法买卖外汇犯罪的决定》。

少在未来一段时间内不会改变。而税收单行刑法对税收犯罪(包括处罚)予以独立地特别规定,是对刑法典的“切割”,容易架空刑法典,引发与刑法典之间的紧张关系,[①]削弱刑法典的统一性、集中性和权威性。另一方面,制定税收单行刑法会产生税收刑法应当属于特殊刑法还是普通刑法的争议。单行刑法基于一些刑法规范不便放置于刑法典的原因,从而通常表现为特殊刑法,并因此发挥修改补充的功能。而未来我国税收刑法在丰富资格刑、加大处罚减免力度、行政处罚与刑事处罚衔接等方面的完善内容,在一定程度上体现出税收刑法特殊制度的一面,对刑法典中的一般制度进行了修改或补充,除非相关制度的适用在未来扩展到其他犯罪领域中,否则无疑适合在税收单行刑法中进行规定。但是,未来我国税收刑法的完善内容也存在出于普通刑法考量的部分。为此,我国税收单行刑法将面临是否回归普通刑法的问题,甚至是是否应当再次将税收犯罪纳入刑法典中予以规范的问题。事实上,税收单行刑法回归普通刑法的属性,可以提高因单行刑法制定而降低的刑法典之统一性、集中性和权威性,同时在刑法典中规定税收犯罪特殊的内容,也并非不可以,如现行《刑法》第 212 条就规定了税务机关征缴优先原则。

综上,关于未来我国税收犯罪立法模式,鉴于两类模式优势、劣势之间的对比并不能高下立判,无论是选择维持刑法典,还是变为单行刑法,都是可以接受的。当然,需要强调的是,我国刑法所采取的统一刑法典形式在未来存在改变的可能,在立法突破目前刑法框架结构的情况下,另外开辟单行刑法的形式,可以是合理的选择,[②]那时税收单行刑法的出台无疑为首选。

---

① 参见陈兴良:《回顾与展望:中国刑法立法四十年》,载《法学》2018 年第 6 期。

② 参见陈兴良:《回顾与展望:中国刑法立法四十年》,载《法学》2018 年第 6 期。

第二节 逃 税 罪

一、立法现状

2009年我国《刑法修正案(七)》对《刑法》第201条逃税罪的条款进行了大幅修改,除引入“初犯免责”条款外,主要是在客观要件方面,体现为逃税行为的规定由原来的具体列举式改为概括式,即现在的“欺骗、隐瞒手段进行虚假纳税申报或者不申报”,不申报逃税行为由原来的“经税务机关通知申报而拒不申报”改为“不申报”。同时,入罪门槛在逃税数额绝对数值方面由原来的“1万元以上”具体标准改为“数额较大”的表述,并取消了扣缴义务人入罪门槛的相对数值(比例)要求。不能否认,《刑法修正案(七)》对逃税罪条款进行了完善,具有进步意义,但是仍留存一些问题,何况所修改的内容还产生了新的争议,具体体现在以下几个方面。

(一)犯罪主体的范围

逃税罪现行立法关于犯罪主体的界定明确规定为纳税人和扣缴义务人,即关于实施虚假纳税申报或者不申报的主体,首先,存在逃税主体范围是否偏小的问题。对此,我国有学者指出,目前立法对逃税主体范围的规定过于狭小,使一些主体实施逃税行为得以逃脱逃税罪的处罚。例如,税务代理人、破产企业管理人、连带税收债务人、税收债务清偿人、无证或非法经营者等主体是否可以构成逃税罪的主体,立法并不明确。尤其是税务代理人,在全权代理纳税人申报纳税、纳税人又不知情的情况下实施逃税行为,无法构成逃税罪,同时又无法利用共犯理论予以应对。[①] 换言

---

① 参见郭昌盛:《逃税罪的解构与重构——基于税收制度的整体考量和技术性规范》,载《政治与法律》2018年第8期。

之,税务代理人具有单独实施逃税行为的现实可能性,目前却不具备逃税罪的主体资格。其次,逃税罪犯罪主体是否应当包含扣缴义务人值得反思。我国《刑法》第 201 条第 2 款通过规定“扣缴义务人采取前款所列手段……”,将扣缴义务人在入罪上完全与纳税人等同处理,一并纳入逃税罪的犯罪主体范围之中。此外,2014 年国家税务总局办公厅公布的《税收征管法修订稿(征求意见稿)》(税总办函〔2014〕577 号,以下简称 2014 年征求意见稿)第 99 条在界定逃税时,没有规定“扣缴义务人采取前款所列手段……”,将扣缴义务人排除在逃税主体范围之外。因此,尽管目前立法以及主流观点都认为,扣缴义务人应当作为逃税罪的犯罪主体,还是有必要对扣缴义务人作为逃税罪犯罪主体的恰当性进行反思,反思的内容包括三个方面:首先,扣缴义务人不缴或者少缴已扣、已收税款,是否必然会造成国库利益的最终受损,这与扣缴税款是否代表最终性的税款缴纳义务有关。其次,扣缴义务人为逃税能够实施的欺骗、隐瞒手段是否和纳税人的欺骗、隐瞒手段一致。换言之,在常见的逃税手段中,事实上至少有一部分手段是扣缴义务人不可能实施的。最后,目前逃税罪立法就扣缴义务人与纳税人在定罪量刑上存在不公平的差别对待。例如,在入罪门槛方面,扣缴义务人仅仅由逃税“数额较大”这一绝对数值构成,而纳税人还有占应纳税额的相对数值(比例)要求,使扣缴义务人逃税罪构成的门槛更低。再如,体现宽严相济刑事政策的“初犯免责”制度不适用于扣缴义务人逃税的情形。考虑到扣缴义务是为保障他人纳税义务的履行而设置的。换言之,扣缴义务人逃税也是为他人逃税,与纳税人逃税在定罪处罚上存在差异也是应当的,但是对扣缴义务人采取更严厉的立场是否合适,值得反思。这样,即使可以将扣缴义务人纳入逃税罪的处罚范围中,目前关于扣缴义务人逃税罪的立法模式也需要修改。

（二）客观行为的界定

对逃税罪客观行为的规定,1979 年《刑法》第 121 条采取了无任何描述的立法方式,[①]1997 年《刑法》第 201 条采取了完全列举式描述的立法方式,即"纳税人采取伪造、变造、隐匿、擅自销毁账簿、记账凭证,在账簿上多列支出或者不列、少列收入,经税务机关通知申报而拒不申报或者进行虚假的纳税申报的手段,不缴或者少缴应纳税款……"。现行 1997 年《刑法》第 201 条则采取了概括式描述的立法方式,即"欺骗、隐瞒手段进行虚假纳税申报或者不申报,逃避缴纳税款……"。显然,相较前两种立法方式,现行立法方式最合理,这是因为第一种方式无法令人准确掌握刑事意义上的逃(偷)税的含义或特征,而第二种方式规定的逃税手段较有限,难以穷尽潜在的逃(偷)税方式,从而形成打击漏洞。这样,第三种方式避免了前两种方式各自的缺陷,以相对抽象的方式指明了逃税行为的基本方式和特征,并可以应对各类潜在或新型的逃税行为。此外,相比第二种方式规定的逃税手段,第三种方式还在质上修改了逃税手段。具体而言,除《刑法》第 204 条规定的"缴纳税款后,以假报出口或者其他欺骗手段,骗取所缴纳的税款"外,在 2009 年《刑法修正案(七)》以前,逃税手段包括 4 种且是并列的,分别是伪造、变造、隐匿、擅自销毁账簿、记账凭证,在账簿上多列支出或者不列、少列收入,经税务机关通知申报而拒不申报纳税,以及进行虚假纳税申报。这样,只要实施其中一种手段(包括前两种手段)就可以构成逃税犯罪行为,纳税申报并非逃税构成中的必要环节,最高人民法院《关于审理偷税抗税刑事案件具体应用法律若干问题的解释》(法释〔2002〕33 号,以下简称法释 33 号文)第 1 条对此予以明确,这与当时税收征管并未完全建立在纳税人如实申报义务的基础上有关,包括不申报逃税行为的构成需要以"税务机关通知申报"为必要条件。而现行刑法将纳税申报视为逃税构成中的必要环节,即任何逃税行为都需要经过虚假纳税申报或者不申报,并将逃税手段限定为"欺骗、隐瞒手段"。

---

① 该条规定:"违反税收法规,偷税、抗税,情节严重的,除按照税收法规补税并且可以罚款外,对直接责任人员,处三年以下有期徒刑或者拘役。"

关于现行逃税罪立法逃税方式的规定，由于其概况性，需要明确包括哪些具体的逃税方式，进而判断是否能够穷尽所有的逃税方式。这样，首先，需要明确的是，“欺骗、隐瞒手段”是专门针对虚假纳税申报而言的，抑或是针对不申报而言的。对此，存在两种解释：一种解释认为，“欺骗、隐瞒手段”分别修饰虚假纳税申报和不申报；另一种解释则认为，“欺骗、隐瞒手段”仅修饰虚假纳税申报。目前，后一种解释观点为主流观点，主要理由是纳税人即使没有积极作为，即未采取欺骗、隐瞒手段，而是消极地不作为，即单纯地不履行纳税申报义务，也会造成国库利益受损，并构成逃税，否则就有违公平性。① 其次，常见的“欺骗、隐瞒手段”应当包括哪些？事实上，从便利逃税罪适用的角度，列举常见的欺骗、隐瞒手段很是必要。但令人遗憾的是，《刑法修正案（七）》出台之后，我国并没有出台专门的司法解释对现行刑法逃税罪规定的欺骗、隐瞒手段进行解释，考虑到在实践中许多常见的逃税手段在《刑法修正案（七）》前后并不会发生变化，这样，除现行刑法相关条款和司法解释外，至少部分逃税手段还可以从《刑法修正案（七）》之前刑法的原有规定和相关司法解释中探寻。据此，常见的逃税手段主要包括：(1)伪造、变造、隐匿、擅自销毁账簿、记账凭证，而法释33号文第2条规定该种手段包括伪造、变造、隐匿、擅自销毁用于记账的发票等原始凭证的情形；(2)在账簿上多列支出或者不列、少列收入；(3)法释33号文第3条在解释“虚假的纳税申报”中规定的提供虚假的财务报表、虚假申请以及（编造的）减税、免税、抵税、先征收后退还税款等虚假资料等；(4)《刑法》第204条规定的以假报出口或者其他欺骗手段骗取所缴纳的税款；(5)最高人民法院研究室《关于税收通用完税证和车辆购置税完税证是否属于发票问题的回函》（法研〔2010〕140号）指出的非法购买非法制造税收通用完税证和车辆购置税完税证。

① 参见杨高峰：《逃税罪立法实施中的疑难问题研究》，载《学术探索》2009年第4期。

当然,逃税罪逃税行为的认定离不开探究税法中关于逃税行为的规定,至少从客观行为的角度,鉴于两者的差异主要体现在逃税数额和比例量的方面,为此,税法上规定的逃税手段往往也是构成逃税犯罪行为的逃税手段。首先,《税收征收管理法》第 63 条在规定偷(逃)税行为时,对偷(逃)税手段的规定与 1997 年《刑法》逃税罪的原有规定是一样的。为此,《税收征收管理法》关于偷(逃)税手段立法方式的规定也必然会按照概括式描述的立法方式予以修改。事实上,2015 年国务院法制办公室公布的《税收征收管理法修订草案(征求意见稿)》(以下简称 2015 年征求意见稿)第 97 条第 1 款对逃税手段的规定就采取了概括式描述的立法方式,内容与刑法逃税罪现有规定一样。此外,2015 年征求意见稿第 97 条第 3 款还进一步对欺骗、隐瞒手段进行了列举,包括:(1)伪造、变造、转移、藏匿、毁灭账簿凭证或者其他相关资料;(2)编造虚假计税依据,虚列支出或者转移、隐匿收入;(3)骗取税收优惠资格;(4)法律、行政法规规定的其他情形。显然,以上前 3 种具体的逃税手段基本上沿用了现行《税收征收管理法》规定的逃税手段。同时,实质上分别与前文列举的逃税罪常见的前 3 种逃税手段相对应,而第 4 种"其他情形"属于兜底条款,即其他欺骗、隐瞒手段,无疑确保了打击逃税违法行为的周延性。事实上,2015 年征求意见稿对逃税手段的立法方式,即概括式描述以及"列举 + 兜底",是非常值得肯定的。其次,2014 年征求意见稿第 99 条在列举欺骗、隐瞒手段时,还多列举了两种手段,分别是转移、藏匿应税商品、货物或者其他财产和法定代表人或者直接责任人员转移、藏匿、逃逸。其中,第一种手段,或在实质上还是为了转移、隐匿收益,可以包含在转移、隐匿收入这一手段中,或是为了逃避缴纳已经申报缴纳的税款,属于《刑法》第 203 条逃避追缴欠税罪的实施手段,而第二种手段从客观内容来看是重复列举。因此,2015 年征求意见稿未列举这两种手段是合理的。最后,国家税务总局稽查局印发的《偷税案件行政处罚标准(试行)》(国税稽函〔2000〕10 号)第 4 条、第 5 条、第 6 条和第 7 条规定了通过不同逃税手段实施逃税应受到的不同处罚标准,详细列举了不同具体的逃税手段。除上述列举的基本手段外,还包括不按照规定取得、开具发票,账外经营或者利用虚假合同、协议隐瞒应税收入、项目,实现应税收入、项目不按照规定正常入账,销售收入或者视同销售收入不按照规定计提销项税金,将规定不得抵扣的进项税额申报抵扣或者不按照规定从进项税额转出,超标准列支或者不能税前列支的项目不按照规定申报调增应纳税所得额,境内外投资收益不按照规定申报补税,应税收入、项目擅自从低适用税率,减免、返还的流转税款不按照规定并入应纳税所得额。《偷税案件行政处罚标准(试行)》列举的这些手段,事实上部分具体化了"隐匿收入"这一基本手段,此外,也有助于理解上述《刑法》《税收征收管理法》等基础法律所规定的逃税手段中的"其他情形"。

综上,对我国逃税罪逃税手段规定的梳理,不难发现还存在如下几方面的问题:(1)由于现行立法以欺骗、隐瞒手段修饰虚假纳税申报,这样,如果纳税人前期没有采取任何欺骗、隐瞒手段,单纯地提交虚假的纳税申报,即不诚信申报,仅仅在纳税申报中记载不符合真实情况的成本(包括进项增值税)和收益、记载的纳税数额少于实际应当缴纳的数额,是否可以构成逃税罪?事实上,如同单纯地不履行纳税申报也可以构成逃税罪,单纯地提交虚假的纳税申报也应当可以构成逃税罪,对此,现行立法还需要明确。(2)在会计账簿中编造虚假计税依据、多列支出或者少列收入是否构成虚假纳税申报额外的欺骗、隐瞒手段?事实上,对于有会计资料保存义务的纳税人来说,尤其是在税务机关查账征收的情况下,在会计账簿中编造与虚假的纳税申报相对应的虚假计税依据、多列相应的支出或者少列相应的收入属于必然的附随行为,与没有会计资料保存义务的纳税人实施单纯的虚假纳税申报没有实质差异,并不能构成对税务机关额外的欺骗、隐瞒手段。具体来说,能对税务机关征税造成欺骗、隐瞒的,不是会计账簿上记载的虚假成本、收益信息本身,而是证明这些虚假成本、收益的发票等的原始凭证。此外,对于有会计资料保存义务的纳税人来说,如果实施伪造、变造发票等原始凭证,接下来自然会在账簿中相应地虚假列支成本、少列收益,将两者并列为逃税的欺骗、隐瞒手段,分类上就显得不科学或者多余了。(3)关于列举的会计凭证伪造、变造等手段,未用非法制造这一表述,尤其是考虑到《刑法》第206条规定的是伪造增值税专用发票罪,而《刑法》第209条又规定了非法制造用于骗取出口退税、抵扣税款发票罪和非法制造发票罪,其中非法制造包括伪造、擅自制造两种情形。此外,如果纳税人没有伪造、变造、非法制造发票,而是通过购买等方式取得伪造、变造发票,并用于逃税,是否属于伪造、变造发票这一欺骗、隐瞒手段,还是属于其他欺骗、隐瞒手段,存在疑问。显然,目前就会计凭证伪造、变造等手段的相关表述存在不完善之处。(4)未列举欺骗性最大的利用虚开发票逃税手段。这里所指的虚开发票包括虚开能用于骗取出口退税、抵扣税款的发票以及其他普通发票,而之所以欺骗性最大,是因为虚开的发票本身是真实的,且通常有开票方进行配合比对,不同于伪造、变造的发票,不容易被税务机关发现其违法性。显然,通过虚开发票来证明相关的虚假成本是常见的逃税(预备)手段,而没有明确列举出来,在现行虚开发票犯罪立法之下,与利用虚开发票者通常以为自己虚开或让他人为自己虚开的名义被纳入虚开发票犯罪的处罚范围有紧密关联。此外,对于少开发票行为,即发票上记载的收益少于实际收益,是否构成隐瞒手段也没有明确列举出来。(5)基础法律明确列举的逃税手段集中于虚假文件、资料本身,忽视了背后欺骗性、隐瞒性更大的虚假交易。事实上,如果纳税人实施的虚假行为仅作用于文件、资料,对税务机关的欺骗性和隐瞒性是有限的。换言之,虚假性被发现和纠错的可能性很大也相对容易,同时涉及的问题通常也局限于技术性问题。为此,纳税人还会通过实施虚假交易来获取更有利的税收待遇,以逃避税款缴纳,而在实际实施交易的情况下,虚假性被发现和纠错的可能性就会小很多,因为涉及更复杂的法律问题,难度也更大。(6)缺少对欺骗、隐瞒手段内涵的界定,即什么样的手段具有逃税罪构成要求的欺骗性或隐瞒性,在规定关于“其他欺骗、隐瞒手段”兜底条款的情况下，为确保逃税罪客观行为构成要件的明确性，这一界定更必要。与之相关的是，事实上立法或司法解释上还有必要列举不构成欺骗、隐瞒手段的情形，从而不在逃税罪刑事处罚的范围内。进言之，纳税人的一些手段或行为虽然也会导致税款的不缴或少缴但并不构成逃税的手段或行为，这也涉及诸如“虚假”“虚列”等词在修饰计税依据、成本时的含义解释。例如，商品以低于市场价值的定价进行销售并以此作为计税依据进行纳税，在著名的最高人民法院再审的“德发案”中，[①]税务稽查局以涉嫌偷税的名义对纳税人进行查处，就产生很大争议。(7)对于不同的逃税行为，如是否实施了欺骗、隐瞒手段，实施了不同欺骗性或隐瞒性的手段，目前都在一项逃税罪中进行处罚。事实上，考虑到不同逃税手段对税务机关正确实施查定、征税的妨碍性是不一样的，是否应在定罪处罚上给予不同的对待以及如何给予，有待深入研究。(8)《偷税案件行政处罚标准(试行)》列举的部分逃税手段，是否应当作为逃税罪的逃税手段进而对相关逃税行为进行刑事处罚存在疑问。例如，将规定不得抵扣的进项税额申报抵扣或者不按照规定从进项税额转出，超标准列支或者不能税前列支的项目不按照规定申报调增应纳税所得额，应税收入、项目擅自从低适用税率。

最后，两类具体的逃税行为还存在特殊问题：(1)不申报逃税犯罪行为的界定过于简化。刑法现就不申报逃税行为规定为“不申报”，虽然取消经税务机关通知申报的构成条件是必要的，这有助于打击“地下经济”的逃税行为，但不免产生不申报行为的逃税罪打击范围是否过大的疑问。考虑到现实中不申报缘由及其情形的多样性，目前如此简化的规定，没有确切地界定出具有刑事处罚性的不申报行为的构成条件。例如，相关税法规定的申报期限截止还未申报的行为是否就构成逃税罪的不申报行为？即未能明确区分刑事处罚意义上

---

① 参见最高人民法院行政判决书(2015)行提字第13号。

的不申报行为和其他不申报行为，这也导致了司法适用中的无法适从。(2)扣缴义务人的逃税行为范围合理性还存在疑问。《刑法》第 201 条第 2 款规定的逃税行为是(采取欺骗、隐瞒手段进行虚假申报或者不申报)“不缴或者少缴已扣、已收税款”，为此，有疑问的是“不缴或者少缴已收税款”的行为是否属于扣缴义务人的行为。换言之，税法中的代收代缴义务人，如《消费税暂行条例》第 4 条规定，“委托加工的应税消费品，除受托方为个人外，由受托方在向委托方交货时代收代缴税款”，是否也应当纳入代扣代缴义务人的范畴，尽管两者存在明显差异。另外有学者还指出，“不缴或者少缴已扣、已收税款”过于狭隘，在实践中还存在扣缴义务人在代扣代缴阶段采用欺骗、隐瞒手段少收、少扣税款的情形。①

(三)入罪门槛的设置和计算

首先，关于入罪门槛构成的问题。基于现有立法，区别对待纳税人和扣缴义务人逃税行为，即前者需要满足逃税数额和逃税比例两项门槛，后者仅仅要求满足逃税数额一项门槛，至少从统一对待的角度，引出是否应当删除逃税比例这一门槛的问题，即逃税罪应采取逃税数额的单一入罪门槛。事实上，我国学界也从诸多方面论证了这一观点。例如，逃税比例的要求使大企业可以逃避更多的税而不用受到刑事处罚，这对小企业来说不公平。② 又如，逃税比例的要求使企业可以通过对应纳税额的人为安排来降低比例，进而规避刑事处罚。③ 再如，因为涉及不同税种纳税义务产生时间、税款缴纳期限的差异，逃税比例的计算方法很难统一，不仅造成比例计算复杂，还会增加办案难度。④ 在

① 参见郭昌盛:《逃税罪的解构与重构——基于税收制度的整体考量和技术性规范》，载《政治与法律》2018 年第 8 期。

② 参见洪华芬:《论偷税罪的防范与立法完善》，载《政治与法律》2006 年第 1 期。

③ 参见应飞虎:《偷税罪评判标准探析》，载《税务与经济(长春税务学院学报)》2001 年第 6 期。

④ 参见应飞虎:《我国偷税罪评判标准的再分析——以最高人民法院有关司法解释为对象》，载《法律适用》2006 年第 5 期。

意大利税收刑法中,利用虚开发票欺诈申报罪和不申报罪也没有规定逃税比例入罪门槛。同时,意大利税收刑法中的逃税比例的作用没有像在我国一样重要,即并非不可或缺,当逃避课税的积极要素总额分别超过一定数额时,入罪就不计算逃税比例这一门槛了。显然,对于逃税比例这一入罪门槛的设置需要反思。

其次,逃税数额累计不当,扩大刑事打击范围的问题。逃税罪属于结果犯,司法机关需要查实实际逃税的数额,进而判断是否达到入罪门槛,而逃税数额的计算涉及逃税罪入罪门槛是否达到,因此相关逃税数额是否需要累计关系逃税罪构成的难易程度。一方面,在某一特定的纳税年度内存在多项税种的逃税行为,虽然《刑法》第 201 条没有规定是否需要累计,但法释 33 号文明确规定,逃税数额为不缴或少缴各税种税款的总额。另一方面,在不同时间段前后存在多次逃税行为,《刑法》第 201 条第 3 款规定:“对多次实施前两款行为,未经处理的,按照累计数额计算。”同时,上述司法解释规定,所谓未经处理是指“在五年内多次实施偷税行为,但每次偷税数额均未达到《刑法》第 201 条规定的构成犯罪的数额标准,且未受行政处罚的情形”。据此,就入罪门槛计算的目的而言,不同纳税年度的逃税数额也存在累计的情形。显然,逃税数额的累计会使多项独立的原本不受刑事处罚的逃税行为纳入刑事处罚的范围,其正当性存疑。

(四)主观要件的规定

不仅是逃税罪,其他税收犯罪在我国现行刑法中也都缺乏关于犯罪主观要件的明确规定,而缺乏主观要件对犯罪构成的特定限制,会不合理地扩大犯罪的打击范围。当然,就此并不能认为我国刑法逃税犯罪的构成上不要求主观故意,根据目前“欺骗、隐瞒手段”的表述,暗含故意的主观要件。但是,由于“欺骗、隐瞒手段”不修饰不申报行为,同时在实施申报的情况下,逃税行为的构成也可能不一定需要实施特别的欺骗、隐瞒手段,单纯依靠“欺骗、隐瞒手段”的表述似乎并不充分。此外,我国刑法也没有规定行为人实施虚假纳税申报或不申报行为时主观目的是逃税。事实上,为确保《刑法》第 201 条打击的是逃税行为,需要强调行为人上述主观要件的内容,这是因为这些都是逃税行为的特征,尤其是可以区别于漏税行为。[①] 对此,需要特别指出的是,《刑法》第 201 条第 1 款在对纳税人逃税罪状的描述中还使用了"逃避缴纳税款",该内容通常也可以认为暗含了故意的主观要件。[②] 同时,虽然逃避缴纳税款并非仅是逃税(狭义)的结果,在纳税义务已经确定的情况下也可以实施逃避缴纳税款的相关行为,但是结合逃避缴纳税款的方式是虚假纳税申报或不申报,对《刑法》第 201 条第 1 款可以解释出打击逃税行为的目的,但不够明确。此外,该条第 2 款在扣缴义务人逃税罪状的描述中没有使用"逃避缴纳税款",使用的是"不缴或者少缴已扣、已收税款",而不缴或者少缴税款的主观过错可以是故意或过失,同时也很难绝对地认为是行为人主动追求的目的,毕竟虚假纳税申报或不申报也可以是基于逃税以外的目的。事实上,强调逃税的主观故意和目的、犯罪行为人的心理因素,表明立法者旨在对那些既在物质有形上,又从心理上意在实现逃税的行为给予严厉制裁。

(五)逃税犯罪是否存在未遂等未完成形态

理论上,故意犯罪存在预备、未遂、中止未完成形态,逃税罪属于故意犯,因此有学者认为,逃税罪存在未遂等未完成形态。[③] 但是,目前主流观点认为,逃税罪不存在犯罪的未完成形态,逃税数额和逃税比例如果达不到规定的门槛,就不构成犯罪;达到门槛,就构成犯罪既遂。[④] 与之相关,有学者认为,逃税罪

① 漏税的主观过错表现为过失。

② 为此,2015 年征求意见稿第 86 条在规定"追征期"时,第 1 款规定了"因纳税人、扣缴义务人过失造成少报、少缴税款的"情形,而第 2 款则规定了"逃避缴纳税款、抗税、骗税的"情形。显然,立法者将逃避缴纳税款与抗税、骗税等同,认定为属于故意造成少报、少缴税款的情形。

③ 参见曹康、黄河主编:《危害税收征管罪》,中国人民公安大学出版社 1999 年版,第 45 页。

④ 参见杨高峰:《逃税罪立法实施中的疑难问题研究》,载《学术探索》2009 年第 4 期。

是一种典型的数额犯,根据数额犯的“构成要件说”理论,逃税罪的数额是逃税罪的成立要件,如果达不到该数额,就不成立犯罪。[①] 此外,还有学者提出,对于逃税的一般违法行为,税收征收管理法的行政处罚以行为导致不缴或少缴税款为前提,逃税罪如果存在未完成形态,刑法就过度干预了税收征收管理法。[②] 但是,由于一般违法行为的危害性有限,行政处罚法上并没有关于违法行为预备、未遂、中止未完成形态的规定,这一点与刑法不同。显然,由于立法上并没有明确界定,上述不同观点涉及对逃税结果(包括逃税数额和逃税比例)的不同解释,即逃税结果属于犯罪构成结果抑或是既遂结果。事实上,如果纳税人已经实施了欺骗、隐瞒手段,甚至提交了虚假纳税申报,从相关会计账目计算或申报中记载的税款与实际应当缴纳的税款相比,差额以及相关比例超过了刑法规定的门槛,但是最终被税务机关税务检查时发现了欺骗、隐瞒手段或申报的虚假性,逃税结果就是未得逞。为此,根据《刑法》第 22 条的规定,纳税人为了逃税犯罪,实施相关欺骗、隐瞒手段,可谓“准备工具、制造条件”,可以认定为犯罪预备,或者根据《刑法》第 23 条的规定,纳税人实施虚假纳税申报,可以认为已经着手实行逃税犯罪,由于纳税人意志以外的原因未得逞,可以认定逃税犯罪未遂。因此,虽然逃税数额和逃税比例被称为入罪门槛,基于犯罪构成结果的立场,但是从刑法解释的角度,认为逃税犯罪存在未完成形态也并非不可。事实上,两种不同的立场,反映了对逃税行为刑事打击范围和力度的差异,这与税收犯罪立法确立的理念存在紧密关联,有待深入研究,相关立法也有待明确。

(六)差别化的不足

现行立法上未对不同逃税行为的定罪处罚进行差别化对待。具体而言,无

---

① 参见刘之雄:《数额犯若干问题新探》,载《法商研究》2005 年第 6 期。

② 参见郭昌盛:《逃税罪的解构与重构——基于税收制度的整体考量和技术性规范》,载《政治与法律》2018 年第 8 期。

论是虚假纳税申报还是不申报逃税行为，抑或是涉及不同欺骗、隐瞒手段的虚假纳税申报逃税行为，目前都规定在《刑法》第 201 条中，适用统一的定罪处罚标准。这里以不申报逃税罪为例，由于没有区别于虚假纳税申报逃税罪，入罪门槛相对过低。根据最高人民检察院、公安部《关于公安机关管辖的刑事案件立案追诉标准的规定(二)》(公通字〔2010〕23 号)对逃税“数额较大”的规定，关于虚假纳税申报和不申报逃税行为的入罪门槛，“数额较大”的逃税数额都是 5 万元，但是后者的入罪门槛应当更高。这是因为虚假纳税申报与不申报在对税收征管、国库利益的危害性方面是存在差异的，前者由于通常有会计资料或发票等文件作为证据支持，危害性更大，入罪门槛也应当更低。同时，考虑到意大利不申报罪入罪门槛 5 万欧元的规定，以及我国经济发展、居民收入水平在近 10 年的显著提高，不申报行为的入罪门槛有待提高。另外，针对不申报逃税罪的刑事处罚也相对过重，同样考虑到不申报逃税行为在对税收征管、国库利益的危害性方面通常要比虚假申报逃税行为小。目前，刑法对两种逃税行为的刑事处罚同等处理并不妥当，不申报行为逃税罪的刑事处罚相对过重，特别是有期徒刑的最高刑期。

(七)与相关犯罪产生的竞合问题

逃税犯罪行为在很多情况下会伴随欺骗、隐瞒手段的实施。换言之，纳税人等犯罪主体会先实施逃税预备行为，而这些手段或预备行为由于本身也具有危害性，一部分相关的行为单独就构成一项犯罪行为。例如，为利用虚开发票，纳税人让他人为自己虚开发票或由自己虚开发票，根据现有《刑法》第 205 条以及第 205 条之一的规定，该行为可以构成虚开增值税专用发票罪或虚开发票罪。此外，为逃税实施的特定欺骗、隐瞒手段也可能是其他犯罪的实施手段。这样，就会产生逃税罪与其他罪行竞合的问题，如应当定何种罪名、在处罚结果上如何确保恰当，尤其是如何避免一事二罚。对此，需要进一步考虑的问题是，除可以通过司法解释予以明确外，相关罪行的立法是否需要完善，有待深入研

究。这里,就与逃税罪产生竞合问题的其他主要罪行概括如下:

首先,其他税收实害行为犯罪,即《刑法》第204条规定的骗取出口退税罪。这是因为,为该罪实施的"以假报出口或者其他欺骗手段"也可以是为逃税罪实施的欺骗手段。例如,伪造或者签订虚假的买卖合同,虚开、伪造、变造、非法购买增值税专用发票等。[①] 对此,根据目前《刑法》第204条第2款的规定,如果纳税人未缴纳税款而骗取出口退税,构成骗取出口退税罪,如果纳税人缴纳税款而骗取出口退税,骗取税款超过所缴纳税款的,超过部分按照骗取出口退税罪处罚,构成骗取出口退税罪,未超过部分构成逃税罪。显然,目前第204条仅就出口环节的骗税单独定罪处罚,且刑罚重于逃税罪,合理性存疑。同时,对于缴纳税款下的骗取出口退税行为,分成两个不同部分,分别规定按照逃税罪和骗取出口退税罪处罚,合理性也存疑。对于后者,有学者提出,应当按照想象竞合犯从一重处理,[②]但还是有学者认为,第204条第2款的规定已经表明只要符合相应犯罪的构成要件,均需定罪处罚,即需要实行数罪并罚,才符合该条款的本意。[③]

其次,逃税预备行为犯罪,除上述提到的《刑法》第205条以及第205条之一规定的虚开增值税专用发票罪、虚开发票罪外,还包括第206条规定的伪造

---

① 根据2015年征求意见稿第101条关于骗取出口退税违法行为的规定,骗取出口退税罪立法中规定的实施手段"假报出口"可以包括:(1)虚构货物、劳务、服务出口;(2)伪造或者签订虚假的买卖合同;(3)以伪造、变造或者其他非法手段取得出口货物报关单、出口货物专用缴款书、运输单据、装货单等有关出口退税单据、凭证;(4)虚开、伪造、变造、非法购买增值税专用发票或者其他可以用于出口退税的发票以及其他凭证;(5)假以他人货物、劳务、服务申报出口退税。此外,"其他欺骗手段"可以包括:(1)骗取出口退税资格;(2)将未纳税或者免税货物、劳务、服务作为已税货物、劳务、服务出口;(3)虽有出口,但虚构、虚增该出口货物、劳务、服务的品名、数量、单价等要素,骗取未实际纳税部分出口退税款。

② 参见王作富主编:《刑法分则实务研究》(上),中国方正出版社2013年版,第565页。

③ 参见陈建清:《论骗取出口退税行为的刑法适用及处罚》,载《暨南学报(哲学社会科学版)》2016年第11期。

增值税专用发票罪，第208条规定的非法购买增值税专用发票、购买伪造的增值税专用发票罪，第209条规定的非法制造用于骗取出口退税、抵扣税款发票罪、非法制造发票罪，以及第210条之一规定的持有伪造发票罪。这是因为无论是纳税人自己伪造、非法制造相关发票，还是从他人非法购买、购买伪造增值税专用发票或持有伪造的发票，都可以成为自己逃税的预备行为，纳税人可以利用相关的发票记载虚假信息，进而逃税。这样，在同时构成逃税罪和上述相关犯罪的情况下，考虑到上述一些相关犯罪的刑罚更重，按照从一重处理或不按照逃税罪处理是否合理，存在疑问。

最后，非税收犯罪，主要包括：(1)《刑法》第162条之一规定的隐匿、故意销毁会计凭证、会计账簿、财务会计报告罪。隐匿、销毁会计资料构成逃税罪规定的欺骗、隐瞒手段，因此纳税人为实施逃税先行隐匿、销毁会计资料，应当数罪并罚还是从一重罪处罚(逃税罪)存在争议。有观点认为，隐匿、销毁会计资料是为掩盖逃税行为的败露，因此不存在牵连关系或吸收关系，应数罪并罚。[①]但也有观点认为，隐匿、销毁会计资料与逃税存在牵连关系，应当从一重罪处罚。[②] 这涉及隐匿、销毁会计资料是否应当属于实施逃税的欺骗、隐瞒手段。当然，如果纳税人在实施逃税后隐匿、销毁会计资料，则是为了掩盖逃税犯罪行为，数罪并罚并无争议。(2)《刑法》第264条规定的盗窃罪、第266条规定的诈骗罪。纳税人如果盗窃增值税专用发票或使用欺骗手段骗取增值税专用发票，在这些发票上记载真实信息，此时不存在逃税行为，根据《刑法》第210条第1款和第2款的规定，分别按照盗窃罪和诈骗罪处罚并无异议。但是，如果纳税人在这些发票上记载虚假信息，用于逃税，同时，由于发票是真的，此时还存在虚开增值税专用发票的问题，在盗窃罪或诈骗罪、虚开增值税专

① 参见齐文远、刘代华：《关于〈中华人民共和国刑法修正案〉第1条的研讨》，载《法商研究(中南政法学院学报)》2001年第2期。

② 参见罗朝辉：《论隐匿、销毁会计资料罪》，载《湖南大学学报(社会科学版)》2002年第1期。

用发票罪、逃税罪之间应当如何定罪处罚。[①]（3）《刑法》第280条规定的伪造、变造、买卖国家机关公文、证件、印章罪。纳税人如果伪造税务机关征税专用章，非法制造发票、税收通用完税证或车辆购置税完税证等，并用于逃税，应当如何定罪处罚？对此，最高人民法院研究室《关于税收通用完税证和车辆购置税完税证是否属于发票问题的回函》（法研〔2010〕140号）并没有予以明确，仅明确了其他两种相关情况，即“对伪造税务机关征税专用章，非法制造税收通用完税证和车辆购置税完税证对外出售的，视情可以伪造国家机关印章罪论处；对非法购买上述两种伪造的完税证，逃避缴纳税款的，视情可以逃税罪论处”。

二、立法修正背景

（一）税收征管理念与模式的转变

当前，我国经济社会已然迈入了全面深化改革和全面推进依法治国的新时期，只有按照党的十八届三中全会和四中全会的要求和部署，通过“完善立法”“落实税收法定原则”“建立现代财政制度”“更好发挥法治的引领和规范作用”，才能有效发挥财政在国家治理中的基础和重要支柱的功能，担当推进国家治理体系和治理能力现代化的突破口之重任。为此，我国税收征管制度改革和《税收征收管理法》修订的根本目标就是要建立现代税收征管制度，实现税收征管模式从传统到现代的根本转型，推进税收治理的现代化和法治化。事实上，建立现代税收征管制度是推进税收治理法治化的需要，[②]而法治是现代国家治理的基本特征，是治国理政的基本方式。所以，法治化是现代税收征管制

① 当然，如果将纳税人取得一项不应有的税收债权（不仅表现为骗取出口退税）也理解为逃税，就像意大利税收刑法规定的那样，逃税罪与诈骗罪的竞合还体现在特殊犯罪与一般犯罪的关系上，按照特殊法优于一般法的原则，此时应当适用逃税罪。我国《刑法》第266条最后规定的“本法另有规定的，依照规定”也确认了这一点。

② 参见施正文：《〈税收征管法〉修订中的法律难题解析》，载《税务研究》2015年第8期。

度最核心的性质、特征和最主要的规则形式。进言之,符合现代税收征管模式、需要依法实施的税收征管基本程序包括“纳税人自行计税申报——税务机关申报确认与评定——税款追征——违法调查与处罚——争议处理与救济”等环节。比如,德国税法通则确定的税收征管基本程序包括纳税申报、纳税评定、税务检查、税收处罚、税务争议与救济程序,①意大利则将税收查定的先前义务(会计账簿保管等)、纳税申报和申报的补正、税收查定(对应德国的纳税评定)、税务检查、税款征收(缴纳、扣缴和强制执行)、税收处罚和救济程序等确定为税收征管的基本程序。② 基于这样一种税收征管基本程序的架构,纳税人应依法及时、准确地自行计算申报自己的纳税义务,并在申报中主张法定的减、免、抵、退等税收权益,税务机关则通过多种方法对纳税人的申报作出确认或调整。纳税人根据税务机关确认或调整后的纳税申报及时缴纳税款,税务机关对不依法履行纳税义务的纳税人实施强制征收,对涉嫌税收欺诈、滥用税法等税收不遵从行为的纳税人开展调查,并作出处罚,构成犯罪的,移送司法机关。纳税人认为税务机关的征税或处罚决定侵害其合法权益的,有权提起复议和诉讼,以获得法律救济。在上述税收征管基本程序的架构下,纳税人自行计税申报无疑处于基础性地位,纳税人的最终应纳税额正是通过纳税人先行申报以及税务机关的纳税评定共同确定的,这是税收征管程序的核心环节。其中,纳税评定的具体内容是对纳税人申报的真实性、合法性和准确性进行分析、审核和评价并作出相应处理,以确定应纳税额。③

我国以纳税申报和评定为核心的税收征管程序尚未完全建立起来并严格依法实施,纳税人承担如实申报的责任并没有得到真正落实,尤其是自然人纳税人,这样,税务机关负责的对纳税人申报的评定也不能正常开展。我国现行

① See Fiscal Code of Germany 1977(《德国税收法典》英文译本)。

② Cfr. Gaspare Falsitta, *Manuale di diritto tributario-parte generale*, CEDAM, 2010, p. 337 – 606.

③ 参见施正文:《〈税收征管法〉修订中的法律难题解析》,载《税务研究》2015 年第 8 期。

税收体制沿用的是1993年税制改革所形成的税收体系，与所得税、增值税等税收制度改革相对应，《国务院批转国家税务总局工商税制改革实施方案的通知》（国发〔1993〕90号）对税收征管制度也提出了重要改革方案，主要内容包括普遍建立纳税申报制度，强调按期、如实申报，并积极推行税务代理制度，同时为维护如实申报规范，建立严格的税务稽查制度。显然，1993年税制改革是旨在建立起申报、代理、稽查"三位一体"，辅之以对偷逃税行为依法严惩的税收征管新格局，符合上文提到的现代税收征管制度。但是，即使我国从1993年就开始推行这一制度，但在之后的税收征管实践中并没有得到真正实施。而作为替换制度，建立起了一套具有中国特色的税源管理机制。这一机制实施的相关特征、内容如下：（1）实施税收管理员制度，其中，税收管理员是基层税务机关工作人员，分片、分类管理税源，负有管户责任，对分管的纳税人申报缴纳税款的行为及其相关事项实施直接监管和服务。① 在该制度下，相较对税收法规的遵从，纳税人更注重直接执行和遵循税收管理员的要求，使在合规能力上存在差异的大中小企业在合规实践中呈现"半合规"进而趋同。② （2）国家的征税主要依靠基层税务机关的一部分个人（税收管理员），包税制曾被广泛适用，这样，政府对纳税人涉税信息取得的需求和能力并不高。税务行政处罚很少被使用，一方面，因为税收管理员对课税及处罚具有较大的自由裁量权；另一方面，在不合规现象广泛的情况下，采取惩罚措施也不现实。（3）对纳税人的税务检查依然重要，包括专项检查、行业检查、重点税源检查，但是选案的基础并非纳税人提交的纳税申报内容是否可信。同时，纳税人（被要求）自查制度普遍推行，但是自查报告信息远远少于纳税申报信息，纳税人自查也成为税务机关实施纳税评估、风险管理和应对的主要方式，而不是行政处罚。总体上看，纳税人

---

① 参见《税收管理员制度（试行）》（国税发〔2005〕40号）。

② See Wei Cui, *Administrative Decentralization and Tax Compliance: A Transactional Cost Perspective*, University of Toronto Law Journal 65(3), 2014, p. 186 – 238.

如实申报的规范并不被强制执行。[①] 显然,我国实践中运行的税收征管机制与现代税收征管的要求并不完全符合,按指标征税而非依法征税至少曾经长期存在,[②]纳税人在税收征管中事实上处于"无权(利)、无责"的状态。相反,对于所得税、增值税等主体税种来说,现代税收征管都要求纳税人自我纳税评估,并在法律的规定下如实报告相关的涉税信息。这样,如果纳税人并不被要求自我纳税评估以及如实纳税申报,在税收征管上又处于"无权(利)、无责"状态,就很难确立并执行严厉打击逃税等税收实害犯罪行为的刑事立法理念,无法真正建立起以与申报相关的逃税犯罪为核心的税收犯罪立法体系,进而影响逃税罪立法本身,已经阐述的现行立法相关问题与此紧密相关。

当然,伴随我国当前税收征管制度改革以建立现代税收征管制度为根本目标的确立,在税收征管中准确界定和履行征纳双方的权利(力)和义务,由事前管理向事后监管和依法追责转变已经形成社会共识。换言之,"还权、还责于纳税人"已经是征管制度完善的指导理念,使征纳双方在法律框架下各行其权、各担其责,税法的遵从度、纳税人的合规度就会提高。[③] 与之相适应,由于健全高效的涉税信息管理制度是税收征管制度现代化的基础性制度,[④]事实上,不仅2015年征求意见稿规定了涉税信息第三方提供或共享制度,许多税种法的修订和立法引入这一制度也已成为共同趋势。例如,2016年颁布的《环境保护税法》、2018年修订的《个人所得税法》、2020年颁布的《契税法》等,以及

---

① 以上论点根据崔威教授在2020年8月7日全国财税法学师资研修班以《中国财政国家的行政基础》为主题讲授的相关内容整理而得。

② 参见周潇:《〈税收征管法〉修订质疑:依法征税,还是按指标征税?》,载《21世纪经济报道》2013年7月3日,第6版。

③ 参见黄赞:《如何理解"还权还责于纳税人"》,载《中国税务报》2017年8月9日,第8版。

④ 涉税信息是税务机关作出税款确定、征收、处罚等决定的事实和证据来源,税务机关如果不能获得充分的涉税信息,征税成本和稽查成本就非常高。

2019年公布的《增值税法(征求意见稿)》《土地增值税法(征求意见稿)》等。在此基础上,《税收征收管理法》修订也将确立纳税人自行计税申报的基础性地位,并推行与自行申报制度相配套的税款评定制度。同时,与2018年《个人所得税法》修订建立综合所得申报制度、强调自然人的如实申报义务相适应,《税收征收管理法》修订将弥补现行立法就自然人征管措施上的缺失,以加强对自然人的税收征管。这样,从税收刑法保护国库利益的角度,逃税罪的保护法益无疑主要体现为量能课税内容的税收利益,即确保国家税款正确、及时取得。我国税收征管理念与模式正在发生转变,无疑将对税收犯罪立法理念的转变以及逃税罪立法的修订产生重要影响。

(二)税收犯罪立法理念的转变

关于我国逃税罪立法的修正必要性,除存在上文已经阐释的现行立法问题外,还体现在我国逃税罪乃至整个税收犯罪立法理念需要转变这一背景下。我国目前税收犯罪立法集中规定于《刑法》"危害税收征管罪"一节第201条至第210条中,共14项税收犯罪行为,包括逃税罪,抗税罪,逃避追缴欠税罪,骗取出口退税罪,虚开增值税专用发票、用于骗取出口退税、抵扣税款发票罪,虚开发票罪,伪造、出售伪造的增值税专用发票罪,非法出售增值税专用发票罪,非法购买增值税专用发票、购买伪造的增值税专用发票罪,非法制造、出售非法制造的用于骗取出口退税、抵扣税款发票罪,非法制造、出售非法制造的发票罪,非法出售用于骗取出口退税、抵扣税款发票罪,非法出售发票罪,持有伪造的发票罪。不难发现,我国刑法除对直接造成国库利益损失的逃税等4类行为规定为犯罪行为(前4项罪名)外,还对使国库利益陷入受损危险的虚开增值税专用发票等10类行为规定为犯罪行为。因此,对国库利益,我国刑法提供的保护特别注重"防患于未然",这不仅体现为后一类犯罪行为罪名数量繁多,覆盖了各种涉及发票等具有税收证明作用文件本身的违法行为,还体现为后一类犯罪的刑事处罚整体上要比前一类犯罪更严厉。[①] 这样一种对国库利益的刑法保护安排与我国在税收征管领域长期以来的以票控税理念密不可分。但需要指出的是,税收犯罪立法最终所要保护的国库利益无疑是确保税款的及时、足额取得。[②] 就这一角度而言,虚开发票等使国库利益陷入受损危险的10类行为属于致税款损失的预备行为。因此,我国目前税收犯罪立法理念体现为强调国库利益的提前保护,进而严厉打击逃税预备行为犯罪,使之在税收犯罪体系中占据至少与逃税等直接造成国库利益损失的犯罪同等的地位。

上述我国税收犯罪立法理念是1995年《决定》建立起来的。但是,在经过这么多年之后,我国社会、经济、法治等领域已经发生了重大发展和变化,民主法治建设和纳税人权利保护也已经达到了一个新高度,国库利益的片面维护有所转变,这无疑有助于降低纳税人对税收的抵触心理,从根源上减少税收违法行为。此外,伴随发票管理制度变得日益健全和完善以及我国纳税人纳税信用体系的日趋完善,纳税人通过实施发票管理违法行为逃、骗税的成本和风险也越来越大。为此,我国可以不再固守以票控税的理念,并应转变征管方式,而符合现代税收征管要求的征管方式,在现阶段可以先选择信息管税,即通过现代信息技术对涉税信息进行管理和应用、为达加强税源管理之目的的新型征管方式,[③]最终实现以数治税。在这样的背景下,我国税收犯罪刑事立法理念应当转变,以打击造成

---

① 后者有3项罪行面临最高刑为无期徒刑的处罚,此外还有一项罪行要面临7年以上有期徒刑,而前者只有1项罪行面临最高刑为无期徒刑的处罚,其余3项罪行最高刑都是7年有期徒刑。

② 对此,可以参见1995年全国人大常委会发布的《关于惩治虚开、伪造和非法出售增值税专用发票犯罪的决定》就为什么规定虚开增值税专用发票罪等犯罪的理由说明,即"为了惩治虚开、伪造和非法出售增值税专用发票和其他发票进行偷税、骗税等犯罪活动,保障国家税收"。

③ 参见陈兵:《新经济时代从"以票控税"到"信息管税"的转向——由B2T税收征管问题引发的思考》,载《法学》2014年第12期。

国库利益直接损失的行为为基本理念，保留虚开发票行为等少数预备行为犯罪，[①]作为这一立法理念的例外。进言之，逃税预备行为犯罪的适用应当受到限制，以避免对基本理念过度的背离。反之，逃、骗、抗税等税收实害行为犯罪应当成为税收犯罪体系中的主体，其中，无疑又以逃税犯罪为主体，这是因为，逃税是最主要和最常见的税收实害行为。《刑法修正案（七）》距今也已经过去10多年，在税收犯罪立法理念转变的基础上，逃税犯罪立法也将面临再次修改乃至重构。关于已经阐释的现行立法问题，事实上部分规则使逃税刑事打击范围（程度）不足，如犯罪主体、客观行为方面；而另一部分规则使逃税刑事打击范围（程度）过大，如入罪门槛方面，即导致逃税罪立法整体上的结构性失衡问题。这样，作为未来税收犯罪的主体罪行，逃税犯罪立法，一方面，需要织密逃税刑事打击的法网，以充分维护国库利益；另一方面，需要强调刑法谦抑性原则并贯彻罪刑相适应原则，限制入刑以及给予恰当的刑事处罚，以保护纳税人的利益。进言之，从多样化的罪行设置到差异化的构成要件、处罚规定，逃税罪立法无疑需要细化。需要强调的是，先行阐述的逃税罪立法问题正需要在上述理念的指导下予以研究和完善。

（三）意大利逃税犯罪立法成果

首先，中意两国在税制结构以及课税基本制度上的趋同性。意大利现行税制以所得税、增值税为主，税收刑法也是打击这两大税种的违法行为。同时，意大利个人所得税、企业所得税遵循成本费用扣除的净所得征税原理，并在综合所得计征制度下实施年度纳税申报，并辅之以扣缴义务制度。意大利增值税建立在税扣税的抵扣机制之上，销售方作为纳税人承担税款申报缴纳的义务。据此，无论是从税制结构还是课税基本制度，中意现行税制是一致的。事实上，在当前我国新一轮税制改革下，我国未来税制结构（直接税比重提高）以及所得

① 对此，详见下文关于我国虚开增值税专用发票罪刑事立法修正背景的阐释。

税、增值税课税制度(如个人所得税的综合计征制度、增值税抵扣制度等)上会进一步与意大利税制趋同。[①] 这样,一方面,中意两国逃税罪立法旨在保护的客体是一致的,即主要针对所得税、增值税的征收制度以及主要由所得税、增值税所构成的国库利益;另一方面,作为逃税罪立法适用所必须依赖的相关实体和程序税法也是一致的,如关于纳税人、扣缴义务人、应纳税额、申报程序等规则。此外,意大利的税收征管制度符合现代税收征管模式,税收征管基本程序也是以纳税人如实申报以及税务机关的纳税评定作为税收征管程序的核心环节,同时作为法治国家,税收征管严格依法实施,这与我国当前税收征管制度改革的方向相一致。

其次,我国现行税收刑事立法的理念与意大利 1982 年法的理念是一致的,即税收犯罪立法并未集中关注逃税等税收实害行为,将逃税预备行为也被广泛地纳入刑事处罚的范围。但是,意大利在经过 18 余年之后经历了税收刑事立法理念的重大转变,即回归主要对逃税等税收实害行为予以入罪处罚。这一转变与意大利旨在避免对国库利益刑法保护的过度、注重纳税人权利保护以及税制的相对公平性、非以票控税的征管模式紧密相关。这一背景与已经阐述的我国逃税罪立法修正必要性的缘由相契合。事实上,在现行立法理念贯彻下,意大利逃税犯罪的罪行设置、犯罪构成要件和处罚的规定,符合我国逃税罪立法未来的方向,即上文提到的逃税犯罪立法,一方面,需要织密逃税刑事打击的法网,以充分维护国库利益;另一方面,需要强调刑法谦抑性原则并贯彻罪刑相适应原则,限制入刑以及给予恰当的刑事处罚,以保护纳税人等市场主体的利益。这无疑也是我国立法修正应遵循的原则,即兼顾维护国库利益与保护纳税人等市场主体的利益。

---

① 参见翁武耀:《量能课税原则与我国新一轮税收法制改革》,载《中国政法大学学报》2017 年第 5 期。

三、立法完善

基于我国税收犯罪立法本身修正的必要性，针对我国现行逃税罪立法的问题，包括立法整体上的结构性失衡问题，在新的税收征管和税收刑事立法理念指导下，我国相关立法完善如下所示。

（一）以主体是否具有申报义务确定犯罪主体

根据前文所述，逃税客观行为必然通过虚假纳税申报或不申报得以实现，因此，逃税犯罪主体的确定必然与纳税申报义务有关。这样，为解决逃税罪犯罪主体范围狭小的问题，显然需要改变现行立法将虚假纳（缴）税申报或不申报的主体明确规定为纳税人、扣缴义务人的做法。至于是否应当改为“任何人”，事实上并不重要，因为单纯从纳税人、扣缴义务人改为“任何人”并不代表逃税罪就从身份犯变为普通犯。考虑到纳税申报是税务机关正常确定纳税义务（入库税额）的必要程序，虚假纳税申报或不申报妨碍了税收征管的正确实施和损害国库利益。显然，问题的关键在于，谁具有纳税申报义务，即只有具有税法上申报义务的主体才可以成为虚假纳税申报或不申报逃税行为的犯罪主体，而不具有申报义务的主体可以成为逃税罪的共犯受到刑事处罚。为此，不宜简单地将逃税罪主体一般化，来应对纳税人、扣缴义务人以外的主体的逃税行为，并应对共犯理论无法解决的特殊群体逃税行为。虽然将逃税罪的主体确立为一般主体可以填补逃税罪打击范围的缺漏，但是难免产生逃税罪刑事打击范围过大的问题，令部分市场主体面临不应有的逃税罪刑事处罚风险，不符合我国逃税罪刑事立法修正应遵循的原则，即兼顾国库利益维护与纳税人等市场主体利益的保护。因此，逃税罪的犯罪主体应当进一步明确为具有纳税申报义务的主体，包括但不限于纳税人、扣缴义务人。事实上，为解决逃税罪犯罪主体狭小的问题,相比采取对纳税人作广义解释的路径,[①]上述路径更合理。这是因为,税收实体法对于纳税人有明确规定,即属于狭义的理解,刑法应当尊重税收实体法的界定,同时广义的纳税人解释又徒增犯罪主体范围不明确问题。据此,《刑法》第 201 条第 1 款和第 2 款应当删除"纳税人""扣缴义务人"的主体规定,同时分别改为有纳税申报义务、缴税申报义务的主体或者通过司法解释予以明确。事实上,针对不申报行为的逃税罪,强调犯罪主体应当具有纳税申报义务特别重要,即有义务但不履行才具有责难性。因此,在刑法中明确规定更好,如果刑法修改对不申报行为另行单独规定罪行处罚,则应当明确指出犯罪主体是有纳税申报义务的主体。这样,《刑法》第 201 条第 1 款可以修改为"任何有纳税申报义务的主体……"。基于上述内容,需要进一步明确以下六个方面的问题。

1. 纳税申报的类型

由于逃税罪犯罪主体是具有纳税申报义务的主体,因此需要明确纳税申报包括哪些类型,这决定了犯罪主体的范围。对此,首先,需要强调这里所称的纳税申报是那些确定最终性纳税义务的申报,如果相关主体提交的申报并非确定某一主体特定纳税周期对应的纳税义务,例如,仅仅涉及预缴性的税款,由于此时并不能最终确定是否存在逃税结果,即使申报存在虚假或不申报,相关主体也不构成逃税罪。其次,源于上述考虑,纳税申报的类型不仅包括年度纳税申报,如企业所得税、个人所得税(涉及综合所得),也包括季度、月纳税申报等,如增值税(涉及经营活动),还包括按次纳税申报,如增值税(涉及不动产转让等)、个人所得税(涉及分类所得)。除上述主体税种外,其他不同税种的纳税义务确定,也通过年度纳税申报,或者通过季度纳税申报,抑或是通过按次纳税申报。此外,我国存在企业清算情况下的纳税申报,企业形式变更、合并和分立

---

① 参见刘荣:《我国税收犯罪主体定位之思考》,载《法商研究》2015 年第 4 期。

情况下的纳税申报，以及其他一些非正常经营情况下的纳税申报，因为在这些情况下也会产生纳税义务，相关申报涉及企业这些最终性纳税义务的确定和履行，因此也应当被纳入进来。当然，上述纳税申报的类型以及相关犯罪主体的确定在逃税罪适用时可以直接根据相关税法进行解释。

这里还需要阐释合并或汇总纳税申报的情形。当然，合并纳税申报不同于汇总纳税申报，前者是指一个企业集团下的母公司与子公司统一申报纳税，后者是指一个企业的总分机构统一申报纳税。我国虽然在增值税和企业所得税领域实施过合并纳税申报，但是目前都已取消，①因此也就不再存在关于合并纳税申报下逃税犯罪主体认定的争议。至于汇总纳税申报，首先，企业所得税的情况相对简单，因为企业所得税纳税人必须具有法人资格。根据《企业所得税法》第50条第2款的规定，居民企业在我国境内设立不具有法人资格的营业机构的，应当汇总计算并缴纳企业所得税。据此，法人企业应当将不具有法人资格的各营业机构的收入、所得、支出、费用等汇总计算，得出该法人企业的应纳税所得额和应纳税额。因此，如果相关营业机构实施逃税，少报收入或多列支出，导致该法人企业的应纳税所得额和应纳税额减少，逃税犯罪主体就是该法人企业。其次，在增值税方面，由于分支机构也可构成增值税的纳税人，情况有所不同。根据《增值税暂行条例》第22条的规定，总机构和分支机构不在同一县（市）的，应当分别向各自所在地的主管税务机关申报纳税，同时，经批准可以由总机构汇总向总机构所在地的主管税务机关申报纳税。因此，在未汇总纳税申报的情况下，相关分支机构各自具有纳税申报义务，如果实施逃税，其就是逃税犯罪主体。相反，在汇总纳税申报的情况下，如果某一分支机构自主实

① 参见财政部、国家税务总局《关于建筑服务等营改增试点政策的通知》（财税〔2017〕58号）第6条和财政部、国家税务总局《关于试点企业集团缴纳企业所得税有关问题的通知》（财税〔2008〕119号）。

施逃税,并未受总机构支配,犯罪主体应当认定为被汇总纳税申报的该分支机构,[①]这是考虑到该分支机构是其相关交易的纳税人。

2. 纳税人以外的其他主体

如果具有申报义务,纳税人以外的一些主体无疑将明确地成为逃税罪的犯罪主体。例如,破产企业的管理人,因为管理人在人民法院指定后需要按照《企业破产法》第25条的规定,代表破产企业(纳税人)办理全部涉税事宜,包括纳税申报。[②] 又如,分立后企业等连带税收债务人,《税收征收管理法》第48条规定,纳税人分立时未缴清税款的,分立后的纳税人对未履行的纳税义务应当承担连带责任,因此,连带税收债务人需要就原本属于其他纳税人的纳税义务履行申报义务。再如,继承人、合并后企业等税收债务清偿人,《民法典》第1161条规定,继承人应当清偿被继承人依法应当缴纳的税款,而《税收征收管理法》第48条规定,纳税人合并时未缴清税款的,应当由合并后的纳税人继续履行未履行的纳税义务。因此,继承人、合并后企业同样需要就原本属于其他纳税人的纳税义务履行申报义务。

3. 扣缴义务人

关于扣缴义务人是否可以成为逃税罪的主体,首先需要回应一下前文提到的就扣缴义务人能否成为逃税罪主体的3个疑问:(1)扣缴制度主要应用于个人所得税,而2018年个人所得税制度改革的核心内容是引入综合所得征收制度,包括工资薪金、劳务报酬等4类所得,但是,股息、利息、财产转让所得等其他所得依然实施分类所得征收制度。在综合所得征收制度下,虽然扣缴制度依然存在,如劳务报酬支付者依然需要扣缴税款,但是此时扣缴的税款并不代表纳税人该笔所得对应的最终性纳税义务,由于在纳税年度终了后,该笔劳务报

---

① 事实上,不具备法人资格的单位也可以成为单位犯罪的主体。参见马松建、徐薇:《单位犯罪主体研究》,载《郑州大学学报(社会科学版)》2000年第6期。

② 参见国家税务总局《关于税收征管若干事项的公告》(国家税务总局公告2019年第48号)。

酬需要与其他综合所得加总计算应纳税所得,并适用累进税率,并得出一个最终性的纳税义务,以此与在过去的纳税年度中扣缴的税款之和相比,纳税人面临税款多退或少补的可能性。因此,对于这些综合所得来说,如果扣缴义务人扣下税款,但是向税务机关不缴或少缴扣下的税款,此时是否会必然造成国家税收利益的实际损失?对此,应当予以否定,这是因为虽然扣缴义务人通过隐瞒手段不申报或虚假申报,税务机关不知道扣缴义务人支付的所得或仅能知道部分支付的所得,但是作为纳税人,所得取得者当然知道其取得的全部所得,同时具有如实申报的义务。这样,在纳税人如实申报的情况下,或者最后纳税人会补缴相关税款,或者纳税人可能会抗辩说至少部分相关税款已经由扣缴义务人扣下,税务机关也就可以及时追征,税收利益可能最终并不会损失。而对于分类所得,综合所得征收制度改革以后也依然部分存在,扣缴税款对应的纳税义务是最终性的,纳税人通常也不具有申报义务,扣缴义务人不缴或少缴已扣税款就会造成税收利益的最终损失。当然,纳税人也可能与扣缴义务人共谋或故意不申报从扣缴义务人处取得的相关所得,此时,纳税人构成逃税,扣缴义务人可以成为逃税罪的共犯。(2)按照下文关于逃税欺骗、隐瞒手段的划分,即欺骗性和单纯隐瞒性两类手段,从扣(收)缴义务人单独构成逃税罪的角度,即不存在与纳税人共谋逃税的情形,面对税务机关,扣缴义务人就是需要隐瞒相关实际发生的所得或款项支出,因此通常不会或无法实施欺骗性手段。对此,意大利税收刑法中仅就不申报罪规定了扣缴义务人逃税条款,两类欺诈申报罪并没有规定扣缴义务人逃税条款。这也说明了不同于纳税人逃税,扣(收)缴义务人单独实施逃税所能利用的手段较少,且通常不具有欺骗性。(3)基于上述两点,扣缴义务人逃税的危害性显然要小于纳税人逃税,在定罪量刑方面就应当相较纳税人更宽松,这也为下文将阐述的逃税罪定罪量刑的区别化相关立法完善奠定了基础。

综上,在现行个人所得税法下,扣缴义务人能够单独成为逃税罪主体的情形仅仅是减少了,何况在增值税等其他税种中还存在代表最终性纳税义务的税款扣缴制度。例如,境外单位或者个人在境内发生应税行为,且在境内未设有经营机构,以境内购买人为增值税扣缴义务人。此外,代收代缴义务人,如同扣缴义务人,该主体也存在需要履行收缴代表最终性纳税义务的税款申报义务的情形,并解缴税款。例如,上文提到的消费税代收代缴义务人。因此,将扣(收)缴义务人纳入逃税罪犯罪主体的范围仍然是必要的。事实上,通过审查入罪门槛逃税数额是否超过,即判断是否真的存在逃税以及国库利益受损,可以将并不是代表最终性纳税义务的税款扣(收)缴义务人排除在逃税罪的应用范围外。这样,关于扣(收)缴义务人逃税条款需要特别完善的内容,在"扣缴义务人"从第2款删除之后,仅需要进一步明确犯罪主体是指有义务提交扣缴、收缴税款申报的主体,与"不缴或者少缴已扣、已收税款"相对应,这也是考虑到我国存在代收代缴义务人制度,运行机制还是与代扣代缴义务人制度有所不同的,刑法上予以明确也有利于明晰逃税罪的适用范围。至于"不缴或者少缴已扣、已收税款"逃税行为是否狭隘的问题,以否认为宜,这是因为对扣(收)缴义务人逃税行为定罪,是考虑到其行为已经危害国库利益,即在已扣、已收税款的情况下,纳税人纳税义务已经履行完毕,扣(收)缴义务人实施虚假申报或不申报,不缴或者少缴已扣、已收税款,将导致国库利益受损。而扣(收)缴义务人未扣(收)以及少扣(收)税款,纳税人依然需要履行相关的纳税义务,[①]并可能实施逃税,税务机关可以向纳税人追缴未扣(收)、少扣(收)的税款。此时,很难认定国库利益已经受损,对扣(收)缴义务人追究逃税罪刑事责任有违刑法以打击税收实害行为为基本原则的立法理念以及刑法谦抑性原则。对此,意大利不申报罪立法附加第1款也明确规定"所扣税款"不缴纳,与我国现有刑法规定是一致的。此外,我国《税收征收管理法》第69条也明确规定,扣(收)

① 例如,《个人所得税法》第10条第1款第3项规定,取得应税所得,扣缴义务人未扣缴税款,纳税人应当依法办理纳税申报。

缴义务人应扣未扣、应收而不收税款的，由税务机关向纳税人追缴税款，对扣（收）缴义务人予以行政处罚，当然也没有“构成犯罪的，依法追究刑事责任”的规定。当然，就未扣（收）、少扣（收）税款，在纳税人实施逃税的情况下，扣（收）缴义务人存在构成纳税人逃税罪共犯的可能。当然，扣（收）缴义务人对于已扣、已收的税款，如果正确实施了申报，但是不缴纳相关税款，则可以纳入逃避追缴欠税罪的打击范围。

4. 税务代理人

关于税务代理人，因为其不具有法律规定的需要就其他纳税人的纳税义务履行纳（缴）税申报义务的情形，通常而言，即使是在受纳税人委托代理申报义务下，税务代理人也不能成为逃税罪的犯罪主体。换言之，纳税申报义务是法定义务，也是人身义务，不因纳税人与其他私主体之间的协议而发生转移，此时申报义务在法律上依然是纳税人的。当然，不能否认税务代理人可以为了纳税人利益实施逃税行为，在与纳税人存在协商或受纳税人指示、默许的情况下，税务代理人可以与纳税人构成逃税罪的共犯。但是，争议存在于全权委托、纳税人对税务代理人实施逃税行为完全不知情的情形。对此，有学者认为，代理人具有单独实施逃税行为的现实可能性，无法适用共犯理论，除通过上文提到的逃税罪主体一般化路径纳入逃税罪的打击范围外，还提出应当通过司法解释将代理人作为特殊主体纳入逃税罪的犯罪主体范围。[①] 但这一观点亦值得商榷，理由主要有以下两点：首先，纳税人全权委托税务代理人，并不能消除纳税人的法定纳税申报义务，税务代理人单独实施逃税行为，税务机关依然可以向纳税人追缴税款，这一点与上述连带税收债务人、税收债务清偿人等存在差异。此时，如果纳税人逃税故意或目的难以认定，对纳税人追究逃税罪刑事责任过于严苛，不宜认定构成逃税罪。当然，纳税人在正确履行纳税义务之后，可以向税务代

① 参见刘荣：《我国税收犯罪主体定位之思考》，载《法商研究》2015 年第 4 期。

理人主张相关的损失赔偿。其次,退一步而言,至少就不申报行为的逃税罪,税务代理人不应当独立构成。这是因为不同于虚假纳税申报,纳税人无法容易地识别或察觉,对于代理人是否进行了纳税申报,纳税人可以容易地知晓,同时也应当对此承担最低限度的注意义务。纳税义务是宪法性义务,纳税人应当知晓自身纳税义务的申报期限。

5. 无证或非法经营者

关于无证或非法经营者,逃税罪主体的构成事实上并无争议,鉴于这些主体本身实施了经营活动等应税行为,根据税收实体法产生了所得税、增值税等税种的纳税义务,此时纳税人的身份并不因为其无证或非法经营而不成立。换言之,非法收益或交易也应当被课税,因此当然具有申报义务。事实上,为掩盖无证或非法经营行为,这类主体通常构成不申报行为的逃税罪。

6. 自然人

从我国《民法典》第 2 条关于民事主体分类的角度,由于自然人、法人、非法人组织都可以从事经济活动,这 3 类民事主体都可以成为纳税人以及扣缴义务人、连带税收债务人或税收债务清偿人等涉税主体,因此也都可以成为逃税的犯罪主体。事实上,在个人所得税综合所得制度改革以后,由于综合所得取得者需要依法办理纳税申报,以确定一个纳税年度的最终性纳税义务,自然人纳税人成为逃税犯罪主体被追究责任的可能性会逐步提高。但是,在纳税人、扣缴义务人或其他犯罪主体是单位(法人或非法人组织)的情况下,如果构成逃税罪,犯罪主体还应当包括其作为自然人的管理人,无论是以法定代表人还是其他身份的名义,只要是实际负责单位的经营管理、进而对纳税事项具有决定权和控制力即可。对此,由于我国《刑法》第 211 条就逃税罪等相关税收犯罪统一规定了在单位犯罪下对其直接负责的主管人员和其他直接责任人员需要同罪处罚,《刑法》第 201 条自然无须规定。

(二)逃税客观行为的重构与明确化

考虑到纳税申报在现代税收征管中的基础、核心地位,无论是企业还是自然人纳税人,其实施逃税必然通过纳税申报,包括虚假纳税申报或不申报,纳税人如果违反如实申报义务,将会直接造成税收利益的损害。此外,虚假纳税申报很大可能会伴随支持虚假申报的逃税预备行为的实施,这些逃税预备行为或逃税手段会不同程度地妨碍税务机关的纳税评定,需要予以明确并分类。因此,有必要围绕纳税申报对逃税客观行为进行重构和明确化。

1. 逃税客观行为的总体分类与界定

(1)虚假纳税申报的界定

考虑到纳税人如实申报对逃税罪所保护法益(税收利益)的特殊重要性,任何如实申报义务违反行为都应当纳入刑事法网内,刑法对逃税客观行为的界定首先应当周延。为此,这里需要考虑虚假纳税申报逃税罪的构成是否必须先行采取了欺骗、隐瞒手段。换言之,纳税人单纯地提交虚假纳税申报,即提交的申报中记载虚假或不实的涉税信息,如低于实际的收益或高于实际的成本,是否可以构成逃税罪。事实上,纳税人实施欺骗、隐瞒手段,意味着积极作为、实施逃税行为,而如果根据我国现行相关司法解释,欺骗、隐瞒手段主要包括伪造、变造、隐匿、擅自销毁账簿、记账凭证,在账簿上多列支出或者不列、少列收入,提供虚假的财务报表、虚假申请以及(编造的)减税、免税、抵税、先征收后退还税款等虚假资料等。由于这些手段都独立于纳税申报,基本上可以得出,虚假纳税申报逃税犯罪行为由两阶段的行为构成,即逃税预备行为(欺骗、隐瞒手段)加填写、提交虚假纳税申报,这样,似乎可以认为单纯地提交虚假纳税申报并不构成逃税罪。但是,这一结论的得出乃是建立在主要针对企业纳税人逃税的基础上,上述列举的欺骗、隐瞒手段基本上是由企业、具有会计资料保存义务的纳税人实施的,因此这些纳税人实施虚假纳税申报必然会伴随相关欺骗、隐瞒手段的实施,否则税务机关很容易就可以发现纳税申报的虚假性,因为与相关资料上的信息不相符合;或者说,税务机关并不会仅凭提交的纳税申报表进行纳税评定。当然,这并不排除自然人纳税人也可以实施特定类型的欺骗、隐瞒手段。例如,伪造、变造、隐匿、销毁发票等相关资料,进而进行虚假纳税申报,从而构成逃税罪。只是相比企业纳税人,自然人纳税人通常无法实施与账簿相关的欺骗、隐瞒手段,受逃税罪处罚的情形要少很多。因此,与其说单纯地提交虚假纳税申报不构成逃税罪,还不如说在实践中很少有单纯地提交虚假纳税申报的逃税行为,现行立法也就规定为"采取欺骗、隐瞒手段进行虚假纳税申报"。

对于没有会计资料保存义务的人,如自然人,事实上也存在没有实施欺骗、隐瞒手段(积极作为)直接虚假纳税申报从而逃税的可能。例如,某一自然人从另一自然人处取得财产转让所得或租赁所得,没有就交易签订相关的合同等文件,另一自然人没有扣缴税款,按照《个人所得税法》第 10 条的规定,此时这一自然人有纳税申报义务,其可能不申报或直接虚假纳税申报。这样,在加强对自然人税收征管的背景下,就必须考虑将上述类型的逃税行为明确纳入逃税罪的打击范围中。对此,可以从两个路径进行完善,第一种路径是修改现行相关司法解释对欺骗、隐瞒手段的列举,借鉴 2015 年征求意见稿对欺骗、隐瞒手段重新列举后的规定,重点是将"账簿上多列支出或者不列、少列收入"这一手段改为"编造虚假计税依据,虚列支出或者转移、隐匿收入"。这是因为,后者的外延大于前者,包括前者但不限于前者,源于没有规定要在账簿中还是其他申报文件中编造虚假计税依据,同时转移、隐匿收入的范围也要大于不列、少列收入。这样,自然人直接在纳税申报表上编造虚假计税依据,字面上也属于这类欺骗、隐瞒手段,进而刑事打击范围就包括了单纯提交虚假纳税申报这一逃税行为。第二种路径则是将单纯的不诚信申报规定为一种逃税犯罪行为,将单纯地提交虚假纳税申报规定为一种逃税行为,为此,《刑法》第 201 条第 1 款可以修改为"任何有纳税申报义务的主体,不申报、虚假纳税申报或采取欺骗、隐瞒手段进行虚假纳税申报……逃避缴纳税款……"。事实上,在此基础上,一方面,应当将在纳税申报表上编造虚假计税依据排除在欺骗、隐瞒手段之外,因为这包含在虚假纳税申报的应有之义中；另一方面，将那些实质上属于单纯的虚假纳税申报的逃税行为纳入第一种虚假纳税申报逃税行为中，如纳税人同时在会计账簿上编造虚假计税依据的逃税行为，相应地，将在会计账簿上编造虚假计税依据从一般欺骗、隐瞒手段中排除。这是因为对于有会计资料保存义务的纳税人来说，实施虚假纳税申报必然会伴随实施这一手段，同时相比仅仅提供虚假纳税申报，没有额外增加税务机关正确纳税评定的难度。

在明确单纯的虚假纳税申报构成逃税犯罪行为的情况下，从税收犯罪的角度，就有必要明确不构成虚假纳税申报的情形，使逃税犯罪行为限制在严重危害国库利益的范围内。对此，对于在申报中多列非相关的或不可扣除/抵扣的成本（包括进项税），或者多列不属于当期的成本或少列属于当期的收益，在司法解释中明确不属于虚假纳税申报。这是因为，上述提到的成本都是纳税人实际承担的，且关于是否相关、是否可以扣除/抵扣，牵涉税法专业性、技术性规则的认识和理解，相关的规则也存在政策性、变化性。例如，企业可以税前扣除的利息支出按照金融企业同期同类贷款利率计算，2017 年起企业公益性捐赠支出超过年度利润总额 12% 的部分准予结转以后 3 年内扣除，[①] 2018 年企业的职工教育经费税前扣除限额从 2.5% 提高至 8%，[②]2019 年起纳税人购进国内旅客运输服务进项增值税被允许抵扣[③]等，纳税人存在认识和理解上的偏差不应当受到责难。同时，即使纳税人故意申报不得扣除/抵扣的成本，或者违反权责发生制记载成本、收益，税务机关凭借应有的专业能力对其进行调整，不受处罚。换言之，这类申报行为很难归类为不实申报，并不具有对国库利益的危害性或严重的危害性，不需要对其进行刑事处罚。当然，如果纳税人将为私人使

---

① 参见 2017 年 2 月 24 日第十二届全国人民代表大会常务委员会第二十六次会议《关于修改〈中华人民共和国企业所得税法〉的决定》。

② 参见财政部、国家税务总局《关于企业职工教育经费税前扣除政策的通知》（财税〔2018〕51 号）。

③ 参见财政部、国家税务总局、海关总署《关于深化增值税改革有关政策的公告》（中华人民共和国财政部、国家税务总局、中华人民共和国海关总署公告 2019 年第 39 号）。

用的消费品购买掩饰为企业生产经营使用的物品购买进行申报成本，当然构成虚假纳税申报。此外，《偷税案件行政处罚标准（试行）》还规定，纳税人对应税收入、项目擅自从低适用税率，很难认定为刑事意义上逃税的欺骗、隐瞒手段。同理，只要纳税人申报的应税收入、项目情况属实，税务机关凭借应有的专业能力能对适用正确的税率进行调整，无须进行刑事处罚。

（2）不申报行为的界定

不申报逃税行为通常存在于“地下经济”“地下交易”情形中，不进行税务登记和纳税申报，对于取得所得的自然人来说，如果扣缴义务人未扣税款，纳税人不进行纳税申报，也可以构成逃税。我国逃税罪立法在刑事处罚意义上的不申报行为构成方面，可以从正面和反面两个角度进行明确界定。首先，应当规定一个延缓期。也就是说，虽然纳税人未在相关税法规定应申报的期限截止前申报，但鉴于刑事处罚的严厉性，应当仅对那些严重超期的不申报行为给予刑事处罚。我国可以规定这样一个延缓期，如90天或120天，给予纳税人一个改过的机会，税务机关也可在该期间为一些通知申报行为，提醒不申报的后果，同时这也是税务机关获取纳税人不申报逃税故意证据的方式之一。当然，与《刑法修正案（七）》修改之前相比，税务机关通知纳税人申报不再构成不申报行为逃税罪的要件，这有助于打击“地下经济”的逃税行为，也有助于培养纳税人纳税申报的自主性，与当前《税收征收管理法》修订强调纳税申报在税款确定中的重要法律地位相符。[①] 其次，在规定期限内如果提交了无用的申报，即申报中记载的信息缺乏实质内容，如缺少所得、销售额、成本、费用以及纳税人等信息的记载，也应当认为是未提交申报，此时行为人仍然存在构成不申报行为逃税罪的可能性。对此，在立法中规定或通过司法解释予以明确均可行。最后，如果在规定期限内提交了含有实质内容的申报，但存在仅仅是申报形式上的问

---

① 参见施正文：《论〈税收征管法〉修订需要重点解决的立法问题》，载《税务研究》2012年第10期。

题,当然不应当认为未提交申报,不再存在构成不申报行为逃税罪的可能性,因为此时申报中仍然记载着对于税务机关确定纳税义务来说有用的信息,对税收征管和国库利益没有造成损害。对此,在立法中规定或通过司法解释予以明确均可行。

2. 欺骗、隐瞒手段的重构和界定

针对采取欺骗、隐瞒手段进行虚假纳税申报这一逃税行为,根据罪刑法定原则之犯罪行为确定性的要求,目前《刑法》逃税罪第 201 条第 1 款"欺骗、隐瞒手段"的规定显然较笼统,需要细化、明确化。而根据前文就相关问题的阐述,这一细化、明确化的过程应当伴随对欺骗、隐瞒手段的重构,体现在欺骗、隐瞒手段的划分和补充。

已有列举的欺骗、隐瞒手段,事实上可以划分为具有欺骗性的和单纯隐瞒性(不具有欺骗性)的两类手段。前者主要包括为编造的虚假计税依据提供证据而伪造、变造账簿凭证或者其他相关资料,编造减税、免税、抵税、先征收后退还税款等虚假资料或骗取税收优惠资格,后者包括单纯地转移、藏匿、毁灭账簿凭证或者其他相关资料,从纳税人实施隐瞒手段逃税而言,隐瞒的对象即为纳税人的(净)收益。当然,隐匿收入或隐瞒收益也可以通过具有欺骗性的手段。此外,根据前述,在会计账簿、申报表中编造虚假计税依据,应当排除在"欺骗、隐瞒手段"之外。根据"欺骗"该词的含义,即"用虚假的言语或行动来掩盖事实真相,使人上当",①上述第一类手段的特征是纳税人为证明其提供的不实信息的"真实性"而实施相关虚假行为、编造虚假资料,使税务机关对纳税人真实的负税能力产生错误认识,妨碍税务机关作出正确的纳税评定。换言之,采取第一类手段实施虚假纳税申报,除在账簿、申报材料上虚假填写涉税信息外,必须有通过欺诈行为而得到的能加以佐证的材料、文件。而第二类手段之所以不

---

① 中国社会科学院语言研究所词典编辑室编:《现代汉语词典》(第 3 版),商务印书馆 1996 年版,第 993 页。

具有欺骗性,是因为转移、藏匿、毁灭的通常是能反映纳税人真实负税能力的账簿凭证或者其他相关资料,税务机关不能掌握这些资料并不意味着上当受骗。此时,税务机关更有可能通过其他手段,如第三方提供的涉税信息或核定课税,确定纳税人真实或接近真实的负税能力,并作出正确的纳税评定。对于上述两类手段,还需要分别详细阐释:

首先,关于属于第一类具有欺骗性手段的情形,无论是2015年征求意见稿还是相关司法解释,列举的内容存在明显不足,需要补充、增加如下相关手段:(1)除纳税人自己伪造、变造外,纳税人还可以通过其他方式取得虚假的发票等证明文件。例如,购买伪造的发票,我国刑法也规定了购买伪造的增值税专用发票罪。又如,非法制造发票,外延上宽于伪造发票,我国刑法也规定了非法制造用于骗取出口退税、抵扣税款发票罪和非法制造发票罪。再如,持有伪造的发票(无论通过何种途径取得)是否也应当列举,何况我国刑法也规定了持有伪造发票罪。上述未列举的手段都可以是逃税的预备行为,会对税务机关的纳税评定产生欺骗性,这也是我国刑法引入相关罪行的原因,因此也应当进行列举。(2)如果上述未列举欺骗手段的问题可以通过现有的兜底条款"其他情形"解决,尚可以接受。那么,纳税人提供观念上虚假的发票,即发票并不是伪造、变造或非法制造的,对应的是虚开发票行为,没有被列举就很难接受了,这是因为这类手段的欺骗性要比上述通过伪造、变造等方式取得的物质上虚假发票更大。此外,相比单纯地在虚假的发票上填写虚假的交易信息,纳税人为逃税实施虚假交易显然对税务机关纳税评定的欺骗性更大,毕竟纳税人实际实施了相关交易或签署了合同。事实上,意大利税收刑法将虚开发票、虚假交易两类逃税的具体欺诈手段在相关逃税犯罪立法中进行明确列举,并没有明确列举伪造、变造等发票手段,这显示出了这两类逃税预备行为的特殊危害性。(3)在将欺骗、隐瞒手段划分为具有欺骗性的和单纯隐瞒性的两类手段情况下,需要对每一类都规定兜底条款,而对欺骗性手段规定兜底条款则更具有实际意义。但是,在规定兜底条款时,不能简单地规定为“其他情形”或“其他欺骗手段”,而是需要将这种手段的欺骗性内涵界定出来,这样就有利于对其他手段是否构成欺骗手段进行判断。例如,意大利利用其他虚假手段欺诈申报罪对其他欺诈手段的界定,即“其他能妨碍查定并促使税务机关犯错的欺诈手段”。换言之,应当将前文解释具有欺骗性手段的特征在兜底条款中界定出来,可以规定为“其他能够妨碍税务机关纳税评定并促使其作出错误决定的欺骗手段”。

其次,关于第二类单纯隐瞒性的手段,需要明确和完善的内容如下:(1)不开或少开发票行为,由于纳税人仅仅是隐瞒收益,就隐瞒的收益并未有相关虚假资料或虚假交易予以掩盖,税务机关依然可以通过有效手段进行查实、调整,对税务机关纳税评定的妨碍通常并不会促使其作出错误决定。因此也应当归类为本类逃税手段,而且属于常见的隐瞒手段,需要在列举中予以明确。(2)在现代税收征管手段下,通过本类逃税手段实施虚假纳税申报,事实上与单纯的虚假纳税申报在对课税影响上并不存在实质差异。何况,转移、藏匿、毁灭账簿凭证或者其他相关资料也可以发生在纳税人提交虚假纳税申报以后,此时显然并不属于实施逃税的预备行为或先行的逃税手段,属于掩盖逃税罪行的手段,不构成现行立法规定的就逃税纳税人所采取的欺骗、隐瞒手段。为此,本类逃税手段的列举意义更多地在于与第一类具有欺骗性的手段相区别,排除第一类手段的构成。这样,立法上对逃税犯罪行为的规定也可以从“任何有纳税申报义务的主体,不申报、虚假纳税申报或采取欺骗、隐瞒手段进行虚假纳税申报……逃避缴纳税款……”改为“任何有纳税申报义务的主体,不申报、虚假纳税申报或采取欺骗手段进行虚假纳税申报……逃避缴纳税款……”,即删除“隐瞒手段”。当然,这里的欺骗手段包括了具有欺骗性的隐瞒手段。

(三)合理化入罪门槛规则

首先,入罪门槛设置的完善。基于现有规则区别对待纳税人和扣缴义务人逃税行为，即前者需要满足逃税数额和逃税比例两项门槛，后者仅仅要求满足逃税数额一项门槛，至少从统一对待的角度，引出删除逃税比例这一门槛的立法完善建议，正如在前文问题阐释中已经指出的，学界也有不少观点主张删除。当然，据此就简单地取消逃税比例门槛的设置也并非合理，理由包括：(1)逃税数额门槛目前是5万元，相比意大利逃税罪立法，门槛较低，加之我国逃税数额的计算是不同税种逃税数量的加总，5万元的门槛就更低了。这样，如果单独设置逃税数额一个门槛，逃税罪刑事打击的范围会很大，尤其是对于中、大型企业来说，会面临过大的逃税罪刑事处罚风险。而另外设置逃税比例的门槛，正是考虑到不同企业在规模、应纳税数额等情况下的巨大差异。[①] 同时，也可以将逃税罪刑事打击范围限制在合理范围内。(2)目前规定的不同税种之间加总计算应纳税额与逃税比例存在不合理性，即将涉及不同税种的多项、没有关联的逃税行为一并考量入罪处罚，而人为安排应纳税额以降低逃税比例，进而规避刑事处罚以及逃税比例计算的复杂性与之紧密关联。综上，结合两方面的观点，目前规定的逃税比例门槛需要修改，而非简单地取消，修改的主旨则是逃税比例门槛的限制应用，具体包括：(1)对于不申报逃税行为，由于通常逃税比例高达100%，逃税比例门槛没有实际意义，明确规定仅仅适用逃税数额一项门槛。(2)在逃税数额巨大的情况下，入罪门槛的计算则不考虑逃税比例。换言之，不将逃税比例门槛的适用绝对化，在客观上造成国库利益巨大损失的，无论逃税比例多少，都纳入刑事处罚范围，这样也在一定程度上兼顾了对小企业的公平对待。刑法条款就可以修改为"……逃避缴纳税款数额较大并且占应纳税额10%以上的，或者逃避缴纳税款数额巨大的，处……"。

其次，逃税数额累计做法的修改，即关于不同税种的逃税数额累计和不同时间段下多次逃税行为的逃税数额累计问题。逃税数额的确定对于逃税罪构

---

① 参见黄太云：《〈刑法修正案（七）〉解读》，载《人民检察》2009年第6期。

成的判定至关重要，决定了逃税罪刑事打击的范围，因此有必要特别关注累计的合理性问题。逃税罪立法应注重纳税人单一行为的独立性及其处罚的独立性，纳税人实施的增值税申报逃税行为与所得税申报逃税行为是两项独立的行为。同样，纳税人今年实施的申报逃税行为和去年实施的逃税申报行为也是两项独立的行为，只要不是基于同一故意，就应当分别、独立地进行处罚，该行政处罚的就行政处罚，该刑事处罚的就刑事处罚。换言之，当发现未经处理的，如果未达到构成犯罪的逃税数额，就予以行政处罚（只要在处罚时效内），无须再移送司法机关，与在现有规定下已受行政处罚的不累计等同对待，而将其累计到另一正在处理的逃税行为逃税数额的计算中，是不正当的，这一分析当然也适合不同税种的逃税数额的计算。综上，加之为减少逃税比例门槛计算的复杂性，以及避免"未经处理累计"条款因行政处罚处理被架空的困境，[①]应当删除《刑法》第201条第3款，同时修改逃税犯罪相关司法解释，一方面，改变我国目前在一个纳税年度内加总不同税种逃税数额的做法，至少针对独立申报的税种，如个人所得税、企业所得税和增值税这几类大税种。[②] 另一方面，改变我国目前先后"未经处理"逃税行为逃税数额累计的做法，至少针对不同纳税年度的逃税行为。这样，无疑将限缩逃税罪刑事打击的范围，当然在此情形下，可以适当降低逃税数额门槛的标准，以避免上述改变可能会带来的逃税罪刑事打击范围过度减小的问题。同时，可以考虑在《刑法》第201条第1款两档量刑标准的规定中，分别补充"有其他严重情节""有其他特别严重情节"，以更好地应对

---

① 关于后者，参见郭昌盛：《逃税罪的解构与重构——基于税收制度的整体考量和技术性规范》，载《政治与法律》2018年第8期。

② 当然，考虑到城市维护建设税是增值税的附加税，同时，根据国家税务总局《关于增值税 消费税与附加税费申报表整合有关事项的公告》（国家税务总局公告2021年第20号），从2021年8月1日起增值税与城市维护建设税申报表整合，这两项税种逃税数额加总。换言之，因为是附加税的关系，逃税数额也可以视为单独计算。总之，根据刑法谦抑性原则，在我国，如同具有准税收性质的政府性基金，小税种的逃税行为应当逐步从刑事处罚的打击范围中予以排除。

逃税数额不加总的多次逃税行为的定罪处罚。

最后,在计算逃税数额时,还需要注意两个问题:(1)参照法释33号文第3条关于逃税数额计算和为逃税比例的计算界分纳税期间的规定,在确定的纳税期间内计算不缴或者少缴的税款总额。事实上,按照修改后不同税种之间逃税数额原则上不再加总,这一计算将变得简单,其中,上述纳税周期可以简化修改为一个纳税年度,即一个纳税年度内某一税种逃税的数额总额,无论是像所得税、房产税等那样以一个纳税年度确定一个纳税义务,还是像增值税、契税等那样以一个交易完成(瞬间)确定一个纳税义务。在企业清算、合并、分立等特殊情形下的一次性纳税申报,当然不存在一个纳税年度考量的问题,就以该次纳税申报相关税种的逃税数额为逃税数额。(2)对于不申报逃税行为,在确定某一税种的逃税数额时,从纳税人利益保护的角度,司法机关不仅要查实所得、销售额等积极因素,还需要查实成本、费用等消极因素,两者结合下才能真正确定是否存在逃税情况。事实上,此时税基或应纳税额可能是负的,这样即使纳税人等犯罪主体没有实施申报,因为没有应纳税额或逃税数额,当然也不构成逃税罪。此外,在确定有应纳税额的情况下,还需要审查是否存在纳税人等犯罪主体或者第三方以预缴、扣缴的名义或者在申报(或相关期限截止)前已经缴纳相关税款的情形,如果存在,逃税数额的计算就应当减去这些已经缴纳的税款。

(四)增加逃税目的以完善主观要件

逃税罪属于故意犯,这一点从我国《刑法》第201条规定的"欺骗、隐瞒手段"语义中就可以推断出。事实上,为与漏税违法行为相区别,[①]逃税行为人在主观方面表现为故意,不同于漏税行为人在主观方面表现为过失。[②] 显然,根

① 漏税,一般是指纳税人不熟悉税法规定和财务制度,或者由于工作粗心大意等原因造成的,并非故意。

② 参见廖仕梅:《刍议漏税行为的法律规制与制度完善》,载《国际税收》2016年第6期。

据刑法谦抑性原则以及鉴于税法的专业复杂性和技术性,行为人故意实施逃避税款缴纳行为,对国库利益的危害性才可以达到需要纳入刑事处罚的程度。此外,故意当然包括间接故意的情形。例如,在税务代理人代理纳税申报而未申报的情况下,如果能够认定纳税人对消极不申报行为存在放任的心理状态,也可能构成逃税罪。[①] 为此,可以考虑在立法上明确规定"故意"要件,尤其是考虑到在明确单纯虚假纳税申报以及消极(不作为)不申报也构成逃税犯罪行为之后,需要明确排除可能存在的基于过失导致的单纯虚假纳税申报和不申报行为逃税罪的构成。这样,《刑法》第 201 条第 1 款可以修改为"任何有纳税申报义务的主体,故意不申报、虚假纳税申报或利用欺骗手段进行虚假纳税申报……逃避缴纳税款……"。当然,在我国逃税罪立法中明确规定"故意"要件也并非必要,即结合相关罪状描述通过解释亦可得出,同时,也与其他税收犯罪立法在"故意"要件的规定上保持一致。

在逃税罪是故意犯罪的基础上,在主观要件方面加入逃税目的的规定。首先,强调逃税的主观目的、犯罪事实的心理因素,表明立法者旨在对那些既在物质有形上又从心理上意在实现逃税的行为给予严厉制裁。其次,将逃税罪界定为逃税目的犯,与逃税罪立法所保护的法益相一致,并且符合打击税收实害行为的刑事立法理念。同时,犯罪构成要求行为人具备逃税目的,即使不要求是唯一目的,也有助于限制逃税罪的适用,符合我国逃税罪立法修正应遵循的原则。显然,逃税罪的构成应当要求行为人具有逃税目的,是《刑法》第 201 条逃税罪立法的应有之义,即使不明确规定,也可以通过刑法解释得出。但是,在我国刑法中直接明确规定逃税目的的要件,有助于人们对逃税罪构成要件的准确理解。此外,对于不申报逃税行为,在主观要件方面,则更有必要强调行为人的逃税目的,即行为人是基于逃避缴纳税款的目的而不为申报行为。事实上,逃

① 参见杨高峰:《逃税罪立法实施中的疑难问题研究》,载《学术探索》2009 年第 4 期。

税目的的规定可以更好地解释逃税故意,以将那些因纳税人疏忽而遗忘申报的行为排除出刑事处罚的范围。因此,对于不申报这种不作为行为来说,强调逃税目的更重要,对逃税目的的查证是确定不申报逃税犯罪行为的关键。这样,我国《刑法》第201条第1款可以修改为"为逃税的目的,任何有纳税申报义务的主体,不申报、虚假纳税申报或利用欺骗手段进行虚假纳税申报……逃避缴纳税款……"。当然,在强调特定逃税目的的同时,还需要在司法解释中明确逃税目的的具体内涵。换言之,除意图逃避应缴纳税款外,还应包括意图获得一项不应有的退税或者意图得到一项不存在的税收债权,以直接减少应纳税额。

(五)明确逃税犯罪不以未遂等未完成形态名义受到处罚

我国税收犯罪立法在转变为以打击造成国库利益直接损失的行为为基本理念、保留少数逃骗税预备行为犯罪之后,对于逃税预备、逃税未遂等未实际造成国库利益受损行为的刑事处罚应当受到严格限制或避免。这样,如果纳税人已经实施了相关逃税预备行为,如实施了虚开发票、伪造发票等相关欺骗手段,或者提交了虚假纳税申报,不以逃税犯罪预备、未遂的名义处以刑事处罚,而是以其他行政违法行为的名义处以行政处罚足矣。为此,考虑到至少理论上并不排除逃税犯罪未遂等未完成形态的存在,明确逃税犯罪不以未遂等未完成形态名义受到处罚也是必要的。否则,如果对逃税以犯罪未遂等未完成形态名义进行处罚,就会背离转变后的税收犯罪立法理念。

(六)适当区别化逃税行为的定罪处罚

根据刑法理论,罪名,是指刑法分则规定的某一具体犯罪的名称,而判断立法上存在某一具体犯罪且区别于其他犯罪的标准是,立法者对该具体犯罪规定了独立的犯罪构成要件和处罚规则,或者其他一些只适用于该类犯罪的规定,如特定的减轻处罚规定。我国《刑法》第201条第1款对不同逃税行为的定罪处罚进行了统一规定，即定逃税罪一种罪名。[①] 为此，我国可以从以下四个方面适当地区别逃税行为的定罪处罚：

首先，针对不同类型逃税行为，涉及不同逃税手段，鉴于对国库利益危害性的差异以及特别构成要件细化的需求，我国刑法可以适当进行定罪处罚的区别。但是，我国是在刑法典中进行逃税罪的规范，因此不适合在罪名上细化出不同类型的逃税罪，从一条逃税罪增加到数条不同名称的逃税罪，而是在现有《刑法》第201条逃税罪名下，区分出数个不同条款，分别规定不同逃税行为的罪状和量刑。

其次，需要区分的逃税行为类型不需要像意大利税收刑法那样区分为4种类型，基于前文阐述的修改后我国《刑法》第201条第1款"为逃税的目的，任何有纳税申报义务的主体，不申报、虚假纳税申报或利用欺骗手段进行虚假纳税申报……逃避缴纳税款……"的规定，区分为3种类型，即利用欺骗手段的虚假纳税申报行为、未利用欺骗手段的虚假纳税申报行为和不申报行为。将虚开发票与虚假交易等其他欺诈手段纳入一类逃税行为，可以避免区分相关交易的难题，即法律上不存在的交易、主体上不存在的交易等属于虚开发票下的不存在交易还是属于虚假交易，因为涉及不同罪行的认定和处罚。这样，在区分3类不同逃税行为的情况下，即在《刑法》第201条下规定3款，分别为"……利用欺骗手段进行虚假纳税申报，逃避缴纳税款……"，"在第一款规定的情形以外……虚假纳税申报，逃避缴纳税款……"和"……不申报，逃避缴纳税款……"。

再次，利用欺骗手段实施逃税，对税务机关正确纳税评定的妨害最大，对国库利益的损害也最大，这是因为在大数据时代以及信息管税或以数治税的背景下，税务机关可以通过第三方信息提供制度获取征税的必要信息，并非单纯依靠纳税人的主动申报或对其实施税务检查。因此，在纳税人未提交纳（缴）税

---

① 参见最高人民法院、最高人民检察院《关于执行〈中华人民共和国刑法〉确定罪名的补充规定（四）》（法释〔2009〕13号）。

申报或未利用欺骗手段虚假纳税申报的情况下,鉴于不存在因受骗而产生的错误判断,对税务机关正确实施纳税评定的妨碍相对较小。这样,根据罪刑相适应原则,在定罪处罚方面的差别化如下:(1)对于第一类逃税行为,应当规定更高的处罚标准。如果维持现有刑罚最高刑7年有期徒刑的水平,可以降低第二类和第三类逃税行为的处罚标准。例如,降低最高刑至5年有期徒刑;同时,目前两档量刑标准简化为一档。事实上,仅从刑罚的角度,第二类和第三类逃税行为可以合并规定在一款中,这样《刑法》第201条也可以更简化。但是,考虑到不申报逃税行为在入罪门槛和客观行为要件上需要作特别规定,例如,没有逃税比例门槛的设置,需要规定90天或120天的延缓期,第三类逃税行为还是有必要单列出来。(2)在入罪门槛方面,同样,无论是逃税数额还是逃税比例,第一类逃税行为的门槛都应当更低。具体而言,关于逃税数额,在立法上可以依然规定"数额较大"和"数额巨大",并由司法解释来分别确定具体数额。对于"数额较大",在维持目前5万元标准的情况下,可以提高第二类、第三类的标准,如8万元或10万元。对于"数额巨大",第一类逃税行为的标准应当比第二类逃税行为更低,考虑到此时不再考虑逃税比例,假如前者标准规定为200万元,后者标准可以规定为300万元。关于逃税比例,在维持目前10%标准的情况下,第二类逃税行为的标准可以提高至15%或20%。(3)对于扣(收)缴义务人,为实现在定罪量刑方面整体上宽松于纳税人的目的,事实上无须特殊的定罪处罚标准,这是因为在降低纳税人第二类、第三类逃税行为定罪处罚标准力度的情形下,根据扣(收)缴义务人单独实施逃税实际能够利用的逃税手段,通常就根据第二类、第三类逃税行为的标准定罪处罚。为此,可以在修改后的第4款规定,"为逃税的目的,有义务提交扣缴、收缴税款申报的主体,不申报或虚假缴税申报,不缴或者少缴已扣、已收税款,依照前述相关条款规定的入罪门槛和量刑处理"。这样,在入罪门槛上也与纳税人保持了一致。

最后,作为上述立法上区分3类不同逃税行为的替代方案,在维持逃税定罪处罚基本条款为一款的情况下，亦可以通过司法解释对量刑作出不同规定，就像《偷税案件行政处罚标准(试行)》根据不同危害性的偷税方式规定了不同的处罚幅度。换言之，与入罪门槛一道，在司法解释中区别上述3类逃税行为，分别规定上文阐述的不同量刑幅度和入罪门槛。但是需要注意的是，此时立法上应该统一规定一档量刑标准，同时逃税比例也应当改为达到“一定比例以上”，而不是现在的10%具体标准。这样，这一基本条款可以规定为“……不申报、虚假纳税申报或利用欺骗手段进行虚假纳税申报，逃避缴纳税款数额较大并且占应纳税额一定比例以上的，或者逃避缴纳税款数额巨大的，处……”。

(七)与相关犯罪竞合问题的处理及相关犯罪立法完善

对于解决现有逃税罪与其他相关犯罪竞合的问题，除需要遵循一事不二罚原则，避免罪犯承担过重、不合理的刑罚外，还需要从税收犯罪立法理念转变的角度完善相关税收犯罪立法。

1. 骗取出口退税罪

事实上，纳税人在未缴纳税款的情况下骗取退税，包括退税款超过已缴纳税款的情况，不仅存在于货物出口的情形，还存在于其他情形。例如，从2019年4月1日起全面试行的增值税期末留抵税额退税制度。[①] 在留抵税额退税的情形下，纳税人可以通过虚开发票虚增可抵扣进项税，在数额上超过其应缴纳销售税，从而骗取国家税款。因此，对于逃税罪与骗取出口退税罪的竞合问题，一种解决路径是取消骗取出口退税罪，只保留申报类逃税犯罪。事实上，无论是出口骗税还是留抵税额骗税，都是通过取得一项不应有的退税或一项不存在的税收债权实现的，这也是逃税的一种方式，同时最终侵害的也是国库利益，况且，目前骗取出口退税以外的骗取退税行为也无法按照骗税犯罪予以处理。此外，还可以避免在骗税罪立法内再规定逃税的定罪处罚条款。这样，对于在未

---

① 参见财政部、国家税务总局、海关总署《关于深化增值税改革有关政策的公告》(中华人民共和国财政部、国家税务总局、中华人民共和国海关总署公告2019年第39号)。

缴纳税款的情况下骗取退税行为来说，按照逃税定罪处罚并非不可接受，当然，此时可以设置为逃税罪刑罚的加重结果情形。另外一种解决路径则是保留骗税罪，但是骗税客观行为不能局限于出口骗税一种类型，还应包括留抵税额骗税等其他类型，即对《刑法》第 204 条骗取出口退税罪进行骗税罪一般化立法的改造。保留骗税罪是因为逃税和（纯粹）骗税还是存在一定差异的，可以说，前者是导致增量的国库利益减少，后者则是导致存量的国库利益减少，在某种程度上后者的恶性更大，为此对骗税单独定罪、处更重的刑罚也可以理解。事实上，无论是现行《税收征收管理法》（第 55 条）还是 2015 年征求意见稿（第 86 条），在逃税、抗税等之外都规定了"骗税"，税收犯罪立法规定骗税罪，也是与之对应、协调的。这样，如果纳税人在实施逃税行为的过程中，因为特殊的逃税手段，如利用虚开发票，同时骗税，在逃税罪和骗税罪都构成的情况下，为避免过重刑罚，适合按照想象竞合犯从一重处罚，即按照骗税罪处罚。事实上，是按照想象竞合犯处罚还是数罪并罚，关键在于确定纳税人实施的是一项行为还是数项行为。对此，当然不能基于逃骗税预备行为或逃、骗税手段的数量来决定。换言之，纳税人可以采取多项逃、骗税手段来实施一个逃、骗税行为。考虑到逃、骗税都需要经过一个申报行为，申报行为才是逃、骗税的实行行为，因此应当基于申报行为来确定，而逃、骗税通常都是通过一个申报行为完成的，可以按照想象竞合犯处罚。

2. 逃税预备行为犯罪

由于我国刑法目前规定了虚开增值税专用发票罪、虚开发票罪、伪造增值税专用发票罪、非法购买增值税专用发票、购买伪造的增值税专用发票罪、非法制造用于骗取出口退税、抵扣税款发票罪、非法制造发票罪和持有伪造的发票罪，相关的逃税预备行为面临单独定罪处罚的可能。考虑到我国税收刑法理念应当转变为以打击税收实害行为为原则，保留大量的逃税预备行为犯罪，以及在同时构成逃税罪和部分逃税预备行为犯罪的情形下，如果从一重（后者）处理，与上述理念存在很大的背离。事实上，我国未来税收刑法应以逃税犯罪为核心，限缩其他税收犯罪的设置与处罚。为此，取消大部分逃税预备行为犯罪是大势所趋，而保留虚开发票犯罪等极少数对国库利益威胁依然较大的逃税预备行为犯罪，这也限于目前规定的刑罚重于逃税罪的犯罪。另外，为避免与逃税罪的竞合及纳税人承担过重、不合理的刑罚，对于保留的逃税预备行为犯罪，在立法上还需要进行完善，基本思路是犯罪客观行为应当限于为他人逃税的虚开行为、伪造或非法制造行为，将为自己逃税目的所实施的相关行为排除在这些犯罪的打击范围之外。

3. 相关非税收犯罪

首先，隐匿、故意销毁会计凭证、会计账簿、财务会计报告罪。该罪并未被纳入税收犯罪体系，但是隐匿、销毁会计资料还是会牵涉逃税。为此，在保留该罪行在刑法中的定位基础上，需要说明一下在和逃税罪构成竞合的情况下应当如何适用，即纳税人在实施虚假纳税申报或不申报之前隐匿、销毁会计资料。鉴于我国刑法将隐匿、销毁会计资料视为一种逃税手段，尽管不具有欺骗性，当纳税人以逃税的目的隐匿、销毁会计资料，应当以一重罪（逃税罪）处罚，尤其是在隐匿、销毁会计资料罪也明确为目的犯的情况下。相反，如果纳税人以其他目的隐匿、销毁会计资料，同时实施逃税，则应当数罪并罚。

其次，盗窃罪和诈骗罪。纳税人盗窃或使用欺骗手段骗取增值税专用发票或其他可用于退税、抵扣税款的文件，并通过虚开的方式用于逃税，考虑到盗窃或骗取行为并非逃税罪立法所明确规定的逃税手段，与逃税行为构成了两项行为，同时也侵害了不同于税收利益的其他法益，如增值税专用发票财产权，因此理论上可以数罪并罚。但是，纳税人基于自身逃税目的而盗窃或骗取增值税专用发票，进而虚开发票并利用虚开发票来逃税，基于存在牵连关系，按照从一重罪处罚更合理。事实上,根据现有司法解释,①纳税人盗窃、诈骗增值税专用发票或者其他发票后,又实施虚开发票等犯罪,就是按照其中的重罪定罪处罚的,不实行数罪并罚。这样,考虑到虚开发票犯罪的客观行为应当局限于为他人虚开的情形,这里的虚开发票犯罪应当转变为逃税罪。

最后,伪造、变造、买卖国家机关公文、证件、印章罪。对于纳税人伪造、变造完税凭证并用于逃税,考虑到伪造、变造行为属于逃税手段,此时如果同时构成伪造、变造国家机关证件、印章罪和逃税罪,由于存在牵连关系,应当从一重罪处罚。

第三节　虚开增值税专用发票罪

一、立法现状

1994 年《增值税暂行条例》开始实施,我国增值税也进入了国际通行的规范化行列。其中,作为增值税的核心制度,建立在发票基础上的抵扣制度亦贯穿我国增值税的应用之中。但是,在税收征管中也因此着力实施以票控税的管理方式,并构建起一套严格的发票管理制度,即通过加强发票管理,进行源头管控,实现对纳税人应税行为的监督,以堵塞税收漏洞、增加税收收入、提高税收征管质量。事实上,从增值税全面应用之初到之后的相当长一段时间内,考虑到当时我国税务机关征管手段相对单一、征管能力有限,通过以票控税可以以更有效、较低成本的方式确保税款的征收,有其时代需求。这样,与严格实施以票控税以及发票管理制度相对应,对于纳税人违反发票管理的行为,我国引入

---

① 参见最高人民法院《关于适用〈全国人民代表大会常务委员会关于惩治虚开、伪造和非法出售增值税专用发票犯罪的决定〉的若干问题的解释》(法发〔1996〕30 号)。

了严厉的处罚制度，包括刑事处罚，如全国人大常委会颁布1995年《决定》引入的虚开增值税专用发票罪（以下简称虚开罪）及重刑。事实上，除虚开罪外，我国刑法还就伪造、出售伪造、非法出售、非法购买发票等9类发票管理违法行为定罪处罚。因此，对国库利益来说，我国刑法提供的保护特别注重“防患于未然”，这不仅体现在发票管理违法行为罪名数量繁多，还体现在这些逃、骗税预备行为犯罪的处罚整体上要比逃骗税犯罪的处罚更严厉。显然，这样一种对国库利益的刑法保护安排与我国在税收征管领域以票控税的理念密不可分。同理，现行虚开罪立法也体现出以票控税的理念。具体而言，一方面，在规定宽泛的4类虚开行为的同时，即除规定为他人虚开外，还包括为自己虚开、让他人为自己虚开、介绍他人虚开3种行为，而对其他犯罪构成要件的规定基本上属于空白状态。这样，纳税人虚开行为的入刑定罪具有相当的开放性，并导致了虚开罪过宽的打击面。另一方面，无期徒刑作为虚开罪处罚的最高刑，使纳税人面临重刑的处罚。

事实上，从1995年引入虚开罪以来，我国相关刑事立法及其适用已经有26余年之久，关于虚开罪的基本规则一直未有变化，目前见于《刑法》第205条的规定，“虚开增值税专用发票或者虚开用于骗取出口退税、抵扣税款的其他发票的，处……无期徒刑……”。虽然2011年《刑法修正案（八）》曾对第205条作了一定的修改，即删除了之前规定“有前款行为骗取国家税款……处死刑……”的第2款，并在第205条下增加1条，规定了虚开其他发票罪，但是关于虚开罪立法及其适用一直存在诸多争议，尤其是在出现许多当初立法者未预期到的非典型虚开案例之后。例如，为虚构经营业绩，相关企业对开、环开增值税专用发票（以下简称发票），虚开发票但记载的金额低于真实交易额，虚开发票但无法实际用于抵扣（包括针对无法实施抵扣的主体虚开），有真实交易基础的虚开或如实代开，用伪造的发票虚开，变名开具发票等。此外，还有观点认为，应当取消虚开罪，即随着增值税发票管理制度的日益健全，行为人以虚开的发票来逃、骗税款的可能性变得越来越小，虚开行为也会越来越少，对虚开行为以逃税罪处罚足矣。① 事实上，围绕现行虚开罪的属性、虚假行为的构成以及虚开罪的刑罚，我国学界也提出了诸多不同观点，主要体现在以下几个方面。

（一）客观要件

首先，关于虚开罪是否为行为犯，目前立法规定不明。具体而言，行为人在实施了虚开发票行为以后，是否需要造成国家税款的实际损失才能构成虚开罪？对此，有观点认为，对于《刑法》第205条的规定，应基于谦抑价值的立场作限缩解释，如果对不会造成国家税款流失的虚开行为认定刑事违法性，虽然符合条文的字面含义，但不符合打击利用发票非法抵扣税款行为的立法本意。② 目前，支持虚开罪的构成客观上以造成国家税款的损失为要件的观点呈不断上升趋势。③ 但是，亦有观点坚持文义解释，认为虚开罪是行为犯，虚开罪的构成并不要求实际造成税款损失。④ 此外，有学者提出，虚开罪属于抽象危险犯，即虚开行为造成国家税收损失的危险，且属于实质预备犯这一抽象危险犯的亚类型。⑤ 还有学者在对抽象危险犯理论进行完善的基础上，以抽象危险犯认定虚开罪的属性，从而否定行为犯（或结果犯）的适用，并特别提出虚开行为完成后还存在虚开犯罪中止的情况（以免除处罚）。⑥ 再如，有学者提出，虚开罪属于为了预防其他犯罪而提前处罚其他犯罪之“预备”行为的抽象危险

---

① 参见梁剑：《虚开增值税专用发票罪若干问题研究》，载《北京科技大学学报（社会科学版）》2003年第1期。

② 参见牛克乾：《虚开增值税专用发票罪与非罪之认定》，载《人民司法》2008年第22期。

③ 参见最高人民法院研究室《〈关于如何认定以“挂靠”有关公司名义实施经营活动并让有关公司为自己虚开增值税专用发票行为的性质〉征求意见的复函》（法研〔2015〕58号）；关于司法判决，参见《四川省宜宾市中级人民法院刑事裁定书》（〔2016〕川15刑终113号）。

④ 参见高铭暄、马克昌主编：《刑法学》（第8版），北京大学出版社2017年版，第431~433页。

⑤ 参见马春晓：《虚开增值税专用发票的抽象危险判断》，载《政治与法律》2019年第6期。

⑥ 参见陈金林：《虚开增值税专用发票罪的困境与出路——以法益关联性为切入点》，载《中国刑事法杂志》2020年第2期。

犯，不属于行为犯。[①] 显然，这与上述虚开罪行为犯（或结果犯）属性的观点相斥。

其次，关于虚开罪虚开行为的范围，也存在过宽问题。一方面，目前规定的除为他人虚开外，还包括为自己虚开、让他人为自己虚开、介绍他人虚开 3 种行为，打击面是否过宽、是否有必要缩小虚开行为的范围存在争议。另一方面，根据最高人民法院《关于适用〈全国人民代表大会常务委员会关于惩治虚开、伪造和非法出售增值税专用发票犯罪的决定〉的若干问题的解释》（法发〔1996〕30 号）（以下简称最高人民法院关于适用 1995 年《决定》的解释）第 1 条的规定，虚开罪虚开发票包括两种情形：（1）没有货物购销，或者没有提供或接受应税劳务，而开具发票；（2）有货物购销，或者提供或接受了应税劳务，但开具数量或者金额不实的发票。[②] 但是，我国税收征管实践中对虚开发票的认定比较宽松，也会影响虚开罪虚开行为的认定。例如，《发票管理办法》第 22 条将虚开发票界定为“与实际经营业务情况不符的发票”。又如，对于虚开的判断标准，税务机关采用所谓的“三流一致”标准。具体而言，货物流、资金流和发票流必须相互统一，即收款方、开票方和销售方必须是同一主体，付款方、受票方和购买方也必须是同一主体，[③]否则就认定为虚开发票。事实上，这种单纯从形式上进行判决、“一刀切”地认定虚开的标准，虽然可以简便化税务机关的核实过程，但与现实交易情况严重脱节。

---

① 参见周铭川：《论虚开增值税专用发票罪的抽象危险犯本质——兼与陈兴良教授和张明楷教授商榷》，载《上海政法学院学报》2020 年第 1 期。

② 事实上，最高人民法院关于适用 1995 年《决定》的解释第 1 条还规定了第 3 种虚开发票的情形，即“进行了实际经营活动，但让他人为自己代开增值税专用发票”。但是，最高人民法院研究室《〈关于如何认定以“挂靠”有关公司名义实施经营活动并让有关公司为自己虚开增值税专用发票行为的性质〉征求意见的复函》（法研〔2015〕58 号）指出，如果继续适用上述解释的这一规定，则对于挂靠代开案件也要以犯罪论处，有失妥当，因此第 3 种虚开发票情形的规定与虚开增值税专用发票罪的规定不符，不应继续适用。

③ 参见国家税务总局《关于加强增值税征收管理若干问题的通知》（国税发〔1995〕192 号）。

(二)主观要件

关于虚开罪是否为目的犯,目前立法规定也不明确。对此,大部分观点认为,从立法原意出发,结合虚开罪的重刑配置,应当通过限制解释,将虚开罪确认为目的犯。① 关于虚开的目的,诸多观点基于虚开罪的保护法益是税收征管秩序而认为是逃、骗增值税税款。换言之,虚开行为人主观上应具备逃、骗税款的目的。② 当然,亦有观点认为,虚开行为人具有逃、骗税款以外的获取非法利益的目的,也可以构成虚开罪,尤其在为他人虚开、介绍他人虚开的情形中。③ 但是,亦存在认为虚开罪不是目的犯的观点。具体而言,行为人虽不具有逃、骗税款的目的,但是具有虚开犯罪的故意,即明知自己虚开发票的行为违法,鉴于已经侵犯虚开罪所保护的税收征管制度,也构成虚开罪。④ 此外,上文提到的以抽象危险犯认定虚开罪属性的观点也否定了目的犯的适用,⑤这与上述虚开罪目的犯属性的观点相斥。

(三)刑事处罚

虚开罪规定的刑罚是否过重?有学者认为,重刑具有潜在的实质依据,因为虚开罪通常是诸多逃税行为的"总阀门",集合了多个显著降低逃税难度的预备行为,且其累积上限并无外在制约。⑥ 但是,对于为自己虚开、让他人为自己虚开两种虚开行为来说,上述情况是否适用存在疑问,虚开罪刑罚比逃税罪

① 参见陈兴良:《目的犯的法理探究》,载《法学研究》2004 年第 3 期。

② 参见刘艳红主编:《刑法学》(下),北京大学出版社 2016 年版,第 157 页;关于司法判决,参见《天津市和平区人民法院刑事判决书》(〔2016〕津 0101 刑初 288 号)。

③ 参见高铭暄、马克昌主编:《刑法学》(第 8 版),北京大学出版社 2017 年版,第 433 页。

④ 参见路金粱、杨子良:《虚开增值税专用发票罪若干问题探讨》,载《法律适用(国家法官学院学报)》2002 年第 3 期。

⑤ 参见陈金林:《虚开增值税专用发票罪的困境与出路——以法益关联性为切入点》,载《中国刑事法杂志》2020 年第 2 期。

⑥ 参见陈金林:《虚开增值税专用发票罪的困境与出路——以法益关联性为切入点》,载《中国刑事法杂志》2020 年第 2 期。

严厉的合理性也就存疑,尤其是在目前虚开罪结果犯、目的犯、抽象危险犯立法不明的情况下。

(四)与逃税罪的适用关系

当行为人利用让他人或自己虚开的增值税专用发票进行税款抵扣、实施逃税时,在定罪量刑上,如何处理虚开罪与《刑法》第201条逃税罪的关系?对此,除按数罪并罚处理外,即行为人实施了虚开和逃税两项行为,分别构成虚开罪和逃税罪,主要的观点还有以下3类:首先,按牵连犯处理,即行为人的虚开和逃税行为分别触犯了虚开罪和逃税罪,但是逃税是行为人的目的,虚开行为是手段和方法,实行从一重处断的原则;①其次,按吸收犯处理,考虑到逃税行为和虚开行为难分主从,但是逃税行为是高度行为、实行行为,而虚开行为仅仅是预备行为、非实行行为,逃税罪吸收虚开罪;②最后,按法条竞合处理,认为虚开与逃税构成一项行为,即利用虚开发票进行逃税,这样同时触犯关于虚开罪和逃税罪两项法条,适用特别法优于普通法的原则,以虚开罪论处。③

二、立法修正背景

我国是否需要限制虚开行为的定罪处罚,即缩小入刑定罪的打击面以及降低处罚力度,同时,应当如何应对相关定罪处罚的争议问题,这都牵涉现行虚开罪立法的修正问题。对此,有必要先行说明修正背景。

(一)税收征管能力的提高

在经历了26余年之后,我国社会、经济、法治等领域已经发生了重大发展和变化,民主法治建设和纳税人权利保护也已经达到了一个新高度,国库利益

---

① 参见张忠斌:《虚开增值税专用发票罪争议问题思辨》,载《河北法学》2004年第6期。

② 参见肖太福、曾明生:《税收犯罪的司法实践与理论探索:税收刑法学的多维视角研究》,中国检察出版社2013年版,第264~265页。

③ 参见梁剑:《虚开增值税专用发票罪若干问题研究》,载《北京科技大学学报(社会科学版)》2003年第1期。

的片面维护有所转变,这无疑有助于降低纳税人对税收的抵触心理,从根源上减少税收违法行为。此外,更直接的原因是,发票管理制度的逐步健全以及以票控税机制的局限性日趋明显。首先,从1994年我国启动“金税工程”以来,其已经得到全面推行并不断升级、完善,同时2010年、2019年我国对《发票管理办法》进行了两次修订,发票管理制度日趋规范。这样,增值税专用发票以及其他发票在得到更加有效监控的同时,发票管理违法行为也得到了很大程度的遏制。其中,虚开增值税专用发票违法行为得以有效遏制。[①] 其次,虽然发票管理制度逐步健全,但这并不能掩盖以票控税的局限性,尤其在新的时代背景下。在以票控税下,为监控纳税人收入支出情况,税务机关强调纳税人在生产经营过程中收付款必须使用发票,并按发票开具情况申报缴纳税款。为此,以票控税的有效性建立在纳税人收入均通过发票入账、支出均通过发票付出以及纳税人依法正确用票、消费者主动自觉索票的基础上。在当前新经济时代下,“交易主体的多元化、法律关系的复杂化、交易技术的信息化等因素加剧了征纳信息的不对称,具体而言,在信息经济环境下很多交易活动都是采取线上定价线下实付的形式,交易行为与匿名支付系统连接无法及时形成纸质合同或凭证,团购网站或商家甚至存在不主动或拒绝提供发票的现象,加之多元主体参与、远程交易等增加了税务机关认定课税对象的难度”,[②]这样就形成了以票控税下的征管“真空”。此外,我国纳税人纳税信用体系也日趋完善,纳税人通过实施发票管理违法行为逃、骗税的成本和风险也越来越大。为此,我国可以改变以票控税的理念,并应转变征管方式,选择信息管税这一符合现代税收征管要求的征管方式。事实上,伴随大数据在税收征管中的应用水平逐步提高,

① 参见张书琴、赵羚男:《税收犯罪刑事立法的宏观透视——对我国刑法修正案的释读》,载《江西社会科学》2013年第3期。

② 参见陈兵:《新经济时代从“以票控税”到“信息管税”的转向——由B2T税收征管问题引发的思考》,载《法学》2014年第12期。

如利用“金税工程”征管数据、增值税发票系统升级版数据以及第三方提供的纳税人涉税信息，我国信息管税已初显成效，而以数治税在我国也终将全面实现。需要特别一提的是，通过相关分析软件，税务机关利用大数据分析手段对涉嫌企业资金支付账号流水记录、资金流水运转特征、账户关联关系、人员信息等数据进行综合筛查和分析，已经可以快速、有效地“筛”出虚开及相关证据。[①]因此，伴随我国税务机关现代征管手段、能力的逐步完善和提高，发票在控制税源、堵塞税收漏洞等方面的作用已开始下降，惩戒相关发票管理违法行为的必要性、力度和范围也应当随之下降、缩小。这样，不仅整体上的发票管理违法行为，刑事立法需要修正，虚开罪立法当然也需要修正，以缩小入刑定罪的打击面以及降低处罚力度。

（二）税收犯罪立法理念的转变与虚开罪的定位

作为税收犯罪行为，虚开行为以及其他发票类犯罪行为是否入刑以及在多大范围内入刑，取决于其是否会严重侵害税收利益。在税收征管层面，具体体现为该行为是否具有欺诈性、诡计性，足以妨碍税务机关的征税查定。对于我国来说，1995 年引入虚开罪等相关发票犯罪时，鉴于当时我国税收征管能力有限以及发现、纠正发票违法行为的能力不足，刑法严厉打击逃、骗税预备行为犯罪，尚可理解。但正如前文所述，在过去 26 余年，我国税收征管能力已经得以显著提高。这样，一方面，伴随税务机关发现、纠正发票违法行为的能力的提高以及发票在税收征管中作用的下降，虚开等逃、骗税预备行为定罪处罚的必要性在下降，税收刑法的重心应当落于逃、骗税等税收实害行为犯罪。换言之，我国税收犯罪立法也应当以打击造成国库利益直接损失的行为为基本理念。当然，作为例外，即作为逃、骗税预备行为犯，虚开罪可以保留下来，但是虚开行为应当严格限定，即限定于那些依然具有欺诈性、能够导致税收利益受损的行为。

① 参见魏颖、陈冠谊：《数据流中“筛”出虚开实证》，载《中国税务报》2020 年 1 月 7 日，第 6 版。

另一方面，伴随税收征管的现代化以及税收征管能力的提高，税务、司法等调查机关就涉税案件的调查、取证能力在提高、成本在降低，这有助于降低虚开罪虚开行为构成的举证难度和成本。例如，如果需要证明虚开行为人逃税的虚开目的，不会不合理地增加调查机关的举证责任和调查成本。

正如在阐释逃税罪立法修正背景时所指出的那样，我国目前税收犯罪立法如果不是将预备性犯罪作为主体看待，至少也是与逃税等直接造成国库利益损失的犯罪行为等同看待。换言之，我国刑法对国库利益的提前保护作为一种常规的重要手段而存在，相关罪行的刑事处罚打击面宽、力度大也就不足为奇了。但是，在税收犯罪立法确立以打击造成国库利益直接损失的行为为基本理念之后，只能保留少数预备性犯罪。这样，鉴于虚开发票行为具有最显著的诡计性和损害的潜在性，相比其他预备性行为，更容易欺瞒税务机关，使国库利益陷入损失的危险最大；同时，实施逃税的行为人通常会借助虚开的发票。因此，从尽可能有效打击逃税的角度，刑法对国库利益适度的提前保护可以体现在仅对虚开发票行为等少数几种预备性行为单独定罪处罚。[①] 这样，一方面，其他预备性行为仅仅受到行政处罚，既不单独构成犯罪行为，也不以逃税未遂的名义基于逃税罪而被刑事处罚；另一方面，少数保留的预备性犯罪应用应当受到严格限制，如在构成要件、与逃税罪等税收实害犯罪的适用关系以及处罚力度等方面。

这样，我国《刑法》第 205 条规定的虚开罪在未来很长一段时间内应当继续保留，但是应当作为改变后的税收刑法立法理念的例外而存在。这意味着：首先，虚开罪应当属于行为犯，即虚开发票行为的完成足以认定犯罪已经构成，这是因为预备性犯罪本身就是针对使国库利益陷入损失危险的行为，属于国库利益刑法保护的提前，因此犯罪的构成与是否造成税款的实际损失无关。当

---

① 参见翁武耀：《论我国虚开增值税专用发票罪刑事立法的完善——基于意大利虚开发票罪刑事立法及适用的启示》，载《暨南学报（哲学社会科学版）》2020 年第 5 期。

然,虚开发票行为的完成必然要求国库利益陷入损失的危险产生,因此从这一角度,虚开罪也是一种危险犯。相反,如果虚开罪的构成要求发生税款的实际损失,虚开罪就不再是对新的税收刑事立法理念的背离,而是遵循。其次,虚开罪相关条款应当从限制虚开罪应用的角度进行完善,下文将详细阐释。这里需要先行阐释的是,《刑法》第 205 条的虚开罪应当与第 205 条之一的虚开其他发票罪合并为虚开发票罪,并可以采取前者并入后者的模式。这一问题产生于新的理念下对虚开罪应用限制的考虑,从处罚力度来看,由于虚开其他发票罪处罚力度小于虚开罪,最高刑是 7 年有期徒刑,与逃税罪最高刑期一样,因此可以将虚开罪并入虚开其他发票罪。当然,在合并为虚开发票罪后,7 年的最高刑可以适当提高。事实上,随着国家“金税工程”的全面推行和完善,虚开增值税专用发票违法行为已经得到有效遏制,而虚开普通发票反而成为高发行为。① 此外,更重要的是,增值税专用发票仅仅是发票的一种,其不仅能够作为增值税抵扣的凭证,也可以作为所得税税前扣除的凭证,虚开增值税专用发票事实上使陷入损失危险的不仅是增值税税款,还包括所得税税款。因此,绝不能将虚开罪单纯地理解为对增值税税款的保护,而将针对普通发票虚开的虚开发票罪理解为对所得税税款的保护,两罪合并并不存在不可跨越的障碍。事实上,合并将意味着下降对增值税税款保护的特别关注度,而这符合当前税制改革的方向,即降低增值税税负以降低间接税比重,进而提高所得税等直接税的比重。② 因此,两罪合并在不远的将来也完全具有可行性。但是,在依然区分专用发票和普通发票的情况下,无法否认虚开具有税款抵扣凭证功能的专用发票的危害性在客观上还是要大于虚开普通发票。因此,合并之后可以设置一款,将虚开具有税款抵扣凭证功能的发票规定为处罚的从重情节。当然,下文还是以虚开罪指称《刑法》第 205 条的虚开增值税专用发票罪。

---

① 参见王新:《新解我国发票类的罪名体系》,载《政法论丛》2016 年第 2 期。

② 参见高培勇:《论完善税收制度的新阶段》,载《经济研究》2015 年第 2 期。

(三)国外虚开罪立法研究的必要性和意大利经验的可借鉴性

在我国现行税收犯罪当中,虚开罪可以说是争议最大的罪行之一,研究虚开罪的学术论文不少,研究成果也颇丰,但学术界、实务界并没有达成共识,虚开罪立法在实质上也并没有发生变化,尤其是关于虚开行为的界定。对此,一项不可忽视的原因是缺乏对意大利等国外虚开罪立法趋势的关注和研究。

从虚开发票罪立法赖以产生的征税制度的角度,中意两国是相同的。具体而言,两国都引入了作为各自税制结构中主体税种的所得税、增值税制度,且发票在这些税种的征收环节中都有重要作用,即在意大利,所得税(主要是企业所得税)也是遵循成本费用扣除的净所得征税原理,成本费用扣除也需要提供作为扣除凭证的发票等资料,而增值税也是遵循税扣税的抵扣机制,进项税抵扣也需要提供作为抵扣凭证的发票等资料。因此,无论是在我国还是在意大利,虚开发票将引起所得税和增值税收入损失的危险是一样的。换言之,两国虚开发票罪立法旨在打击的犯罪行为的实施机理和所保护的法益在本质上都是一致的。当然,从增值税抵扣凭证的角度,意大利没有像我国那样有专用发票和普通发票之分,即所有发票都可以作为抵扣凭证,并没有对作为增值税抵扣凭证的发票进行专门的更严格的管理和监控,纳税人行使抵扣权的形式条件(拥有发票)也并不像我国那样苛刻。[①] 这无疑与意大利并未实施以票控税的征管方式有关。显然,意大利通过包括第三方提供在内的多方位渠道获取涉税信息加强税收征管,虚开发票罪立法建立在该基础之上,与上文阐述的我国虚开罪立法修正必要性的缘由相契合。

① 参见翁武耀:《论增值税抵扣权的行使——基于中欧增值税法的比较研究》,载《国际商务(对外经济贸易大学学报)》2015 年第 5 期。

三、立法完善

(一)虚开罪立法完善基本问题阐释

1. 课税制度与虚开罪虚开行为的界定

目前,我国两大主体税种分别是增值税和企业所得税。以 2019 年为例,增值税收入占税收收入总额的比重超过40%,企业所得税收入约占23.6%。[①] 我国增值税建立在发票/抵扣制度基础之上,在绝大多数的交易中,增值税专用发票是确定进项税抵扣的唯一凭证。另外,不可忽视的是,企业所得税税前的成本费用扣除,增值税专用发票也是重要凭证。《企业所得税税前扣除凭证管理办法》(国家税务总局公告 2018 年第 28 号)第 9 条明确规定,企业在境内发生的支出项目属于增值税应税项目的,对方为已办理税务登记的增值税纳税人,其支出以发票作为税前扣除凭证。显然,虚开发票不仅会造成增值税收入的损失,也会造成企业所得税收入的损失,而受票方可以利用虚开发票同时实施增值税和企业所得税的逃税行为或仅仅实施所得税的逃税行为。由于增值税进项税不得抵扣的情况比所得税成本费用不得税前扣除的情况更复杂,虚开发票即使无法用于抵扣,也有可能被用于税前扣除。[②] 此外,在销售方实施真实交易的情况下,实际销售方为掩盖收益、逃避缴税而让其他企业("空壳企业")对外开具发票,此时虚开行为也造成了国库利益受损的危险,具体包括增值税和所得税收入的损失危险。为此,在评估虚开罪虚开行为对国库利益侵害的危险时,还需要从所得税的角度进行考量。对此,我国《刑法》第 205 条之一引入了虚开其他发票罪,源于这些普通发票不能用于增值税抵扣,但可以用于税前扣

---

① 参见《2019 年财政收支情况》,载财政部官网,http://gks.mof.gov.cn/tongjishuju/202002/t20200210_3467695.htm。

② 例如,归属于免税交易的进项增值税不得抵扣,但是相关成本费用可以税前扣除。又如,增值税一般纳税人企业在特殊情况下适用简易计税方式的,不得抵扣相关进项增值税,但是相关成本费用可以税前扣除。

除。此外,2019 年年底公布的《增值税法(征求意见稿)》没有再规定增值税专用发票,而是"增值税发票"。[①] 这样,如果不再区分具有抵扣功能的发票和不具有抵扣功能的发票,我国虚开罪与虚开其他发票罪应当合并为虚开发票罪。

虽然增值税、所得税等课税制度为虚开罪立法以及虚开行为的界定奠定了基础,但是刑事处罚层面的虚开行为界定需要独立于税收征管层面的虚开行为。这是因为在税收征管层面,基于课税的特殊目的,税法往往赋予税务机关便利课税的权力,如推定课税权,降低税务机关课税的调查成本和证明责任,尤其是在纳税人实施税收违法行为的情况下。对于虚开行为的界定,在税收征管层面形成的"三流一致"标准也属于这类情况,[②]从而极大地扩张了虚开行为的范围。而在刑事处罚层面,由于涉及对虚开行为人的定罪处罚,对虚开行为的认定必须符合刑事处罚作为最后手段性这一现代刑法基本理念,即应以行为具有严重危害性为条件,同时按照独立的刑事诉讼程序,调查机关也应当实施完整的调查以查明相关事实,并承担较大的举证责任。这样,虚开罪虚开行为的界定显然不能采用税收征管层面的"三流一致"标准,刑事处罚层面的虚开行为应当独立地进行界定。为此,虚开罪虚开行为的界定也不应受限于《发票管理办法》第 22 条关于虚开发票行为为"为他人、为自己、让他人为自己、介绍他人开具与实际经营业务情况不符的发票"的规定。这样,现行关于虚开罪虚开行为的司法解释,[③]即"没有货物购销或者没有提供或接受应税劳务而为他人、为自己、让他人为自己、介绍他人开具增值税专用发票""有货物购销或者提供

---

① 参见《增值税法(征求意见稿)》,载国家税务总局官网 2019 年 12 月 26 日,http://www.chinatax.gov.cn/chinatax/n810356/n810961/c5140207/content.html。

② 具体而言,货物流、资金流和发票流必须相互统一,即收款方、开票方和销售方必须是同一主体,付款方、受票方和购买方也必须是同一主体。参见国家税务总局《关于加强增值税征收管理若干问题的通知》(国税发〔1995〕192 号)。

③ 参见最高人民法院《关于适用〈全国人民代表大会常务委员会关于惩治虚开、伪造和非法出售增值税专用发票犯罪的决定〉的若干问题的解释》(法发〔1996〕30 号)。

或接受了应税劳务但为他人、为自己、让他人为自己、介绍他人开具数量或者金额不实的增值税专用发票”，由于在很大程度上与上述《发票管理办法》的规定是一致的，需要进行反思与再造。

2. 虚开罪保护法益的再认识

关于虚开罪的保护法益，传统上认为是增值税专用发票管理制度，按照现行我国刑法的罪名编排，包括虚开罪在内的所有税收犯罪都被归类为“危害税收征管罪”，而发票管理是税收征管的重要一环，也在一定程度上加强了传统上的这一认识。但是，这也造成目前虚开罪虚开行为与税收征管层面违反发票管理制度下的虚开行为并未有实质性的区分。为此，需要对虚开罪的保护法益进行重新审视，从税收犯罪的角度，是否可以直接认定为国库利益，即税款的及时、足额取得。事实上，我国虚开罪保护的法益应当考虑为国库利益。对此，有学者明确提出，虚开罪的保护法益并不仅仅是发票管理制度，该罪更主要的保护法益是国家税款安全，而前者仅仅是表层的保护法益，后者是深层的保护法益。[①] 事实上，传统上理解虚开罪的保护法益为发票管理制度，这一观点体现的是形式的法益概念，或者说是手段的法益，即把法益理解为具体的刑法规范所要实现的直接目的。但是如此理解法益，导致与虚开罪客体的概念相类似，也难以说明虚开罪实质的可罚根据，这是因为犯罪的危害性实质在于对社会关系所指向的利益的危害。[②] 因此，作为税收犯罪，需要从实质的法益概念来理解虚开罪的保护法益，即发票管理所指向的利益，体现为国库利益。对此，也可以从我国《发票管理办法》第 1 条立法宗旨关于“保障国家税收收入”的规定中找到依据。此外，打击税收实害行为这一税收犯罪立法理念的确立，也有助于理解虚开罪的保护法益应当是国库利益。事实上，将发票管理制度理解为虚开

---

① 参见陈兴良：《虚开增值税专用发票罪：罪名沿革与规范构造》，载《清华法学》2021 年第 1 期。

② 参见刘之雄：《刑罚根据完整化上的犯罪分类——侵害犯、危险犯、结果犯、行为犯的关系论纲》，载《中国法学》2005 年第 5 期。

罪的保护法益,会极大地扩张虚开罪虚开行为的范围,在一定程度上会背离刑罚课加于危害严重性行为的原则。

3. 虚开罪视角下危险犯与行为犯、结果犯、目的犯之间的关系

鉴于虚开罪作为打击税收实害行为税收犯罪立法理念的例外而存在,虚开行为犯罪的构成不要求税款损失这一税收实害结果。另外,根据基于国库利益对虚开罪保护法益的理解,虚开罪的设立目的在于对这一法益提前提供刑法保护。而这一保护提前介入的根据在于,此时因为虚开行为的特殊欺诈性已经产生了国库利益受侵害的危险,或虚开行为已经引起了国库利益实害的可能性。这一危险并不要求在司法中予以证明,而是立法者对于虚开行为具有侵害国库利益危险性的预先假定,因此属于抽象危险。这样,可以合理地得出虚开罪属于抽象危险犯的结论。对此,应当形成定论。但问题在于,危险犯的认定是否就否定了虚开罪同时构成行为犯(或结果犯)、目的犯的可能。

事实上,行为和结果作为一对因果范畴,危险不能是与之相并列的第三种存在形态。这样,危险犯并不是与行为犯、结果犯相对应而言的,而是与实害犯相对应而言的。换言之,根据发生法益实际侵害还是发生法益侵害的危险,分为实害犯和危险犯,其与行为犯、结果犯的关系是交叉关系,这意味着危险犯可能与结果犯相交叉,从而形成危险结果犯,也可能与行为犯相交叉,从而形成危险行为犯。[①] 为此,即使是基于国库利益这一法益保护的角度,[②]虚开罪还可以从行为犯或结果犯的角度进行认定。虚开罪作为抽象危险犯,虚开行为要具备一般的侵害国库利益的抽象危险,这个抽象危险是对虚开行为基本性质的要求,也决定了虚开行为构成条件的界定。那么,这种抽象危险应当在什么时候

---

① 参见刘之雄:《刑罚根据完整化上的犯罪分类——侵害犯、危险犯、结果犯、行为犯的关系论纲》,载《中国法学》2005 年第 5 期。

② 基于发票管理制度这一法益保护的角度,虚开罪自然可以构成行为犯或结果犯。当然,此时同时构成实害犯,而不是危险犯。

或什么情况下产生？首先，从虚开行为完成的角度，如果仅仅只是开票方在发票上填写相关虚假信息，虚开发票还没有传送给受票方，此时显然尚不足以产生侵害国库利益的抽象危险，因为虚开行为产生的国库利益损失的危险主要在于受票方可能利用虚开发票进行逃骗税。这样，虽然我国《增值税暂行条例》《发票管理办法》《增值税专用发票使用规定》并没有明确规定发票开具在何时完成，但应当认为发票在处于购买方支配下时发票开具完成，虚开行为也应当在虚开发票已经处于受票方的支配下时完成。基于前文从增值税和企业所得税角度的分析，此时受票方已经可以利用虚开发票实施逃、骗税行为，侵害国库利益的抽象危险也因此产生。显然，虚开行为完成之时虚开罪就构成了，虚开罪的构成不要求国库利益实际受损结果的发生，因此认定虚开罪为行为犯更合适。事实上，抽象危险犯与行为犯之间存在较大的重合性，因为犯罪中的危险在很多情况下是作为行为的属性而不是作为结果而存在的。[①] 其次，虚开罪属于抽象危险犯，既然不构成相对应而言的犯罪形态，当然也不排斥虚开罪同时构成（逃税）目的犯。事实上，在虚开行为界定中增加逃税目的的条件，可以加强抽象危险犯的认定，这是因为逃税目的的要求可以排除受票方客观上无法利用虚开发票进行逃、骗税的特殊情况。

（二）限定虚开行为的实施主体

虚开行为产生使国库利益受损的抽象危险，是因为虚开发票具有妨碍税收查定的欺诈性。为此，结合下文将阐述的虚开行为类型的限定以及虚开发票应当属于观念上虚假的发票，司法解释应当明确开具主体具有增值税专用发票的开具资格，即属于增值税一般纳税人。当然，也包括有资格开具其他可用于出口退税、抵扣税款的发票或文件的主体，这里不再赘述。这是因为仅从发票的角度而言，在发票管理制度日益健全的背景下，没有资格开具增值税专用发票

---

① 参见刘之雄：《刑罚根据完整化上的犯罪分类——侵害犯、危险犯、结果犯、行为犯的关系论纲》，载《中国法学》2005 年第 5 期。

的主体所开具的"发票",成为进项税抵扣上具有证明作用的文件越来越难,对国库利益的威胁也越发变小,因此可以将虚开罪确定为身份犯。同理,"空壳公司"能够威胁国库,也应当是进行了税务登记的,属于增值税一般纳税人、有资格开具增值税专用发票的公司,尽管其未实际从事经营活动,否则其无法开具税务机关所认可的作为抵扣或扣除凭证的适格发票。当然,虚开发票罪认定为身份犯,并不意味着自然人就无法犯这一罪行,只是需要与实施具有虚开行为的企业或经营者存在特定关联,如企业的管理人、介绍虚开行为的中间人等。

(三)限制、细化客观要件的构成

1. 限缩虚开行为类型的范围

目前,《刑法》第205条第3款规定了为他人、为自己、让他人为自己、介绍他人4种虚开行为。但是,将后3种类型的虚开行为界定为虚开罪的虚开行为之必要性存疑。首先,关于为自己和让他人为自己虚开的行为,由于这两类行为都是由受票方为自己利用虚开发票实施逃税所实施的,虚开行为所产生的使国库利益陷入损失的危险,转化为实际损失完全取决于受票方自身;或者说,损失的实现取决于受票方自己实施的逃税行为。这不同于为他人虚开,损失的危险转化为实际损失取决于开票方以外的主体,不受开票方的控制,对开票方确定虚开罪这样一种刑法的提前保护才具有实际意义。因此,为自己和让他人为自己虚开的行为作为受票方逃税的特殊方式,应当排除在预备犯罪之外,并纳入受票方的逃税罪中进行刑事处罚。事实上,"虚开增值税专用发票罪集合了多个显著降低逃税难度的预备行为,且其累积上限并无外在制约(与此不同,逃税罪受制于纳税人的应缴税额)",[①]尤其是开票方为他人虚开发票,通常他人是多个主体,甚至数量众多,此时产生的关于国库利益受损的抽象危险才足以对虚开行为单独定罪处罚,同时在量刑上适当重于逃税罪也可以被接受。而

① 陈金林:《虚开增值税专用发票罪的困境与出路——以法益关联性为切入点》,载《中国刑事法杂志》2020年第2期。

为自己和让他人为自己虚开的行为，虽然理论上也可以无限虚开，但受制于受票方自身经营规模的有限性，出口退税或留抵退税数额也会在一个限度内（否则容易引起税务机关的质疑），因此在实践中虚开的最大规模相对会小很多。同时，如果产生纯粹骗税行为，按照骗税罪处罚即可。其次，关于介绍他人虚开行为，即在开票方和受票方之间进行沟通联系、牵线搭桥的行为，按照我国《刑法》第25条至第29条有关共犯的规定，可对介绍人以虚开罪的共犯名义进行刑事处罚。事实上，在虚开罪仅处罚为他人虚开一种行为的情况下，司法上可以考虑对中间人进行定罪处罚，为避免一事二罚，行为人不能被认为虚开罪和逃税罪都构成，根据不同的案件事实仅构成其中一项，即以共犯的名义按照虚开罪或逃税罪处理。当然，此时亦可以按照吸收原则，以更严重的犯罪予以处理。综上，虚开罪立法需要将虚开行为限缩至为他人虚开一种类型。

2. 引入不存在交易概念

从发票管理制度的角度，发票开具中所称的虚开，是指发票上记载的事项与实际情况不符。对此，我国《发票管理办法》第22条即将虚开发票界定为“与实际经营业务情况不符的发票”，虚开行为界定中使用了真实（实际）交易的概念。在虚开罪虚开行为的界定中，例如，最高人民法院关于适用1995年《决定》的解释第1条在规定两种虚开发票情形时，事实上也采用了真实交易的概念，即虚开发票是指记载不符合真实交易情况的发票。但从虚开罪的角度，从文义角度如此界定虚开行为的范围显然会过大。换言之，对于记载的金额低于真实交易额的这类虚开行为，尽管违反发票管理制度，但是不应当对其以虚开罪进行定罪处罚。这是因为这类虚开行为对于受票方来说，由于减少了进项税抵扣额或成本的扣除额，不存在逃税上的帮助，相反要比实际多纳税，为此，不产生虚开罪所要求的国库利益受损的抽象危险。事实上，这种虚开行为掩盖了开票方的真实收益，是开票方逃税的重要手段，其累积上限有外在制约，即应纳税额，应当纳入逃税罪予以处罚。据此，虚开罪立法在虚开行为的界定上,应当引入不存在交易的概念,即虚开行为是指为不存在的交易开具发票,而不存在交易概念就可以排除记载的金额低于真实交易额的情形,因为此时交易是存在的。对于虚开行为的界定,引入不存在交易概念的同时还需要明确不存在交易的范围。对此,除交易没有实施和交易虽然实施但是记载的金额高于真实交易额(超过的金额所对应的交易不存在),即两种属于物质上不存在交易的一般情形外,还需要注意以下两种特殊情形。

首先,主体上不存在的交易,即在交易实际实施的情况下,真实交易的实施主体(如销售方)并非开票方,而开票方成为发票上记载的交易实施主体。那么,为主体上不存在的交易开具发票,也可以称为有真实交易基础的虚开或如实代开,是否构成虚开罪虚开行为?对此,2015 年最高人民法院曾以挂靠关系为例发布意见,鉴于存在实际经营活动、没有骗取税款的故意且未造成税款损失,认为挂靠方(实际销售方)让被挂靠方为自己开具发票不构成虚开罪虚开行为。[①] 事实上,在存在挂靠等特殊关系的情况下,实际销售方以开票方企业名义对外销售,根据增值税法的相关规定,[②]开票方就是纳税人并需要开具发票,在开票方属于正常企业的情况下,并不会产生国库利益受损的危险,不仅不能认定实际销售方实施虚开行为,尤其是因为不属于为他人虚开,同时开票方开具发票也不属于虚开行为。此外,2016 年最高人民法院在一起案件裁定中还进一步指出,小规模纳税人企业实际生产、销售货物,但是以其他单位名义对外签订销售合同,两者不存在挂靠等关系,由该其他单位收取货款、开具增值税专用发票,不具有骗取国家税款的目的,未造成国家税款损失,该企业行为也不构成虚开罪虚开行为。[③] 显然,对于有真实交易基础的虚开或如实代开的情

---

① 参见最高人民法院研究室《〈关于如何认定以"挂靠"有关公司名义实施经营活动并让有关公司为自己虚开增值税专用发票行为的性质〉征求意见的复函》(法研〔2015〕58 号)。

② 参见财政部、国家税务总局《关于全面推开营业税改征增值税试点的通知》(财税〔2016〕36 号)中的《营业税改征增值税试点实施办法》第 2 条。

③ 参见最高人民法院(2016)最高法刑核 51732773 号刑事裁定书。

形，根据最高人民法院的意见，如果实际销售方没有骗取税款的目的，同时未造成税款损失，就不构成虚开罪虚开行为。[①] 对此，需要明确两个方面的问题：(1)对于实际销售方，在虚开罪认定为抽象危险犯和逃税目的犯的情况下，基于其不具有逃税目的，也可以排除虚开行为的构成。而在将虚开行为限定为为他人虚开一种类型下，实际销售方更无法构成虚开罪虚开行为。(2)对于开票方，源于不具有使他人逃税的目的，其行为在上述两种情形下亦不构成为他人(实际销售方)的虚开罪虚开行为。但是，如果开票方是"空壳企业"，并不申报纳税，实际销售方为掩盖收益并逃税，让开票方以其名义为自己对外开具发票，显然，开票方可以为众多、不特定数量的这类销售方逃税开具这样的发票，使国库利益陷入受损的危险，可以构成虚开罪虚开行为。同时，实际销售方可以基于逃税罪受处罚。

其次，法律上不存在的交易，即还是在交易实际实施的情况下，但是根据法律上的界定，发票上记载的交易性质与实际的交易性质不一样，此外，发票上记载的事项(交易双方、交易金额等)都与实际交易情况一样，而法律上不存在的交易即指发票上所记载性质的交易。为法律上不存在的交易开具发票是否构成虚开罪虚开行为，同样需要区分不同的情况。总体而言，取决于发票上记载不同性质的交易是否会使国家税收利益陷入损失危险。具体而言，相比实际性质的交易，在发票上记载法律上不存在的交易是否会给受票方带来不应有或更多的税款抵扣或成本费用扣除的可能性，从而威胁国库利益。例如，开票方实际与受票方成立捐赠关系，但是开具发票并记载为买卖关系。又如，集团企业

---

① 需要注意的是，小规模纳税人让他人代开，即使存在真实交易，也可能造成税款损失。小规模纳税人如果只能开具增值税普通发票，购买方无法抵扣进项税，国家可以取得3%征收率对应的税款，但是如果他人开具增值税专用发票，即使他人按照13%税率缴纳了增值税，购买方因为可以抵扣这13%税率对应的税款，国家最终也并没有取得税款。但是，根据国家税务总局《关于增值税发票管理等有关事项的公告》(国家税务总局公告2019年第33号)的规定，目前小规模纳税人在特定条件下已经可以自行开具专票发票，上述可能税款损失的情况已经减少。

之间的融资关系，但基于买卖关系开具发票，受票方从而可以实施本不应有的抵扣、扣除，此时实质上可以认定为绝对的客体不存在交易，构成虚开行为。相反，如果相比记载实际性质的交易，在发票上记载的法律上不存在的交易未给受票方带来不应有或更多抵扣或扣除的可能性，则不构成虚开行为。对此，可以进一步指出的是，变名销售，即在仅仅是货物或服务品名发生变更且在不同品名的货物或服务之间税收待遇相同的情况下，开具发票不应认定为虚开行为。①

当然，虚开罪作为公诉案件，就开票方实施虚开行为构成虚开罪的举证责任而言，根据《刑事诉讼法》第51条的规定，应当由公诉机关来承担。其中，为达成《刑事诉讼法》第55条规定的排除合理怀疑的证明标准，就开票方与受票方之间不存在真实的交易，公诉机关需要提供具体、翔实的证据，而不能仅仅限于简单地不认可纳税人提供的文件资料，或者提供开票方存在虚开行为的迹象，概括性地认定虚开行为的存在。当然，开票方有权利举证证明真实交易的存在，但是这并不降低公诉机关的举证责任或证明程度。

3. 明确虚开行为完成的时刻

除抽象危险犯的认定外，相比结果犯，虚开罪更适合被认定为行为犯，但这就要求严格限定虚开行为完成的时刻，因为虚开行为何时完成的认定直接关系开票方虚开罪何时构成的认定，而虚开行为的完成必然以此时陷国库利益于受损危险中为前提。正如上文所述，我国现有《增值税暂行条例》等相关法规仅规定了开票方的发票开具义务以及应当何时开具，并没有明确规定发票开具何时完成的时间。这样，为明确虚开罪虚开行为完成的时间，应当在虚开罪相关司法解释中明确这一点，考虑到只有当虚开的发票进入受票方的支配范围时，国库利益才陷入损失的危险，立法者也才可假定虚开行为的危险性，虚开行为

① 参见刘天永：《“变名销售”虚开增值税专票：该不该入罪？》，载《中国税务报》2017年10月27日，第12版。

的完成时刻应为开票方将开具的发票通过向受票方交付、寄送、传输等方式，使该发票处于受票方的支配下时。据此，一方面，在上述虚开行为完成之前，虚开罪并不构成，同时也不应存在虚开罪的中止和未遂形态，这是因为虚开罪作为打击税收实害行为这一税收犯罪立法理念的例外，不仅虚开行为的构成应当严格限制，同时要避免以犯罪中止、未遂名义变相扩大虚开罪虚开行为的打击范围，过度背离上述立法理念。另一方面，在上述虚开行为完成之后，虚开罪就构成了，也不应有中止和未遂形态。

4. 多次虚开行为的定罪

对于开票方多次虚开发票行为的情形，应当定一罪还是数罪关系开票方受到的刑罚是否可能超过虚开罪的最高刑期。对此，在满足连续犯的条件下，我国应当对在一个或多个纳税周期内多次虚开的行为处虚开罪一罪，并从重处罚。问题在于，如果在判处虚开罪以后，发现开票方在虚开罪判决覆盖的纳税周期内还有其他虚开行为，法院根据《刑法》第 70 条关于“判决宣告后发现漏罪的并罚”的规定，对新发现的虚开行为会再次作出虚开罪的判决，并根据《刑法》第 69 条进行数罪并罚。这样，开票方将面临的刑罚可能会超过虚开罪的最高刑期，造成不公平的待遇。事实上，对待虚开罪的连续犯处一罪，不能因为发现漏判虚开行为判处数罪而被否定。换言之，对于《刑法》第 70 条数罪并罚的规定增加例外情况，即如果漏判的行为属于已作出判决确定的连续犯的范畴，将不再受刑事指控。[①] 当然，作为这一例外的限制，可以规定不再受刑事指控的漏判虚开行为仅限于开票方在已作出判决覆盖的纳税周期内的行为。

5. 伪造发票的排除

从限定虚开罪虚开行为的角度，即虚开行为应当具备一般的侵害国库利益的抽象危险，虚开下的发票必须是适格发票。换言之，在开具的发票形式上，需

---

① 参见陈岚、王丽莎：《连续犯与一事不再理原则的适用探讨》，载《法学评论》2006 年第 3 期。

要符合《发票管理办法》《增值税专用发票使用规定》关于发票及其开具的要求,进一步而言,虚开下的发票应当仅限于观念上虚假的发票,即发票没有伪造、篡改,签章也是真实的。因此,虚开的发票不应再包括伪造的发票,尽管伪造的发票曾被认为亦包含在虚开罪虚开行为所使用的发票范围内,[①]但是考虑到在现行完善的发票监控制度下,税务机关鉴别伪造发票的能力已经很强,利用伪造发票实施的虚开行为不再具备使国库利益陷入受损危险的基本性质。

(四)主观要件增加使他人逃税的目的

虚开罪界定为逃税(也包括骗税)目的犯有助于限制虚开行为的范围,可以将那些客观上并不会陷国库利益于受损危险中的虚开行为排除在虚开罪应用的范围之外,与虚开罪抽象危险犯的认定相契合。为此,从构成虚开罪虚开行为的角度,立法应当增加关于开票方虚开行为的逃税主观目的的规定,考虑到虚开行为的类型仅保留为他人虚开一种类型,开票方应当具有使他人逃税的目的,方可构成虚开行为。但是,对于这一主观要件,还需要在司法解释中明确以下几个问题:首先,鉴于虚开的发票功能并非仅限于增值税抵扣的凭证,使他人逃避的税款不限于增值税税款,还应当包括所得税税款。换言之,逃税目的需要从增值税和所得税两个方面来确定。其次,开票方为使他人逃税以外的目的,如为虚增营业额、扩大销售收入、制造虚假繁荣,或者为获取逃税以外的其他非法利益,同时受票方取得虚开的发票也不存在逃税的可能,此时开票方使他人逃税目的也不能认定,这样,为虚构经营业绩,相关企业对开、环开发票等行为也不构成虚开罪的虚开行为。事实上,如果对无法实施增值税抵扣、所得税税前扣除或逃税的企业虚开发票,开票方使他人逃税的目的就无法确定,据此可以排除虚开行为的构成。最后,虽然开票方仅仅是为使他人逃税以外的目的,但是受票方取得虚开的发票存在实施逃税的可能,开票方也预见并接受了

① 参见高铭暄、马克昌主编:《刑法学》(第8版),北京大学出版社2017年版,第431页。

这样的风险，应当认为开票方具备使他人逃税的目的。虚开罪是故意犯罪，此时开票方也符合间接故意的类型，即明知自己的行为可能发生使他人逃税的结果，但放任这种结果发生。此外，就开票方实施虚开行为的举证责任，根据《刑事诉讼法》第 51 条的规定，应当由公诉机关来承担。其中，围绕上述逃税目的的相关内容，公诉机关特别需要证明开票方基于为他人逃税目的实施了虚开行为，并提供具体、翔实的证据。当然，开票方有权利举证证明仅仅基于为他人逃税以外的目的，但是这并不降低公诉机关的举证责任或证明程度。

（五）降低处罚力度

作为限制虚开罪应用范围的补充，对于构成虚开罪的行为，应当降低我国《刑法》第 205 条规定的处罚力度。我国《刑法》第 201 条规定的逃税罪刑期最高是 7 年，虚开罪刑期最高却是无期徒刑。这样，无论是相对比较还是绝对值，都有必要降低虚开罪的刑期。尤其是考虑到未来行为人以虚开的发票来逃骗税款的可能性变得越来越小，虚开行为的危害性也在逐渐降低，需要降低虚开罪的刑期。此外，降低虚开罪的刑期，使其不超过逃税罪的刑期，在需要适用吸收原则时，有助于解释逃税罪是更严重的犯罪，而这也符合税收犯罪立法处罚对直接有损国库利益行为的基本理念。因此，从长远来看，修改后的虚开罪最高刑期可以与逃税罪的最高刑期持平，即为 7 年。当然，最高刑期从无期徒刑直接降低到 7 年有期徒刑，降低幅度似乎过大，因此，可以先行降低到 10 年有期徒刑，即可以先行将目前规定的第三档量刑删除。这样，修改后的虚开罪《刑法》第 205 条共两款，①第 1 款规定："为了使他人实施逃、骗税，为不存在的交易开具增值税专用发票或者虚开用于骗取出口退税、抵扣税款的其他发票的，处 3 年以下有期徒刑或者拘役，并处罚金；情节严重的，处 3 年以上 10 年以下有期徒刑，并处罚金。"退一步而言，考虑到我国《刑法》并没有像意大利《刑

① 保留现有第 2 款关于单位犯罪的规定，删除现有第 3 款关于虚开行为 4 种类型的规定。

法典》那样专门对连续犯规定最高为3倍的加重处罚,可以先保留第三档量刑,但删除"或者无期徒刑"的规定,即最高刑期为10年以上有期徒刑。需要强调的是,意大利2000年法对虚开发票罪未规定处罚门槛的做法不值得借鉴,虽然目前我国《刑法》第205条也未规定入罪门槛,但需要保留相关司法解释中规定的门槛,[①]这也是基于限缩虚开罪刑事处罚打击面的需要。

关于虚开罪处罚的一个相关问题是,虚开行为人除受虚开罪的刑事处罚外,在其未纳税的情况下是否还可能基于逃税罪受到处罚?具体而言,考虑到增值税制度是建立在发票/抵扣机制之上的,发票开具后开票方的增值税纳税义务就产生了,即使开票方没有实际销售业务。这样,开票方如果没有履行这一增值税纳税义务,本身还将可能构成逃税等税收实害行为。此时,开票方在承担虚开罪的刑事责任以外,是否还应承担逃税罪等税收实害罪的刑事责任?对此,我国目前在实践中开票方仅受到虚开罪的刑事处罚。换言之,除对开票方追缴税款外,不再对开票方处以逃税罪等税收实害罪。当然,在当前我国虚开罪刑事处罚非常严厉的背景下,如此处理从结果上是合理的,也可以免受"一事二罚"的批评。但是,如果增值税立法明确规定虚开发票上记载的税额是应当缴纳的,根据完善后的我国虚开罪立法,对开票方再处以虚开罪以外的罪责,并非不可以。这是因为,在虚开行为限缩后,一方面,开票方基于他人逃税的目的虚开发票属于一项犯罪行为;另一方面,就虚开的发票上记载的税款而言,开票方实施逃税等税收实害行为属于另一项犯罪行为。此外,虚开罪刑罚下降后,对开票方再处以逃税罪等税收实害罪,数罪并罚亦可以被接受。

（六）与逃税罪关系的处理

由于从虚开增值税专用发票到利用虚开发票实施逃税存在紧密关联,开票方与受票方往往存在共谋或协议,因此,通常会符合共犯的规定。这样,为避免

---

① 参见最高人民法院《关于虚开增值税专用发票定罪量刑标准有关问题的通知》(法〔2018〕226号)。

基于共犯的名义“一事二罚”以及变相扩大虚开罪的应用范围，需要强调以下两个方面的内容：(1)对于开票方来说，在受票方构成逃税罪的情况下，不以共同参与逃税罪的名义被处罚；(2)对于受票方来说，在开票方构成虚开罪的情况下，不以共同参与虚开罪的名义被处罚，即使实施了教唆或协商让他人为自己虚开发票的行为，也尚未构成逃税罪。事实上，将虚开罪虚开行为限缩至为他人虚开一种行为以及主观要件要求为他人逃税的目的，原本行为人通过为自己虚开、让他人为自己虚开两种行为实施逃税，产生的在虚开罪与逃税罪之间应当如何定罪处罚的难题将不复存在。我国刑法也有共犯的规定，此时，即使行为人最终未实施逃税行为，行为人既不独立地构成虚开罪，也不以与开票方共犯的名义构成虚开罪。对此，不仅根据完善后虚开罪的构成要件，还根据“一事不二罚”原则以及限制逃税预备行为犯罪应用的基本理念，法院在司法中即可依此适用虚开罪。当然，对于为他人虚开的开票方，由于通常与受票方存在协议，同时基于受票方逃税这同一目的，在受票方构成逃税罪的情况下，法院根据“一事不二罚”原则，也应当认为其不构成受票方逃税罪的共犯。事实上，考虑到虚开行为的限缩，在立法中进行明确规定这一内容无疑更有利于确保限缩后虚开罪的应用范围。此外，上述共犯的排除也应当适用于介绍虚开发票、利用虚开发票逃税的中间人的情形，即仅以虚开罪或逃税罪一罪共犯的名义受到处罚。而对于自己虚开发票并利用虚开发票逃税的主体，如同时是开票方企业和受票方企业的管理人，应仅构成逃税罪。

第四节　逃避追缴欠税罪

一、立法现状

在1979年《刑法》中，针对税款的征收阶段，我国相关税款缴纳类犯罪仅限于抗税罪。但是,1979年《刑法》第121条仅仅简单地规定了“抗税”要受到刑事处罚,并没有规定抗税行为的具体特征。此时,如果纳税人故意拖欠税款并转移或隐匿财产,使税务机关无法追缴欠缴的税款,会以抗税罪进行处罚。①事实上,最高人民法院、最高人民检察院《关于办理偷税、抗税刑事案件具体应用法律的若干问题的解释》(法发〔1992〕12号、高检会〔1992〕5号)第2条对抗税的解释也是非常宽泛的,即“采取公开对抗或者其他手段,抗拒履行纳税义务”。纳税人故意拖欠税款并转移或隐匿财产作为一项独立的犯罪行为被定罪处罚,是在随后的1992年《补充规定》中确立的。1992年《补充规定》第2条引入了逃避追缴欠税罪,并在第6条明确规定“以暴力、威胁方法拒不缴纳税款的,是抗税”,从而将逃避追缴欠税行为与抗税行为相分离,也就形成了逃避追缴欠税罪和抗税罪两类税款缴纳类犯罪。1997年《刑法》延续了这一立法选择,分别在第202条和第203条规定了抗税罪和逃税追缴欠税罪,条款规定的内容也基本上沿用了之前的规定。其中,逃税追缴欠税罪在犯罪行为规定上没有变化,即“纳税人欠缴应纳税款,采取转移或者隐匿财产的手段,致使税务机关无法追缴欠缴的税款(数额超过一万元)”,在处罚规定上虽然自由刑最高刑期7年没有变,但罚金有细微变化。首先,针对“数额在一万元以上不满十万元的”,由原来的“并处”罚金改为“并处或者单处”罚金,处罚力度有所减小;其次,“五倍以下的罚金”改为“一倍以上五倍以下罚金”,明确了罚金的下限。但是,逃避追缴欠税罪在引入之后,至今立法上尚未有实质性修改,也产生了一些问题值得学界关注。

(一)犯罪主体

我国《刑法》第203条对于本罪主体的规定应当说是非常明确的,即“纳税人……”,因此,本罪的犯罪主体只能是纳税人,扣缴义务人等其他主体不在本

① 参见赵军:《论逃避追缴欠税罪》,载《山东法学》1993年第1期。

罪犯罪主体的范围内，除非以与纳税人犯罪共犯的名义受本罪处罚。但是，我国学界对于本罪的犯罪主体不包括扣缴义务人也提出了质疑，理由包括以下两个方面：首先，《刑法》第203条规定的纳税人应当从广义角度来理解，即指负有缴纳税款义务的主体。对此，有学者提出，将本罪规定中的“纳税人”解释为包含“扣缴义务人”不违背刑法解释规则和词语基本含义，即在目的解释下，由于使用用语的目的不同，用语含义会不同，需要对“纳税人”进行扩大解释。[①] 其次，更重要的是，税收强制执行也针对扣缴义务人，扣缴义务人已经扣下税款并进行申报后，也可以实施隐匿、转移扣下税款和自己财产的行为，致使税务机关无法追缴扣下税款。换言之，扣缴义务人也应当在本罪打击的对象范围内。[②] 因此，有学者明确提出，要将扣（收）缴义务人逃避追缴已扣、已收税款行为纳入本罪，且与纳税人逃避追缴欠税行为入罪的标准保持一致。[③] 此外，有学者还指出，纳税保证人也具有逃避追缴欠税的现实可能性，即纳税人在纳税申报后通过提供纳税保证人的方式将缴纳税款义务转移给保证人，保证人也可以实施转移、隐匿财产等行为，致使税务机关无法追缴欠缴的税款，但是却不能根据本罪定罪处罚。[④] 何况，税务机关也可以针对纳税保证人实施强制执行。[⑤] 显然，目前立法规定的本罪主体范围过窄。

（二）客观行为

首先，根据《刑法》第203条关于罪状的描述，本罪的构成必须以纳税人已经拖欠应纳税款为条件，本罪的名称也因此称为逃避追缴欠税罪。为此，从本罪构成的角度，有观点认为，纳税人实施转移或者隐匿财产行为必须在纳税人

---

① 参见周铭川、黄丽勤：《税收犯罪研究》，法律出版社2020年版，第201～205页。

② 参见唐葵：《论逃避追缴欠税罪认定中的几个问题》，载《税务与经济（长春税务学院学报）》2002年第6期。

③ 参见刘荣：《我国税收犯罪主体定位之思考》，载《法商研究》2015年第4期。

④ 参见刘荣：《我国税收犯罪主体定位之思考》，载《法商研究》2015年第4期。

⑤ 参见《纳税担保试行办法》（国家税务总局令〔2005〕第11号）第13条。

发生拖欠应纳税款的情形下。[①] 这样,似乎可以推断出,如果在纳税义务产生以后,在尚未超过税法规定的或者税务机关依法确定的纳税期限之前,纳税人实施转移或者隐匿财产行为就不会构成本罪。但是,这样的论断不利于有效打击逃避缴纳应缴税款的行为,一方面,是因为在很多情况下纳税人转移或者隐匿财产行为是在税款缴纳期限截止前就已经完成的;另一方面,是因为先实施转移或者隐匿财产行为,随后超过缴纳期限不缴纳税款,发生拖欠税款,也可以使税务机关无法追缴欠缴,对国库利益造成同样的损害。显然,现有立法关于罪状"纳税人欠缴应纳税款,采取转移或者隐匿财产的手段"的规定并不合理,即使立法本意并不是要求必须在拖欠应纳税款的情形下实施转移或者隐匿财产行为才可以构成本罪,这一规定也应当进行修改。

其次,本罪的构成要求纳税人采取转移或者隐匿财产的手段,为此,转移或者隐匿财产构成了本罪犯罪行为的核心内容。那么,何为转移或者隐匿财产?根据我国相关学者的阐释,除转移、隐匿商品、货物或其他相关财产外,还具体表现为在金融部门多头开户,分流、转移资金,或者货款回笼后不入正常账户,隐瞒资金情况,[②]或者提取完账户中的存款,或者变卖企业的产品、原材料同时转移资金,或者将资金全部借给他人等。[③] 显然,纳税人实施这些转移、隐匿财产的行为,并不会丧失对财产的所有权或者同等财物的所有权,体现出一定的欺骗性,使税务机关无法获知纳税人实际拥有财产的状况。相反,如果纳税人放弃对第三人的到期债权,或者无偿转让财产或者以明显不合理的低价处分财产,实际丧失或减损了财产的所有权,且不具有欺骗性,此时不应当构成本罪的犯罪行为,税务机关可以通过行使民法上的债权人撤销权来应对。因此,本罪

① 参见赵军:《论逃避追缴欠税罪》,载《山东法学》1993 年第 1 期。

② 参见冯建平、任志清:《论逃避追缴欠税罪》,载《法律适用》1998 年第 5 期。

③ 参见唐葵:《论逃避追缴欠税罪认定中的几个问题》,载《税务与经济(长春税务学院学报)》2002 年第 6 期。

客观行为的欺骗性有待在立法上予以明确。但是,按照上述阐释的具体表现,我国立法将本罪的犯罪行为似乎局限于具有欺骗性的事实活动。显然,如果我国逃税追缴欠税罪中的犯罪行为不包括虚假转让或财产上虚假创设用益物权、抵押权或虚假设立财产基金等法律行为,本罪旨在有效打击逃避缴纳欠税行为的立法目的将落空,因为这些行为也使税务机关无法获知纳税人实际拥有财产的状况,而纳税人财产仅仅是表面上(面对税务机关)的减损或不足,并没有真正地丧失对财产的所有权或者同等财物的所有权。这样,本罪立法关于犯罪行为"采取转移或者隐匿财产的手段"的规定并不周全,在手段解释上,不利于将欺骗性的"减损"财产法律行为也纳入进来,或者导致了这些法律行为是否也在本罪打击范围内的不明确性。

最后,对于本罪的客观行为,除转移或隐匿财产这一积极行为外,有观点提出,还应当包括消极的不作为,即纳税人对其应税财产应承担保护义务,在能履行自己应尽义务的情况下不履行该义务,导致税务机关无法追缴所欠税款,也应当定罪处罚,而我国刑法尚未予以明确规定。①

(三)入罪门槛

首先,从入罪门槛的构成来看,本罪入罪门槛仅指税款。具体而言,即指无法追缴的欠缴税款数额。当然,这里税款涉及不同税种以及不同纳税周期的税款,毕竟本罪是针对税款征收阶段的违法行为,税务机关强制执行是统一实施的。但是,入罪门槛的构成维持现在的规定即可,毕竟利息(或滞纳金)、罚款具有不确定性,即在纳税人实施犯罪行为时可能还未有相关处理决定,让纳税人主观上有逃避缴纳利息(或滞纳金)、罚款的目的不现实,举证也困难。其次,从门槛的数额来看,显然 1992 年引入本罪时确定的 1 万元门槛早已过低了,与我国逃税罪入罪门槛(5 万元)相比,不当地扩大了本罪的打击范围。在

① 参见王跃:《析"逃避追缴欠税罪"的几个问题》,载中国法院网 2004 年 2 月 20 日,https://www.chinacourt.org/article/detail/2004/02/id/105672.shtml。

经过近30年发展之后,1万元的门槛必须修改提高。

(四)主观要件

对于本罪的主观要件,学界的认识是一致的。首先,本罪属于故意犯,进一步而言,属于直接故意犯罪,即行为人知晓存在纳税义务需要履行,且客观上有能力缴纳税款,却有意实施转移、隐匿财产或其他减损财产的欺诈行为,意图使税务机关无法追缴其欠缴的税款。[①] 其次,本罪属于目的犯,即行为人实施犯罪行为是为了逃避税务机关追缴其应缴纳的税款。[②] 为此,行为人如果客观上资金短缺、财力不足,其货物或者其他财产也不足以缴纳应纳税款,并不会构成本罪,也是基于主观要件的不满足。当然,对于上述主观要件的内容,我国现有立法并没有明确规定,尤其是犯罪目的,还有待进一步明确。

二、立法修正背景

正如在讨论我国逃税罪刑事立法修正背景时已经指出的,我国税收犯罪立法理念应当转变,以打击造成国库利益直接损失的行为为基本理念,保留少数逃税预备行为犯罪,作为上述基本理念的例外。总体上,税款缴纳类犯罪无疑是符合这一基本理念的。为此,即使在新的立法理念下,逃税追缴欠税罪也应当在税收犯罪体系中占据重要位置。至于目前立法中另外一项税款缴纳类犯罪,即抗税罪,出于对税收利益的特别维护,可以继续保留,鉴于妨害公务罪的刑罚低太多,前者最高刑罚是7年有期徒刑,后者刑罚是3年以下有期徒刑、拘役、管制或者罚金。此外,对于我国税款缴纳类犯罪,是否也需要引入像意大利扣缴税款不缴纳罪、增值税税款不缴纳罪等单纯的税款不缴纳行为犯罪,应当采取审慎立场。事实上,根据刑法谦抑性原则,纳入刑事制裁的税收违法行为

---

① 参见唐葵:《论逃避追缴欠税罪认定中的几个问题》,载《税务与经济(长春税务学院学报)》2002年第6期。

② 参见冯建平、任志清:《论逃避追缴欠税罪》,载《法律适用》1998年第5期。

应当具有严重的危害性,即严重损害国库利益的行为,这些行为通常具有欺诈性,同时造成的税款损失数额也不小。而单纯的税款不缴纳行为,由于仅仅是消极的不作为,并不具有欺诈性。同时,课以纳税人管理好自己财源使其不违反缴纳税款义务的义务也存在疑问。因此,我国税款缴纳类犯罪中不应当引入这类犯罪;同时,逃税追缴欠税罪的客观行为也不应当将消极的不作为行为也纳入进来,单纯税款不缴纳行为受到行政处罚足矣。

就我国逃税追缴欠税罪现行立法而言,在一些方面也并不需要修改。例如,不同于意大利欺诈逃避缴纳税款罪关于构成要件"能使得强制执行程序完全或部分地失去实效"的规定,我国逃税追缴欠税罪立法对应的规定是"致使税务机关无法追缴欠缴的税款",前者是"能使……",后者是"致使……",因此我国逃税追缴欠税罪无疑应当认定为结果犯,而不是具体危险犯。虽然,如果纳税人实施了相关虚假转让或隐匿财产等行为,纳税人有其他财产可以作为强制执行对象来满足税收债权,"能使……"和"致使……"都不会满足,相关犯罪也都不会构成。但是在我国,只有经过税务机关根据《税收征收管理法》规定的强制执行措施,发生无法追缴纳税人所欠税款这一结果,如无足够财产可用于扣押、查封进而拍卖,或无足额存款可用于冻结进而扣划,才可以构成逃税追缴欠税罪。而税务机关如果未对纳税人充分采取强制执行措施,逃税追缴欠税罪不会构成。[①] 因此,我国逃税追缴欠税罪的构成更加严格,也更加符合税收刑法打击直接对国库利益造成损害的行为之立法理念。此外,在上述构成要件要求下,针对逃避缴纳欠税行为的危害性,目前规定的两档量刑以及最高刑罚7年有期徒刑也是恰当的。但是,基于新的立法理念,我国逃税追缴欠税罪现行立法,一方面,还需要限制打击范围,即局限于那些具有严重危害性的行为,客观行为、入罪门槛、主观要件等方面还需要完善;另一方面,也需要严密打击

---

① 参见唐葵:《论逃避追缴欠税罪认定中的几个问题》,载《税务与经济(长春税务学院学报)》2002年第6期。

范围,将具有严重危害性的行为都纳入进来,犯罪主体、客观行为等方面还需要完善。

三、立法完善

基于我国税收犯罪立法本身修正的必要性,针对我国现行逃避追缴欠税罪立法的问题,在新的税收刑事立法理念指导下,我国相关立法完善如下。

(一)扩大犯罪主体的范围

首先,需要明确本罪立法中规定的纳税人并不能从广义角度来理解,即不能包括扣缴义务人,这是因为无论是《刑法》还是《税收征收管理法》,都是将纳税人与扣缴义务人相区别并分别加以规定的,毕竟纳税人和扣缴义务人在税法上属于两类性质完全不同的主体。例如,《刑法》第201条关于逃税罪的规定以及《税收征收管理法》第二章关于纳税申报、第三章关于税款征收等方面的规定,都是采取狭义意义上的纳税人概念,将扣缴义务人与之并列。据此,根据现有规定,也是为避免刑罚的类推适用,逃避追缴欠税罪的主体只能是纳税人,犯罪主体的范围存在偏小的问题,至少应当将扣缴义务人也纳入本罪犯罪主体的范围内。而在实现方式上,相比采取刑法的扩大解释,立法修改显然更合适。其次,立法修改可以采取两种路径:第一种路径是像现有《刑法》第201条那样,增加一款,规定"扣缴义务人采取前款所列手段,致使税务机关无法追缴欠缴的已扣、已收税款……依照前款的规定处罚"。第二种路径则是逃税罪犯罪主体立法完善的路径,结合主观要件的完善,犯罪主体用"任何人"代替"纳税人",将现有规定修改为:"任何人为逃避缴纳税款,采取……"这样,不仅扣(收)缴义务人可以纳入本罪,破产企业管理人、分立后企业等连带税收债务人、纳税保证人等负有缴纳税款义务的主体也可以纳入本罪,从更好地严密本罪打击范围的角度,这一路径更合理。

(二)周全犯罪客观行为的范围

首先,正确界定纳税人拖欠应纳税款对本罪构成的意义。本罪属于结果犯,即最终税务机关在强制执行下也无法追缴所欠缴的税款,因此本罪的构成肯定以纳税人欠缴税款为前提。这样,正如有意大利学者期望欺诈逃避缴纳税款罪的立法者本应当规定该罪只存在于税款不缴纳的情形下,如果纳税人能够及时缴纳应纳税款,即使超过缴纳期限缴纳,只要在税务机关强制执行无效之前,本罪就不构成。但是,纳税人实施转移或者隐匿财产行为并不要求必须在已经发生拖欠税款的情况下,在纳税义务已经产生、缴纳期限截止前实施转移或者隐匿财产行为,也应当可以构成本罪。为此,我国逃税追缴欠税罪立法应将"(纳税人)欠缴应纳税款"这一条件删除,而"致使税务机关无法追缴欠缴的税款"的规定足以表明本罪的构成以纳税人欠缴税款为前提。

其次,周全纳入本罪打击范围的犯罪行为。由于本罪实质打击的是本有能力缴纳税款的纳税人,采取欺骗手段减损财产以逃避缴纳欠税的行为,因此需要修改目前"采取转移或者隐匿财产的手段"的规定,因为该规定对本罪客观行为的界定并不能很好地涵盖前文阐释的所有不同类型的行为。为此,一方面,基于刑法谦抑性原则,构成本罪客观行为的纳税人减损财产行为应当具有欺骗性,即财产并非真正地丧失或不足;另一方面,立法上需要周全能使税务机关误认为纳税人没有充足的财产来缴纳税款的行为。目前"转移财产"的表述可以进行很宽泛的解释,甚至也可以包括财产虚假转让的情形,但是"转移或者隐匿财产"的表述还是不够周全,鉴于缺乏兜底性的规定,同时这一表述容易令人理解为仅仅涉及事实活动,而将虚假转让等法律行为排除在外。事实上,对于虚假转让等具有欺骗性的法律行为,即使税务机关可以行使民法上的撤销权,依然有必要通过刑事处罚予以震慑。因此,就纳税人采取何种手段(致使税务机关无法追缴欠缴的税款)的规定,可以修改为"采取转移、隐匿财产或者虚假转让财产等欺骗手段"。

(三)提高入罪门槛

基于刑法谦抑性原则,提高本罪目前 1 万元的入罪门槛应当是没有争议的,有助于限缩本罪的打击范围。在具体金额上,从短期来看,至少应当提高到5万元的水平,与逃税罪的门槛持平;从长期来看,还可以进一步提高。此外,目前本罪也有两档处罚标准,即致使无法追缴的欠税数额在10万元以上,刑罚更重。因此,如果入罪门槛提高后,如提高至5万元,加重处罚的这一档门槛也需要提高,如可以提高到20万元。

(四)明确逃避缴纳税款的目的

本罪主观要件立法的完善在于是否需要明确犯罪故意和目的。对此,考虑到本罪犯罪行为已经明确规定为"采取转移、隐匿财产或者虚假转让财产等欺骗手段",从中已经可以得出本罪行为人的主观过错为故意。因此,在"采取"前面加上"故意"两字并非必要。但是,从犯罪目的的角度,由于行为人实施转移、隐匿财产或者虚假转让财产等行为,特别是将欺骗性地减损财产法律行为也明确纳入犯罪客观行为以后,行为人实施这些行为的目的具有了多样性的可能,即使不是为了逃避缴纳税款的目的,客观上也会造成税务机关无法追缴欠税的结果。因此,为限制本罪的打击范围,局限于那些危害性严重(也体现在主观恶性上)的侵害税收利益的行为,我国《刑法》第203条应当明确犯罪目的,即为逃避缴纳税款,可以修改为"任何人为逃避缴纳税款,采取……"。

参考文献

一、意大利文文献

1. Adriano Di Pietro(a cura di) ,*Lo stato della fiscalità nell'Unione Europea*: *l'esperienza e l'efficacia dell'armonizzazione*,Roma,2003,Tomo I.

2. Andrea Baldini,*Modello 770/2020*:*scadenza e obbligo di presentazione*,in *Fiscomania. com*, il 20 ottobre 2020, disponibile nel sito seguente: https://fiscomania. com/modello – 770 – 2020/.

3. Andrea Baldini, *Calcolo acconto IVA 2019 e versamento*, in *Fiscomania. com*,il 10 dicembre,2019,disponibile nel sito seguente:https://fiscomania. com/acconto-iva-calcolo-versamento/.

4. Andrea Pertini, *Il delitto di dichiarazione fraudolenta mediante altri artifici*,in AA. VV. ,*La nuova giustizia penale tributaria*, Collana diretta da C. Conti etc. ,CEDAM,2016.

5. Andrea Perini,*La repressione penale dell'evasione fiscale nella legislazione italiana*:*evoluzione della normativa*,in *Il Fisco*,n. 19,2002.

6. Andrea Perini, *Sulla nozione di "mezzi fraudolenti idonei ad ostacolare l'accertamento" nell'ambito del delitto di dichiarazione fraudolenta mediante altri artifici*,in *Rassegna Tributaria*,n. 1,2002.

7. Antonio Iorio e Sara Mecca, *Fatture per operazioni inesistenti: reato solo se c'è una "fattura qualificata"*, in *Ipsoa. it*, il 5 dicembre 2014, disponibile nel sito seguente: http://www. ipsoa. it/documents/fisco/sanzioni/quotidiano/2014/12/05/fatture-per-operazioni-inesistenti-reato-solo-c-e-una-fattura-qualificata.

8. Antonio D'Avirro, Marco Giglioli e Michele D'Avirro, *Reati tributari e sistema normativo europeo*, Wolters Kluwer, 2017.

9. Bruno Sechi, *Riforma dei reati tributari: più pregi che difetti*, in *Penale. it*, il 3 febbraio 2001, disponibile nel sito seguente: http://www. penale. it/document/sechi_01. htm.

10. Chiara Todino, *L'equivoco sulla compensazione mette a rischio il meccanismo della detrazione?*, in *Rassegna Tributaria*, n. 4, 2011.

11. Enrico Corucci, *Il delitto di dichiarazione fraudolenta mediante uso di fatture o altri documenti per operazioni inesistenti*, in AA. VV., *La nuova giustizia penale tributaria*, Collana diretta da C. Conti etc., CEDAM, 2016.

12. Enrico Corucci, *Il delitto di dichiarazione infedele*, in AA. VV., *La nuova giustizia penale tributaria*, Collana diretta da C. Conti etc., CEDAM, 2016.

13. Enrico Corucci, *Il delitto di omessa dichiarazione*, in AA. VV., *La nuova giustizia penale tributaria*, Collana diretta da C. Conti etc., CEDAM, 2016.

14. Enrico Corucci, *Il delitto di occultamento o distruzione di documenti contabili*, in AA. VV., *La nuova giustizia penale tributaria*, Collana diretta da C. Conti etc., CEDAM, 2016.

15. Enrico Mastrogiacomo, *Problemi e dibattiti. I reati tributari a sei anni dalla riforma. Carenze giurisprudenziali e proposte della dottrina*, in *Il Fisco*, n. 18, 2006.

16. Enrico Mastrogiacomo, *Il delitto di sottrazione fraudolenta al pagamento*

di imposte, in *Il Fisco*, n. 33, 2000.

17. Enzo Musco, *Brevi note sulla riforma del diritto penale tributario*, in *Rassegna Tributaria*, n. 5, 2010.

18. Enzo Musco e Francesco Ardito, *Diritto penale tributario*, Zanichelli, 2016.

19. Francesco Matteo Magnelli, *Sottrazione fraudolenta al pagamento delle imposte: con la sentenza "Corona" la Cassazione marca i confini della fattispecie*, in *Giurisprudenza Penale*, il 25 giugno 2020, disponibile nel sito seguente: https://www.giurisprudenzapenale.com/wp-content/uploads/2020/06/Magnelli_gp_2020_6.pdf.

20. Francesco Oliva, *Compensazione modello F24 2020: novità, limiti e regole*, in *Informazione Fiscale*, il 20 ottobre 2020, disponibile nel sito seguente: https://www.informazionefiscale.it/Compensazione-modello-F24-regole-novita-importi.

21. Francesco Terauro, *Istituzioni di diritto tributario-parte generale*, Torino, 2006.

22. Gaspare Falsitta, *Manuale di diritto tributario-parte generale*, CEDAM, 2010.

23. Gian Luca Soana, *I reati tributari*, Giuffre, 2018.

24. Gian Luca Soana, *Crisi di liquidità del contribuente e omesso versamento di ritenute certificate e di IVA (artt. 10 bis e 10 ter d. lgs. n. 74/2000)*, nota a tribunale di roma (sent.) del 7 maggio 2013, disponibile nel sito seguente: https://archiviodpc.dirittopenaleuomo.org/upload/1381126428SOANA%202013a.pdf.

25. Gioacchino Izzo, *Sulla cosiddetta "franchigia penale" dell'emittente fatture per operazioni inesistenti*, in *Il Fisco*, n. 35, 2000.

26. Giovanni Tringali, *Le fatture per operazioni inesistenti: concetti di base*, in *Altalex*, il 4 febbraio 2015, disponibile nel sito seguente: https://www.altalex.com/documents/news/2015/02/09/le-fatture-per-operazioni-inesistenti-concetti-di-base.

27. Guido Martinelli ed Ernesto Russo, *Il termine di prescrizione in caso di emissione di fatture false e di sovrafatturazione*, in *Provincia. bz. it*, il 6 Novembre 2013, disponibile nel sito seguente: http://www.provincia.bz.it/cultura/download/Termine_prescrizione__in_caso_emissione_di_fatture_false.pdf.

28. Giuseppe Cernuto e Fabrizio D'Arcangelo, *I reati omissivi e di indebita compensazione*, in AA. VV., *La nuova giustizia penale tributaria*, Collana diretta da C. Conti etc., CEDAM, 2016.

29. Irene Tomada, *La dichiarazione fraudolenta mediante altri artifici*, Tesi di dottorato (Anno Accademico 2013/2014) in Dipartimento di Giurisprudenza di Libera Università Internazionale degli Studi Sociali.

30. Ivo Caraccioli, Salvatore Mattia e Luigi Pintaldi, *Fatture per operazioni inesistenti e onere della prova*, in *Il Fisco*, n. 40, 2016.

31. Ivo Caraccioli, *Omesso versamento IVA*, "*frodi carosello*" *e concorso di persone*, in *Il Fisco*, n. 31, 2006.

32. L. Troyer e A. Ingrassia, *I delitti di omesso versamento ai tempi della crisi e le (as) soluzioni giurisprudenziali* "*tout comprendre c'est tout pardonner?*", in *Rivista Dottori Commercialisti*, n. 3, 2013.

33. Luigi Quercia, *I reati tributari*, Edizioni Giuridiche Simone, 2018.

34. Marco Corti, *Saldo IVA entro il 18 marzo: guida al versamento*, in *Fiscomania. com*, il 2 Marzo 2019, disponibile nel sito seguente: https://fiscomania.com/saldo-iva-versamento/.

35. Maurizio Villani, *Cenni di diritto penale tributario*, in *Legali. com*, il 26 luglio 2011, disponibile nel seguente sito: https://www. legali. com/spip. php?article1526.

36. Omar Cecchelani, *Fatture false per operazioni inesistenti e fatture gonfiate*, in *Pagaremenotasse*, il 3 aprile 2020, disponibile nel sito seguente: https://www. pagaremenotasse. com/evasione-fiscale-emissione-di-fatture-false-per-operazioni-inesistenti.

37. Paolo Emilio De Simone, *I reati di falso*, Maggioli, 2018.

38. Paolo Veneziani, *I rapporti fra l'art. 2 e l'art. 8 D. Lgs. 74/2000*, in *Onorarimilano. it*, il 21 febbraio 2011, disponibile nel sito seguente: http://www. onorarimilano. it/documentazione/D_736. pdf.

39. Toma Giangaspare Donato, *Aspetti di interesse sul dolo specifico nell'emissione di fatture per operazioni inesistenti*, in *Diritto. it*, il 8 novembre 2012, disponibile nel sito seguente: https://www. diritto. it/aspetti-di-interesse-sul-dolo-specifico-nell-emissione-di-fatture-per-operazioni-inesistenti.

40. Valerio Napoleoni, *I fondamenti del nuovo diritto penale tributario*, Ipsoa, 2000.

二、中文等文献

1. 曹康、黄河主编:《危害税收征管罪》,中国人民公安大学出版社 1999 年版。

2. 陈兵:《新经济时代从"以票控税"到"信息管税"的转向——由 B2T 税收征管问题引发的思考》,载《法学》2014 年第 12 期。

3. 陈岚、王丽莎:《连续犯与一事不再理原则的适用探讨》,载《法学评论》2006 年第 3 期。

4. 陈建清:《论骗取出口退税行为的刑法适用及处罚》,载《暨南学报(哲学社会科学版)》2016 年第 11 期。

5. 陈金林:《虚开增值税专用发票罪的困境与出路——以法益关联性为切入点》,载《中国刑事法杂志》2020 年第 2 期。

6. 陈少英:《税收债法制度专题研究》,北京大学出版社 2013 年版。

7. 陈兴良:《虚开增值税专用发票罪:罪名沿革与规范构造》,载《清华法学》2021 年第 1 期。

8. 陈兴良:《回顾与展望:中国刑法立法四十年》,载《法学》2018 年第 6 期。

9. 陈兴良:《目的犯的法理探究》,载《法学研究》2004 年第 3 期。

10. 冯建平、任志清:《论逃避追缴欠税罪》,载《法律适用》1998 年第 5 期。

11. 高铭暄、马克昌主编:《刑法学》(第 8 版),北京大学出版社 2017 年版。

12. 高培勇:《论完善税收制度的新阶段》,载《经济研究》2015 年第 2 期。

13. 郭昌盛:《逃税罪的解构与重构——基于税收制度的整体考量和技术性规范》,载《政治与法律》2018 年第 8 期。

14. 郭宏德:《我国增值税的引进与发展(一)》,载《涉外税务》1994 年第 4 期。

15. 何恒攀:《税收犯罪立法研究》,中国法制出版社 2015 年版。

16. 贺燕:《实质课税原则的法理分析与立法研究:实质正义与税权横向配置》,中国政法大学出版社 2015 年版。

17. 洪华芬:《论偷税罪的防范与立法完善》,载《政治与法律》2006 年第 1 期。

18. 黄太云:《〈刑法修正案(七)〉解读》,载《人民检察》2009 年第 6 期。

19. 黄赞:《如何理解"还权还责于纳税人"》,载《中国税务报》2017 年 8 月 9 日,第 8 版。

20. 梁剑:《虚开增值税专用发票罪若干问题研究》,载《北京科技大学学报

(社会科学版)》2003 年第 1 期。

21. 廖仕梅:《刍议漏税行为的法律规制与制度完善》,载《国际税收》2016 年第 6 期。

22. 刘剑文等:《领域法学:社会科学的新思维与法学共同体的新融合》,北京大学出版社 2019 年版。

23. 刘剑文主编:《税法学》(第 5 版),北京大学出版社 2017 年版。

24. 刘剑文、熊伟:《税法基础理论》,北京大学出版社 2004 年版。

25. 刘宏:《"虚开"增值税专用发票认定的现实困境与应对范式》,全国法院第 30 届学术讨论会"司法体制综合配套改革与刑事审判问题研究"论文,2019 年 6 月于呼和浩特。

26. 刘荣:《我国税收犯罪主体定位之思考》,载《法商研究》2015 年第 4 期。

27. 刘荣:《中美税收犯罪比较研究》,法律出版社 2014 年版。

28. 刘荣:《论我国税收犯罪的刑罚配置》,载《税务研究》2009 年第 5 期。

29. 刘天永:《"变名销售"虚开增值税专票:该不该入罪?》,载《中国税务报》2017 年 10 月 27 日,第 12 版。

30. 刘艳红主编:《刑法学》(下),北京大学出版社 2016 年版。

31. 刘之雄:《刑罚根据完整化上的犯罪分类——侵害犯、危险犯、结果犯、行为犯的关系论纲》,载《中国法学》2005 年第 5 期。

32. 路金梁、杨子良:《虚开增值税专用发票罪若干问题探讨》,载《法律适用(国家法官学院学报)》2002 年第 3 期。

33. 马春晓:《虚开增值税专用发票的抽象危险判断》,载《政治与法律》2019 年第 6 期。

34. 马松建、徐薇:《单位犯罪主体研究》,载《郑州大学学报(社会科学版)》2000 年第 6 期。

35. 牛克乾:《虚开增值税专用发票罪与非罪之认定》,载《人民司法》2008

年第22期。

36. 施正文:《〈税收征管法〉修订中的法律难题解析》,载《税务研究》2015年第8期。

37. 施正文:《论〈税收征管法〉修订需要重点解决的立法问题》,载《税务研究》2012年第10期。

38. 施正文、翁武耀:《意大利逃税刑事法律责任的立法及其对我国的借鉴》,载《税务研究》2010年第6期。

39. 施正文:《税收债法论》,中国政法大学出版社2008年版。

40. 施正文:《税法要论》,中国税务出版社2007年版。

41. 施正文:《税收程序法论——监控征税权运行的法理与立法研究》,北京大学出版社2003年版。

42. 孙立平:《"营改增"背景下税收犯罪的法经济学分析》,载《湖南社会科学》2015年第5期。

43. 唐葵:《论逃避追缴欠税罪认定中的几个问题》,载《税务与经济(长春税务学院学报)》2002年第6期。

44. 王新:《新解我国发票类的罪名体系》,载《政法论丛》2016年第2期。

45. 王作富主编:《刑法分则实务研究》(上),中国方正出版社2013年版。

46. 魏颖、陈冠谊:《数据流中"筛"出虚开实证》,载《中国税务报》2020年1月7日,第6版。

47. 翁武耀:《意大利税法要义》,台北,元照出版有限公司2021年版。

48. 翁武耀、刘浪:《论我国税务行政处罚减免制度的完善——以逃税等不缴、少缴税款违法行为为视角》,载《税务研究》2020年第8期。

49. 翁武耀:《论我国虚开增值税专用发票罪刑事立法的完善——基于意大利虚开发票罪刑事立法及适用的启示》,载《暨南学报(哲学社会科学版)》2020年第5期。

50. 翁武耀、倪淑萍:《人工智能促进税收征管现代化的方式与影响》,载《税务研究》2018 年第 6 期。

51. 翁武耀:《意大利〈纳税人权利宪章〉评析与借鉴》,载《税收经济研究》2018 年第 1 期。

52. 翁武耀:《量能课税原则与我国新一轮税收法制改革》,载《中国政法大学学报》2017 年第 5 期。

53. 翁武耀:《意大利税务委员会制度及借鉴》,载《税务研究》2017 年第 3 期。

54. 翁武耀:《再论税收法定原则及其在我国的落实——基于意大利强制性财产给付法定原则的研究》,载《交大法学》2017 年第 1 期。

55. 翁武耀:《论增值税抵扣权的行使——基于中欧增值税法的比较研究》,载《国际商务(对外经济贸易大学学报)》2015 年第 5 期。

56. 翁武耀:《欧盟增值税反避税法律问题研究》,中国政法大学出版社 2015 年版。

57. 翁武耀:《论增值税抵扣权的范围》,载《北京工商大学学报(社会科学版)》2015 年第 3 期。

58. 翁武耀:《论增值税抵扣权的产生》,载《税务研究》2014 年第 12 期。

59. 肖太福、曾明生:《税收犯罪的司法实践与理论探索:税收刑法学的多维视角研究》,中国检察出版社 2013 年版。

60. 熊伟:《法治、财税与国家治理》,法律出版社 2015 年版。

61. 徐光华、艾诗羽:《论我国税收犯罪的刑事政策》,载《税务研究》2014 年第 11 期。

62. 杨高峰:《逃税罪立法实施中的疑难问题研究》,载《学术探索》2009 年第 4 期。

63. 杨小强:《中国增值税法:改革与正义》,中国税务出版社 2008 年版。

64. 应飞虎:《我国偷税罪评判标准的再分析——以最高人民法院有关司法解释为对象》,载《法律适用》2006 年第 5 期。

65. 应飞虎:《偷税罪评判标准探析》,载《税务与经济(长春税务学院学报)》2001 年第 6 期。

66. 张明楷:《刑法学》(第 5 版),法律出版社 2016 年版。

67. 张明楷:《结果无价值论的法益观》,载《中外法学》2012 年第 1 期。

68. 张明楷:《论刑法的谦抑性》,载《法商研究(中南政法学院学报)》1995 年第 4 期。

69. 张守文:《税法原理》(第 8 版),北京大学出版社 2018 年版。

70. 张书琴:《税收犯罪刑事立法的反思》,载《学海》2016 年第 2 期。

71. 张书琴、赵羚男:《税收犯罪刑事立法的宏观透视——对我国刑法修正案的释读》,载《江西社会科学》2013 年第 3 期。

72. 张炜:《加强增值税专用发票管理的国际借鉴研究》,载《国际税收》2019 年第 2 期。

73. 张忠斌:《虚开增值税专用发票罪争议问题思辨》,载《河北法学》2004 年第 6 期。

74. 赵军:《论逃避追缴欠税罪》,载《山东法学》1993 年第 1 期。

75. 周铭川、黄丽勤:《税收犯罪研究》,法律出版社 2020 年版。

76. 周铭川:《论虚开增值税专用发票罪的抽象危险犯本质——兼与陈兴良教授和张明楷教授商榷》,载《上海政法学院学报》2020 年第 1 期。

77. 周潇:《〈税收征管法〉修订质疑:依法征税,还是按指标征税?》,载《21 世纪经济报道》2013 年 7 月 3 日,第 6 版。

78. 周优:《欧洲单一市场中跨境交易的增值税欺诈——专访意大利博洛尼亚大学法学院阿德里亚诺·迪·皮耶特罗教授》,翁武耀译,载《国际税收》2014 年第 2 期。

79.朱大旗等:《〈税收征收管理法〉修订问题研究》,法律出版社 2018 年版。

80. Wei Cui, *Administrative Decentralization and Tax Compliance: A Transactional Cost Perspective*, University of Toronto Law Journal 65(3),2014.

81.《最新意大利刑法典》,黄风译注,法律出版社 2007 年版。

82.《意大利民法典》,费安玲等译,中国政法大学出版社 2004 年版。

后　记

对于税收犯罪问题的研究，始于2009年年底，源于当年《刑法修正案（七）》对逃税罪立法的修改，与恩师施正文教授一同研究了意大利逃税相关犯罪立法。也是在那时，建立起了对税收刑法的兴趣，并感到无论是意大利税收刑法还是我国税收刑法，都还有一些值得研究的问题。但是，再次动笔研究税收犯罪，却是9年后的2018年年底，源于施正文教授就我国虚开增值税专用发票罪适用问题的论述，并在他的建议下，研究了意大利虚开发票罪立法。也正是在此之后，感到有必要将税收犯罪问题继续研究下去，并对我国税收犯罪立法提供体系性的完善建议，这也得到了恩师阿德里亚诺·迪·皮耶特罗教授的肯定。这样，在经过近3年时间，最终完成了本书。

对于本书的撰写，特别感谢施正文教授和阿德里亚诺·迪·皮耶特罗教授，是他们促成了本书的撰写并给予了重要的指导，同时也特别感谢熊伟教授的鼓励和支持。此外，感谢意大利费拉拉大学马可·格雷吉（Marco Greggi）教授对意大利税收刑法有关问题的解答，感谢意大利萨萨里大学保罗·巴拉比诺（Paolo Barabino）老师对意大利税收刑法相关文献资料的提供，感谢中国政法大学耿佳宁老师对我国刑法相关问题的解答，感谢首都经济贸易大学贺燕老师的诸多有益建议。最后，感谢法律出版社法治与经济分社沈小英社长、毛镜澄编辑对本书出版的大力支持与文稿的悉心斧校。

本书的撰写过程,恰逢女儿荣荣从孕育到呱呱坠地再到牙牙学语,使我既体会到著书的艰辛,更体会到了父母养育子女的辛苦。在此,也特别感谢我的妻子,感谢我和妻子的双方父母,是他们的辛勤付出才使本书能够顺利撰写完成。

北京小关北里

2021 年 8 月 11 日